中国船舶研发史

U0366043

中国船舶及海洋工程设计研究院
上海市船舶与海洋工程学会
组编

中国
液化气船研发史

李银涛 张富明 贺慧琼

编著

RESEARCH HISTORY
OF CHINESE LIGUEFIED GAS
CARRIERS

上海交通大学出版社
SHANGHAI JIAO TONG UNIVERSITY PRESS

内容提要

  本书是"中国船舶研发史"丛书之一,介绍了液化气船的分类、系统、设备及关键技术。特别是介绍了我国液化气船研发历程和取得的辉煌成就,展示了船舶行业研制人员为实现中华民族的强国梦,勇于担当,敢于拼搏,研发建造出我国第一艘液化石油气船"华粤"号和第一艘液化天然气船"大鹏昊"号等,实现中国液化气船零的突破。

  本书可使读者了解中国液化气船发展的艰难历程,激励大家奋发图强,为实现中华民族的伟大强国梦努力奋斗。

图书在版编目(CIP)数据

  中国液化气船研发史 / 李银涛,张富明,贺慧琼编
著. —上海:上海交通大学出版社,2022.7
 (中国船舶研发史)
 ISBN 978 - 7 - 313 - 25873 - 1

 Ⅰ.①中… Ⅱ.①李… ②张… ③贺… Ⅲ.①液化气
体船−研制−技术史−中国 Ⅳ.①U674.13

  中国版本图书馆 CIP 数据核字(2022)第 114673 号

中国液化气船研发史
ZHONGGUO YEHUAQICHUAN YANFASHI

编 著:李银涛 张富明 贺慧琼
出版发行:上海交通大学出版社   地 址:上海市番禺路 951 号
邮政编码:200030   电 话:021 - 64071208
印 制:上海万卷印刷股份有限公司   经 销:全国新华书店
开 本:710 mm×1000 mm 1/16   印 张:20.75
字 数:283 千字
版 次:2022 年 7 月第 1 版   印 次:2022 年 7 月第 1 次印刷
书 号:ISBN 978 - 7 - 313 - 25873 - 1
定 价:88.00 元

序

　　"中国船舶研发史"丛书是对中国船舶,主要是民船、工程船和海洋开发装备研发史的一次归纳和梳理,是一套展现新中国成立以来民船、工程船、海洋开发装备研发所走过的历程和取得的辉煌成就的丛书。

　　我国是最早发明舟舢舫舸的造船古国。早在唐朝,中国的造船技术就已经有了长足的发展,出现了水密隔舱、平衡舵、开孔舵等先进技术。在船型方面,宋、元朝时期,中国已有海船的船型,其中以江南沿海一带的福船、沙船、广船最为著名,被认为是中国古代的三大船型。至明朝郑和下西洋,以14个月时间建造64艘大船显示了中国古代在船舶研发和建造中的卓越成就。到了近代,众所周知,中国的造船业虽然也曾仿效西方,甚至造出了铁甲船和万吨船,但终究不能摆脱衰落的命运,开始落后于西方强国,以至于在列强的坚船利炮下,丧失国家尊严,蒙受民族耻辱。真正使中国造船工业出现复兴生机,是新中国诞生之后。1949年5月上海刚解放,上海市军事管制委员会筹建了华东区船舶建造委员会。1949年9月统管全国船舶工业的中央人民政府重工业部船舶工业局宣告成立。统筹全国船舶工业发展,聚集造船人才,同时扩、改、新建造船厂,调整和新建全国船舶专业院校,研究设计和建造两翼齐飞,唤醒了沉睡了近500年的古老造船强国! 本丛书从新中国诞生这一时刻开始,特别是改革开放以来,以油船、液化气船、工程船、科考船等10种民船船型为主题,阐述了新中国的船舶研发历程,并从这一侧面展示新中国"造船人"艰苦奋斗、砥砺前行、锐意创新、攀登高峰,重现造船强国的史实。

　　70年中国船舶研究发展过程,各型船舶发展尽管不尽相同,但大致可分为三个阶段:

　　第一阶段,夯实基础稳步发展(1949—1977年)。这一阶段,国家把交通运输业作为优先发展的基础,为船舶工业发展提供了广阔的空间。新中国成立之初,我国贫穷落后,百业待兴,尽管如此,国家仍将发展造船工业放在十分重要的地位,经过新中国成立初期的整合发展,到 1965 年船舶科研机构已整体成制,仅中国船舶工业总公司第七研究院(中国舰船研究院)就有十几个包括总体设计和专项设备的研究所,研究的领域涵盖舰船设计涉及的所有方面。扩建新建中央及地方大、中型造船厂,增添设备,改进工艺,为尽快恢复发展水上交通运输,适应国民经济建设发展所急需的多型民用船舶,力争不买或少买船,设计并建造了中型沿海油船、客货船、长江豪华客船、航道疏浚船、港口起重工程船、科学调查船"实践"号、自升式钻井平台"渤海 1"号和气垫船等追踪当时世界船舶航运界发展动向的船舶。自主设计建造了新中国十大名船之首的万吨级远洋货船"东风"号,结束了我国不能设计建造万吨货船的历史,开创了我国造船史的新纪元。

第二阶段,改革开放快速发展(1978—2010 年)。1978 年以前,由于西方工业强国对我国实行技术封锁政策,我国船舶科技极少对外交流,信息不通致使发展受限,各类大型运输船舶、疏浚装备、海洋开发船舶多依赖进口。1978 年后,在"改革开放"春风的沐浴下,中国的船舶工业如同骏马,奔驰向前。1982 年设计建造的 27 000 吨散货船"长城"号,是第一艘按照国际公约、规则和国外船级社规范设计和建造的出口船。从那时起,我国各类工程船、海洋开发装备等设计和建造开始融入世界船舶科技发展行列。研究设计技术经过引进、消化、创新,不断跨越发展。各大船厂的造船能力大幅度提升。至 20 世纪末期,我国已大步迈向世界第一造船大国,不但结束了主要依靠进口船舶的历史,而且大量、多品种船舶出口许多国家。这一时期,各种船型均有相当规模的发展:

集装箱船从无到有，从出口 700 TEU 全集装箱船到 4 700 吨多用途集装箱船；设计和建造了 5 万吨大舱口多用途散装货船、15 万吨双壳体苏伊士型原油船、半冷半压式 16 500 立方米液化石油气(liquefied petroleum gas，LPG)船、布缆船、中型挖泥船、海峡火车渡船等；科考船已进军南极；为适应海洋油气开发，我国形成了从物探船，自升式、半潜式、坐底式钻井平台，生产平台到浮式生产储油船的全产业链的设计和建造能力。

第三阶段，自主创新跨越发展(2011 年—至今)，新世纪尤其是党的十八大以来，以习近平同志为核心的党中央，站在实现中华民族伟大复兴的战略高度，准确把握时代发展大势，作出了建设海洋强国的重大战略决策，指引着船舶工业砥砺前行。

这一时期的中国造船速度在世界造船史上是罕见的。在这迅猛发展的过程中，我国造船工业攻克了多项关键技术，研发和建造能力大幅提升。一批世界级高、精尖的船型在中国诞生。科考装备实现了跨越式发展：3 000 米深水半潜式钻井平台"海洋石油 981"号进驻南海正式开钻，标志着我国海洋石油工业深水战略迈出实质性的步伐；亚洲首艘 12 缆地球物理勘探船"海洋石油 720"号、全球首艘 3 000 米深水工程勘探船"海洋石油 708"号交付使用，标志着我国深水作业"联合舰队"逐步成形；我国自行设计、自主集成研制的"蛟龙"号载人潜水器在马里亚纳海沟创造了下潜 7 062 米的中国载人深潜世界纪录，使我国成为世界第五个掌握大深度载人深潜技术的国家。

2019 年 7 月，我国第一艘自主建造的极地科学考察破冰船"雪龙 2"号顺利交付。相比"雪龙"号，"身宽体胖"的"雪龙 2"号的破冰能力和科考能力更强，标志着我国南北极考察基地的现场保障和支撑能力取得了新突破。

70 年的船舶研发史，是我国船舶工业由弱到强，不断发展壮大的历史，展现了中国特色社会主义制度的优势。

70 年的船舶研发史，是我国船舶研发水平和造船能力不断提高、不断创新的历史，是我国在船舶研发领域由跟跑者向并跑者乃至领跑者转变的进步史。

70 年的船舶研发史，是我国广大船舶研发、建造人员不畏困难、积极开拓、勇于攀登、勇于奉献的真实见证，是我国船舶创业人员不忘初心、牢记使命，追梦深造的奋斗史。

科技是国家强盛之基，创新是民族进步之魂。正如习近平总书记在2021 年 5 月 28 日召开的两院院士大会和中国科学技术协会第十次全国代表大会上指出："当今世界百年未有之大变局加速演进，国际环境错综复杂，世界经济陷入低迷期，全球产业链供应链面临重塑，不稳定性不确定性明显增加。""科技创新成为国际战略博弈的主要战场，围绕科技制高点的竞争空前激烈。"在此背景下，船舶工业无疑面临着新的发展机遇和挑战。回顾历史既是为了总结经验激励前往，更是为了创造未来。如今全面建设社会主义现代化强国迈入新征程，向第二个百年奋斗目标进军的号角已经吹响。让我们以史为鉴，勇于创新、顽强拼搏，为把我国建成海洋强国、实现中华民族伟大复兴的中国梦不断作出新的更大的贡献！

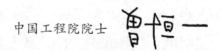

中国工程院院士　曾恒一

前　言

液化气船是以运输液化石油气和液化天然气为主的专用船舶,是 20 世纪 50 年代后期逐渐走向成熟的一种新船型。它因技术含量高、建造难度高和社会经济附加值高,被称为"三高"船舶,特别是液化天然气船,更是被誉为"造船工业皇冠上的明珠"。

当今,能源工业和石油化工业是反映一个国家经济发展程度的两个重要行业。液化石油气和液化天然气,既是一种高热值的绿色环保能源,又是石油化工的重要原料。作为能源,它们是满足工业和民生的清洁燃料,可以减少对大气的污染,还城市一片蓝天;作为化工原料,用它们可以制造合成树脂、合成纤维、合成橡胶等精细化工产品。在人们的生活中,高达 90% 的物品为石油化工产品或含有石油化工产品的成分。

掌握液化石油气船和液化天然气船的设计和建造技术,就解决了能源和石油化工原料的运输供应,也反映出一个国家的工业技术能力和经济发展水平,这是中国造船人为之奋斗了几十年的梦想。从 20 世纪 90 年代中国自主设计和建造的第一艘液化石油气船"华粤"号,到 2008 年,经 10 多年铸剑,建成我国第一艘大型薄膜型液货舱液化天然气船"大鹏昊"号,再到 2015 年建成我国第一艘自主设计和建造的中小型液化天然气船"海洋石油 301"号,直至 2017 年建成我国第一艘包括低温液货及燃气供应系统的具有自主知识产权的小型多功能液化天然气船"华祥 8"号。中国船舶设计和建造工程技术人员,先后攻克了超低温货物围护系统、超低温液货驳运系统、气体燃料动力控制系统,以及超低温设备国产化的设计和建造技术难关,摘取了液化天然气船这颗"造船工业皇冠上的明珠",在实现了梦想的同时,也将中国从造船大国向造船强国稳步推进。

液化石油气船和液化天然气船,与其他常规船舶最大的不同是需要将石油气或天然气加压或冷却,或既加压又冷却,使其转变成液态来运输,以提高运输效率、降低运输成本,因此需要对液化石油气和液化天然气进行高压运输或低温/超低温运输。对于液化石油气来说,存储容器的压强可高达 1.85 兆帕,存储温度一般低至－55 摄氏度左右;对于液化乙烯来说,温度低至－104 摄氏度;对于液化天然气来说,温度达到－163 摄氏度。要保持这样的低温,就必须要掌握最先进的超低温制冷技术和保温技术,耐超低温钢材的焊接技术和控制高温差产生的伸缩变形技术,以及液货舱蒸发气的控制、管理、再液化和安全利用技术。这些技术难题在中国造船人的不懈努力下,终于一个个地被攻克了! 从此,我们也拥有了这种世界上仅有发达国家的少数船厂才能建造的"三高"船舶。

为了让更多的船舶设计与制造专业的大专院校的学生,以及船厂和设计单位的技术人员熟悉和理解被称为"三高"及"造船工业皇冠上的明珠"的液化气船,本书围绕液化气与液化气船的特点,液化气船的系统和设备,以及设计、建造技术的难点进行了较为深入的阐述和解释,从液化气的特性及其与液化气船的关系,液化气的用途和运输要求入手,介绍了液化气船的发展历史、种类和作用,液化气船的系统组成和关键技术,特别是重点介绍了我国液化气船的研发历程,列举了一些先进的具有典型特点的液化气船,并放眼世界,对未来液化气船的技术发展和船型发展趋势进行了展望。

本书图文并茂,力求深入浅出、通俗易懂,使读者了解液化气船的基本工作原理、技术特点和难点等知识,并为有志投身于该事业的大专院校的学生和船舶设计与建造专业的技术人员打开一扇窗,为他们在今后实际工作中能顺利解决技术难题助一臂之力。

目　录

第四章　促进液化气船发展的关键技术 / 132

3

第五章　中国液化气船的发展 / 214

第六章　新型 LNG 船的研发 / 284

第七章　液化气船的未来发展 / 302

索引 / 308

参考文献 / 310

后记 / 312

第一章
概　述

　　液化气是液化石油气(liquefied petroleum gas，LPG)和液化天然气(liquefied natural gas，LNG)的统称，石油气和天然气一般都需将其液化后进行运输，所以液化气船是将 LPG 和 LNG 从产地运输到消费地区或中转站的专用运输船舶，运输 LPG 的船舶称为 LPG 船，运输 LNG 的船舶称为 LNG 船。液化气燃料动力船是将 LPG 的某些品种，如乙烷和氨或 LNG 作为集装箱船、散货船、油船、矿砂船及客船等船舶的动力燃料，这类船舶将 LPG 或 LNG 燃料储存于船上的专用舱柜或容器内，也具有液化气船的某些典型特征，是液化气船货物围护系统技术的延伸应用，本书也将其收录于内。

　　液化气船是船舶行业中的新船型，问世至今尚不足 100 年的历史，特别是 LNG 船，自第一艘"甲烷先锋"号建成到现在仅有 60 年左右的历史，但它却以技术含量高、建造难度高和社会经济附加值高荣获"造船工业皇冠上的明珠"之美誉。

　　LPG 和 LNG 的用途广泛，可作为燃料，在日常生活和工业生产中都有广泛的使用，也可作为石油化工的原料，制造出高质量、高性能的民用产品和军用产品，既为人们的生活添精加彩，也能增强国防力量。随着社会的进步和工业的发展，液化气的用量越来越大，陆用运输已远远不能满足需要，需用液化气船来运输的液化气也越来越多，所以对液化气船的需求量也在增加。现在运输

LPG 和 LNG 的船舶还在不断发展,船舶的建造规模越来越大,技术含量越来越高,越来越智能化,设计建造难度也越来越高。

社会的需求是生产发展的动力,技术的进步是液化气船发展的基础。社会对液化石油气的需求催生了 LPG 船,最初出现的是全压式 LPG 船,因为它只需在常温下加压就可将货品液化成液体进行运输,但这类船运输量较小。随着制冷技术的进步和发展,促使液货舱内货品的储运温度变得越来越低,装载量也越来越大,从而促进了 LPG 船由全压式向半冷半压式发展,使 LPG 的运输进入一个新的阶段,出现了运输温度-10～-5 摄氏度的半冷半压式 LPG 船。20 世纪 50 年代,炼钢技术的发展炼成了碳锰钢,使在-50 摄氏度温度下运输丙烷的 LPG 船成为可能;接着-104 摄氏度的 LEG 运输船、-163 摄氏度的全冷式 LNG 船也相继出现。此后,在液化气船发展的过程中,液货舱的形式也不断地改进和发展,从垂直内绝热圆筒形到外绝热棱柱形独立式液货舱,到球罐型独立式液货舱,再到棱柱形薄膜型液货舱,从而对船体货舱容积的利用更充分,载货量更多;也使液货舱内液化气的蒸发率越来越低,运输过程中货物的损失越来越少。有关规则、规范的制定和技术进步,将其适用范围从设计、建造拓展到操作管理的层面,大幅提高了液化气船的可靠性、安全性;设备的更新与发展,新的航区/航线要求和新的蒸发气管理方式,又使液化气船出现新的改进、新的形式,这就是一部液化气船设计和建造的发展史。

我国对液化气船研发始于改革开放之后,在国家政策的引领下,市场经济的发展,工业基础的提高,促进了社会对液化气的需求,国家的有序规划一方面促进了国内科研单位和船舶企业对液化气船技术的研究,另一方面开辟了广东及东南沿海地区液化气应用市场,这几方面的结合,既创造了一个新兴的市场,又造就了发展建造液化气船的工业基础和技术能力。虽然我国的液化气船建造,也是以引进和购买部分国外先进技术和设备开始,但因有了上述工业基础和技术能力,我们就能更容易消化吸收国外的新技术,在国内建造出适用于液化气船的新设备,研发新的先进技术,提高国产化率,从而使我国的液化气船,不论是 LPG 船,还是 LNG 船进入世界先进行列,这就是我国液化气船的研发史。

第一节　液化气的种类、来源和液化气船

一、液化气的主要来源及用途

本书所指的液化气分为 LPG 和 LNG,其中液化乙烯(liquefied ethylene gas, LEG)是 LPG 中,运输温度最低的一种货品。这些货品在常温常压条件下以气态存在,在经过加压、冷却或既加压又冷却的条件下,转化为液体,这种液体即液化气。

1) 石油气的主要来源

(1) 一般的油田都会含有石油气和天然气,在油田中,一部分天然气和石油气在地层中的高压下饱和溶解在石油中,也有一部分天然气和石油气位于油层之上,这类气体称为伴生气。采油装置将油层内的石油抽到地面,送到炼油厂。炼油厂在提炼石油产品时,在用蒸馏法从石油中提炼出汽油、柴油、煤油和润滑油等油料的过程中,溶解在油液中的天然气和石油气被分离出来,其中被分离出来的石油气称为炼厂气,其容积约占原油容积的 1%～3%,是 LPG 的主要来源。

(2) 从油气田用特种酸溶液还原"湿"天然气,从中也可以获得 LPG。"湿"天然气是常温常压下为液体的,含 5 个碳原子的戊烷和更多碳原子的液态碳氢化合物。

用上述两种方法产生的 LPG 纯度较低,进入市场前,还需进行净化和干燥等工艺处理,去除石油气中的硫等杂质和水分。

从炼油厂得到的石油气中,丙烷和丁烷两种碳氢化合物占有较大的比例,

其他的碳氢化合物,如甲烷和乙烷也占一定的比例。根据提炼方法的不同,炼厂气的组成成分也会有所不同。

通过对石油的裂解,可以生产出短链不饱和烃,如乙烯、丙烯、丁二烯等石油化工气体,这些气体也属于本书所指的液化气。乙烯是世界上产量最大的化工产品之一,乙烯工业是石油化工产业的核心,乙烯产品占石化产品的75%以上,在国民经济中占有重要的地位。世界上已将乙烯产量作为衡量一个国家石油化工发展水平的重要标志之一。乙烯生产路线较多,有两条主流路线:"原油→石脑油→乙烯"和"乙烷→乙烯"。第一条生产路线以原油为原料,主要被一些产油国如沙特阿拉伯等采用,我国以前也采用该工艺,目前占比依然在50%以上。该工艺成本高,且受原油价格波动的影响较大。而乙烷生产乙烯的路线,成本低,质量好,是很有潜力的发展路线,一般在天然气产量较大的区域使用。美国的页岩气和中东的伴生气含有较多的乙烷,采用"乙烷→乙烯"生产路线具有成本低廉的优势。

2)天然气的主要来源

天然气主要来自油田伴生气和天然气的气田,世界上大多数天然气来源于天然气气田,其产量大于油田伴生气。天然气的主要成分是甲烷,占体积的70%~95%,其余为乙烷、丙烷和丁烷等。甲烷的含量因气田的不同而异。例如,阿拉斯加气田的气体,甲烷含量高达99%,从气田开采出来即可使用。

甲烷是含有1个碳原子的碳氢化合物,乙烷是含有2个碳原子的碳氢化合物,丙烷是含有3个碳原子的碳氢化合物,丁烷是含有4个碳原子的碳氢化合物。通常情况下将含有1个、2个、3个和4个碳原子的碳氢化合物,分别称为碳一、碳二、碳三和碳四。一般在常温常压条件下,碳原子数为1~4的碳氢化合物为气态,碳原子数为5~16的碳氢化合物为液态,碳原子数为1~4的碳氢化合物即通常所称的液化气。

3) 商用 LPG 的种类

市场上销售的 LPG,很少由纯丙烷或纯丁烷组成,其分类如下:

(1) 丙烷型 LPG,主要是指由丙烷(饱和的)和丙烯(非饱和的)组成的混合物。

(2) 丁烷型 LPG,主要是指由正丁烷、异丁烷(两者都是饱和的)和/或丁烯(非饱和的)组成的混合物。

(3) 混合气体型 LPG,主要是指由碳三、碳四碳氢化合物组成的混合物。

(4) 高纯度丙烷型 LPG,主要是指含有约 95% 体积纯丙烷的碳氢化合物。

4) 液化气的主要用途

液化气是一种对环境污染较小的气体,科学界一致认为燃用煤炭、石油等燃料产生的二氧化碳是地球温室效应的罪魁祸首,而燃用石油气和天然气,二氧化碳的排放量将减少约 20%,因此石油气和天然气是减少大气污染、保护环境的清洁环保燃料,尤其是天然气,作为燃料时环保性能更佳。在日常生活中,家家户户的燃气灶和热水器使用天然气或石油气;商业上餐饮业也大量使用天然气或石油气;发电厂通常也将天然气或石油气作为发电的燃料。此外,LPG 和 LNG 还可以作为石油化工的原料而大显身手,其年消耗量也在不断地快速增长。

石油和天然气也统称为化石能源,它们除用作燃料外,也是十分重要的有机化工原料。图 1-1 为石油化工产品及不同衍生物的用途,从该图可以看出,石油在蒸馏塔内经过常压蒸馏,根据产品的密度不同,底层可以获得由 20 个以上碳原子组成的重油,其次是 15~18 个碳原子组成的柴油,11~16 个碳原子组成的煤油以及 5~11 个碳原子组成的汽油,而在蒸馏塔的顶部则可以获得炼厂气,即由 2~4 个碳原子组成的石油气和由 1 个碳原子组成的天然气。20 个以上碳原子组成的重油经减压蒸馏可以获得沥青、柴油、燃料油、石蜡以及润滑油等,而燃料油和石脂在不同催化剂的作用下经催化裂化也可以获得柴油、煤油、汽油以及石油气等。

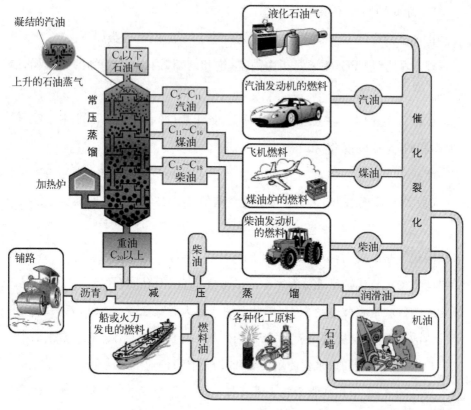

图 1-1　石油化工产品及不同衍生物的用途

二、石油气和液化石油气船

石油气和天然气在常温下都是易燃、易爆的气体。对 LPG 船来说,除了储运丙烷和丁烷等典型液化石油气外,通常还被用作储运与 LPG 物理化学性质相似的化学品,按《国际散装运输液化气体船舶构造与设备规则》,共有 30 多种货品。这些货品大部分在常压、常温下是气态,为提高运输的经济性,一般需要将其液化后装到船上液货舱中进行运输,液化石油气船是专门用于储运 LPG的船舶。

1) 石油气概述

石油气大都是炼油厂的副产品,所以常称为炼厂气,其中丙烷和丁烷占有较高的比例。由于同等重量液化气的气态和液态体积相差很大,1 立方米的液态石油气或 1 立方米的液态天然气,在常温常压下变成气态,体积将分别膨胀 200 多倍和 625 倍左右,所以将石油气和天然气液化后进行运输,其运输量会大大增加,提高了经济效益。

一般情况下,一艘 LPG 船设计为可以适装多种货品,每个航次设计为最多能同时装载 2～3 种货品,在设计阶段就必须要考虑所有可能装载货品的不同特性以及相互兼容性,如液货的临界温度、比热容、密度、污染特性等。液货的特性不同,设计的思路和要求也不同,液化气船就可能配有不同特征的液货舱,不同的处理设备(如不同处理能力的再液化装置),不同的船舶结构等。表 1-1 列出了常见的 LPG 货品。

表 1-1 常见的 LPG 货品

货 品 名 称	分 子 式	联合国编号	备 注
乙烯	C_2H_4	1038	
乙烷	C_2H_6	1961	
丙烯	C_3H_6	1077	
丙烷	C_3H_8	1978	
丙烷/丁烷混合物	C_3H_8/C_4H_{10}	1978/1011	任何比例混合
无水氨	NH_3	1005	
丁二烯	$CH_2CHCHCH_2$	1010	
正丁烷	C_4H_{10}	1011	
异丁烷	C_4H_{10}	1011	正丁烷与异丁烷任何比例混合
商业丁烷	C_4H_{10}	1011	
丁烯	C_4H_8	1012	
异戊二烯(单体)	$CH_2C(CH_3)CHCH_2$	1218	
二甲基胺	$(CH_3)_2NH$	1032	
氯乙烷	CH_3CH_2Cl	1037	
异丙胺	$(CH_3)_2CHNH_2$	1221	单舱最大装载量 3 000 立方米

（续表）

货品名称	分子式	联合国编号	备 注
乙胺	$C_2H_5NH_2$	1036	单舱最大装载量 3 000 立方米
二乙醚	$C_2H_5OC_2H_5$	1155	单舱最大装载量 3 000 立方米
乙烯基乙基醚	$CH_2CHOC_2H_5$	1302	单舱最大装载量 3 000 立方米

在表 1-1 中,乙烷、乙烯、丙烷及丙烯等是生活中常见的 LPG,与人们生活有着千丝万缕的关联,有必要了解这些 LPG 的特性。

2) 不同石油气有不同的储存和运输方法

从表 1-1 中可以看出,不同货品的分子式是不同的,不同分子式的货品的分子结构也不同。乙烷和乙烯分子结构分别如图 1-2 和图 1-3 所示。

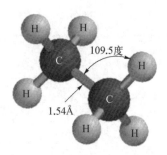

图 1-2 乙烷分子结构

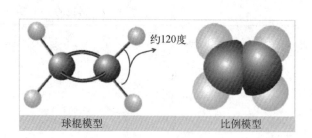

图 1-3 乙烯分子结构

液化气不同的物理性质、化学性质对应于不同的液货舱设计,如临界温度、临界压力、沸点等,临界温度是货品只有在此温度或低于该温度时,才能加压液化的温度,相应的压力称为临界压力。在大气压下货品的液化温度称为沸点,俗称液化温度。在加压时,液化温度会升高,所以大气压下的液化温度是所有压力条件下液化温度中最低的。这一特性在考量液货舱设计温度和压力时,针对其所装的货品压力-温度特性时,经常会遇到。一般来说,常压下沸点越低的货品,液货舱中的储运温度也越低;而临界温度越低的货品,如要采用加压方法提高液化温度,可能压力就越高;液货的相对密度越大,相应单位容积的液货重量就越大,当液货相对密度超过设计值时,液货舱装载内的货物容积就会减小;如果液货对环境的危害较大,液货舱至船体外壳的距离就需要加大,以防止船体破损时液货舱破损而导致液货泄漏。以丙烯特性为例,它在大气压下的沸点温度为－48 摄氏度,在 45 摄氏度下液化压力为 1.85 兆帕。它以液态储存于液货舱内的温度在大气压下就是－48 摄氏度,如果液货舱可承受 1.85 兆帕或以上压力,则液货舱内的液货温度就达 45 摄氏度,液货舱还是安全的。根据上述特性,装运丙烷的液化气船的液货舱可以是能承受 1.5 兆帕以上压力的全压式(温度不大于 45 摄氏度),也可以是一直保持－42.8 摄氏度低温的全冷式,或温度为－42.8～45 摄氏度,压力在大气压和 1.5 兆帕之间的半冷半压式。相应的船舶就成为全压式 LPG 船、全冷式 LPG 船和半冷半压式 LPG 船。当然出于经济性考虑,对于丙烷和丙烯一般不需要采用全冷式的液货舱,即不需要用全冷式 LPG 船来运输丙烷和丙烯。

　　乙烯、氨是 LPG 船运输的另一类化工产品。乙烯的分子结构如图 1－3 所示,乙烯的主要特性如下:沸点－103.9 摄氏度,临界温度 9.9 摄氏度,临界压力 5.15 兆帕,相对气体密度[①] 0.975,运输温度－104 摄氏度,相对液体密度[②] 0.570,相对液体比热容[③] 0.574,在常温常压下乙烯就以气体状态存在,乙烯的物理特性曲线如图 1－4 所示,它可以在一定的压力下半冷半压式运输,也可在－104 摄氏度温度下全冷式运输。氨的特性如下:沸点－33.4 摄氏度,临界温度 132.4 摄氏度,临界压力 11.5 兆帕,相对气体密度 0.597,在全冷状态下,运输温度 －34 摄氏度;货品压力 0.104 兆帕。按氨的压力-温度特性,还可以在最高 1.85 兆帕压力下,以全压方式运输;或在约 0.7 兆帕,－0.5 摄氏度条件下,半冷半压运输。因此,LPG 船的设计必须兼顾其运输的所有货品的各种特性。由于乙烯一般不作为船用燃料使用,且临界温度较低,无法使用全压式运载,LEG 船必须配置再液化装置,乙烯的沸点是除甲烷以外的液化气中最低的,所以乙烯运输船的液货系统是所有液化气船中最复杂的。

————————

①　相对于空气的密度,空气为 1。
②　相对于淡水的密度,淡水为 1。
③　相对于淡水的比热容,淡水为 1。

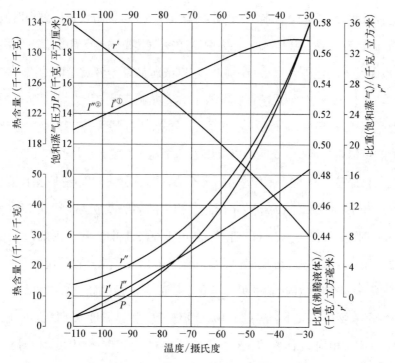

图 1-4　乙烯的物理特性曲线

三、天然气和液化天然气船

LNG 船是专门运输液化天然气的船舶,因具有技术共性,本书将 LNG 燃料动力船舶也作为本书内容的一部分。

1) 液化天然气的主要成分及其优点

天然气来源为天然气田或油田伴生气,在炼油厂生产的炼厂气中也会有天然气。将天然气液化后就得到液化天然气,即 LNG,天然气的主要组分为甲烷,并含有少量的乙烷、丙烷及氮气等。

甲烷比较稳定、不易分解。甲烷的分子结构为正四面体,如图 1-5 所示。键角为 109.5°。甲烷分子仅含有一个碳原子,是 LNG 组分中最轻的,其特性如

---

① 饱和蒸气。
② 沸腾液体。

下：沸点−161.5 摄氏度，临界温度−82.5 摄氏度，临界压力 4.56 兆帕，相对气体密度 0.554，运输温度低至−163 摄氏度，货品运输压力低至 0.104 兆帕，相对液体密度 0.471，相对液体比热容 0.465。甲烷的物理特性曲线如图 1−6 所示。

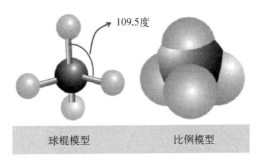

图 1−5 甲烷的分子结构

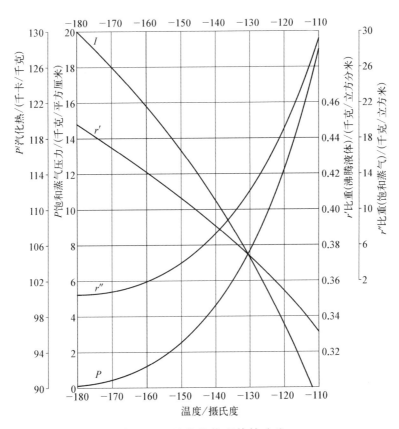

图 1−6 甲烷的物理特性曲线

天然气的主要优点如下：

(1) 热值高，1千克天然气燃烧后的发热量，相当于1.25千克柴油的发热量。

(2) LNG作为优质的车用燃料，与汽油相比，它具有辛烷值高（衡量燃料爆燃性能的指标，辛烷值越低就越容易爆燃）、抗爆性能好等特点。

(3) LNG燃烧后主要生成二氧化碳和水，是理想的清洁燃料，所以环保性能好。用在汽车上，它可将汽车尾气中的碳氢化合物减少约72%，二氧化碳减少约20%，氮氧化物减少约39%，一氧化碳减少约90%，硫氧化物和颗粒物质几乎为零，减少了温室气体的排放，减少了大气污染。

(4) LNG的体积与相同压力下同重量的天然气比，缩小了约625倍，所以天然气液态储存效率极高，储存的容器占地面积极少，投资省。LNG运输也方便，采用专用的容器可用汽车、机车、船舶方便地将大量LNG运送到需用天然气的地方，一个10立方米的LNG容器储存量就可供1万户居民1天的生活用气。利用LNG船运输LNG的方式是解决沿海地区开发所需能源的有效措施。一艘17.4万立方米的LNG船，将LNG气化成约一个大气压下的气体，容积大约1.08亿立方米，可供1 500万人口（约500万户）使用1个月以上。

(5) LNG气化后在常温下密度很低，比空气轻，若稍有泄漏后容易飘散，不致沉积在低洼或通风不良的处所而引起火灾或爆炸。

2) 液化天然气对LNG船的要求

LNG船运输的是以液态甲烷为主要成分的液化气，所以液货舱的设计主要考虑液化甲烷的特性，LNG船的液货舱大都设计成−163摄氏度的全冷式，压力接近大气压。但也有少数小型LNG船，刚加注时温度为−163摄氏度，压力接近大气压，但其液货舱可承受约0.4兆帕的货物蒸气压力，在此压力下液货饱和温度会略高于−163摄氏度，这种液货舱称为蓄压式液货舱，这类LNG船常作为LNG支线运输船以及LNG加注船。LNG加注船是用于为其他以

LNG 为动力燃料的船舶加注 LNG 燃料的专用船舶。因为大气压力下液态甲烷的饱和温度是−163 摄氏度的超低温,所以在液化气船中,LNG 船的设计和建造难度是最高的。

四、建造液化气船需解决的技术难题

1) 需将气态碳氢化合物液化后运输

不论是石油气还是天然气,在常温下都呈气态,用船来运输常温下的气体,即使用压力容器运输,气体体积也仅缩小与压力相似的倍数,因此运输量极为有限,经济效益也较差。将其转变成液体来运输,体积将大大缩小,从而大大提高石油气和天然气的装载运输量。发展液化气运输首先要将石油气和天然气液化。

石油气和天然气的液化过程不是一蹴而就的,随着制冷技术的发展,首先可以被液化的是沸点−10 摄氏度左右的碳四及−40 摄氏度左右的碳三类石油气;其次是沸点−104 摄氏度左右的碳二类乙烯气等;最后是沸点−163 摄氏度左右的甲烷气体。在制冷技术发展过程中,还利用了在加压条件下石油气的沸点(液化温度)升高的特性,从而降低了对制冷设备的制冷要求,实现了石油气的液化。因此,首先发展起来的是全压式 LPG 船,然后才是半冷半压式 LPG 船。当然除制冷技术外,制造出能够耐低温及超低温的液货舱舱壁材料,且保证其具有不泄漏的完整性也是一个难题,这需要冶金技术和焊接技术的发展来解决。

1845 年,著名科学家,电磁学奠基人迈克尔·法拉第首次成功地将常压下的甲烷气体冷却到−163 摄氏度,使其变成液体。这是一个重要的发明,在理论上证实了随着制冷技术的进步,液化气的大规模工业化生产将成为可能,也使 LNG 跨洋过海用船来运输成为可能。

1917 年,美国西弗吉尼亚州建设成世界上第一座 LNG 试验工厂,1941 年美国俄亥俄州的克利夫兰建成第一座商用 LNG 工厂,拉开了 LNG 运输的序

幕。在制冷技术进步的推动下,全冷式的 LPG 船和－104 摄氏度的 LEG 船也相继出现,接着在 1959 年第一艘－163 摄氏度液货舱的 LNG 船也研制成功,随后,各种新型 LNG 船也相继诞生。

综上所述,液化气船的发展与掌握液化气的特性息息相关,特别是要掌握液化气的低温特性并攻克其低温储存技术。LPG 中液态丙烷、液态丙烯和液态乙烯的舱内最低温度分别为－42.8 摄氏度、－48 摄氏度和－104 摄氏度,而对于 LNG 而言,舱内液货温度将低至－163 摄氏度。对于液化气船的发展来说,这种逐渐降低的储存温度可以说是拦路虎。对于整个运输链来说,将石油气和天然气液化还仅是第一步,液化后温度和压力的保持,易燃易爆特性、一些货物的毒性和污染性的掌握等也是在液化气船发展中需解决的问题。液货舱内的货物蒸气压力因温差和晃荡而不断升高,晃荡引起的局部应力过高还会引起液货舱破损,发生液货泄漏事故。这些也都是液化气船设计时必须考虑并加以解决的问题。

2) 与低温有关的问题

除全压式 LPG 船外,LPG 和 LNG 运输是将液态货物在低温状态下装入液货舱中,运载温度很低,特别是 LEG 和 LNG,这就带来了一系列要解决的问题。

(1) 货物蒸发气再液化问题。作为货物的 LPG 和 LNG 在船运输途中往往有部分因受热或晃荡等因素变成蒸发气,蒸发气量不断增加,会使液货舱压力升高,产生超压危险,因而需将货物蒸发气加压并冷却,或直接冷却到沸点以下,使其转变为液态才能安全运输,这就是货物蒸气的再液化基本原理。

液化气船液货舱内的储运温度往往远低于 0 摄氏度,与外界常温的巨大温差和海上航行时舱内液货晃动都会引起液货舱内液货蒸发,时间越长,累积的蒸发气就越多,液货舱内的蒸气压力随之也不断升高,甚至达到液货舱的安全阀设定值,造成货损。所以必须要有与运输货品的沸点温度相适应的制冷技术、制冷设备或其他能处理货舱内蒸发气的设施,以便将液货舱内外界热量传入而自然蒸发出来的货物蒸汽(BOG)[①]处理掉。再液化装置是将货物的蒸发气从液货舱中抽出,再液化后回输至液货舱内进行储存的装置。再液化过程是一个逆正常传热的过程,必须掌握专门的再液化技术,配置必要的设备,对全冷式和半冷半压式液货舱内的温度和压力进行控制。特别是对超低温的乙烯气体、甲烷气体的再液化,消耗的能量大、技术难度也高。

(2) 液货舱材料的耐低温。低温环境要求液货舱密封层(屏壁)的金属材料具有耐低温的性能。这就需要找到一种既经济,又易于加工的金属材料,它不但能在液货的沸点温度以下的超低温条件下有足够的力学性能而不会发生损坏,还能解决或通过加工成适当的结构形状来解决低至−163摄氏度的超低温和常温之间巨大的温差而导致热胀冷缩的变形问题。

(3) 防泄漏。液货舱的屏壁,不能有任何缝隙,以免泄漏出来的超低温液货与船体结构构件接触,造成其冷脆损坏。一般的船体结构构件,在过低温度下力学性能会下降变脆,船在风浪中航行时,就会发生断裂损坏。因此,液货舱的密封层结构(屏壁)的制作或层数必须要保证低温液货不会漏泄而导致船体结构受损。

(4) 液货舱隔热保冷。液货舱的隔热层要有较强的隔热能力,尽可能地减少环境对舱内的热量输入,以控制舱内液货的日蒸发量。对LNG货品,由于液货舱−163摄氏度左右的低温与外界环境温度(夏季大于35摄氏度)的较大温差,外界热量就会传入液货中(或液货的冷量传到外部空间和船体结构材料上),液货的温度就会升高而导致液货蒸发。液化气船与油船不同,货油可与船体结构直接接触,而液化气必须要装在耐低温的专用金属容器中,还要在容器外包覆一定厚度的绝热材料,这种绝热材料要有较好的绝热性能,以控制液货舱和外界之间的热传导,设计时要考虑并计算出这一内外传递的热量。绝热层还要承受一定的负载,如液货和绝热材料自身的重量,船舶在波浪中航行时液

---

① 自然蒸发气(natural boil off gas, BOG 或 NBOG)。

货晃荡的冲击力等。

(5) 低温液货舱对周围环境温度的影响。由于温差的存在,热量的传递是不可避免的,液货舱内部的液货还是会以一定的速率蒸发,设计时就要考虑液货的日蒸发量不能太大。日蒸发率大,产生的自然蒸发气量就大,需要蒸发气处理设备的容量就大,能耗也随之增大,同时船上需要更大的空间布置这些设备。在运载过程中,还有一定的冷量向周围传递,时间一长,船体内部舱壁上的温度会降低,当相邻的压载舱装载压载水时,就得考虑舱壁温度的降低是否会使压载海水结冰膨胀而导致压载舱舱壁胀裂。

(6) 液货舱的热胀冷缩。液货舱储存运输液货时处于 -163 摄氏度左右的低温,液货舱装货预冷前,液货舱的温度为环境温度。当船舶在夏季进行首次装货,液货舱的温度几乎就是环境温度,如 35 摄氏度,与装货后的 -163 摄氏度形成一个约 200 摄氏度的温差,这个温差对用不锈钢或一般的金属材料制成的液货舱而言,每米长度伸缩 2 毫米左右,一个长度为 30~40 米的货舱,伸缩量就是 60~80 毫米,这样的伸缩量足以使液货舱结构损坏,所以液货舱的结构(包括独立式液货舱的基座结构)的设计和材料的选用必须解决热胀冷缩带来的变形问题。

在设计时除考虑上述因素外,在正常装载工况时,也需注意冷缩问题,因液货舱空舱时,舱壁温度相对液货 -163 摄氏度(LNG)要高很多,短时间内直接将大量 LNG 加注进去,舱壁的变形既大又快,也会造成液货舱损坏,所以必须将液货舱预冷至一定的低温,这是在管理及营运过程中必须遵守的事项,设计必须将预冷的要求和过程做出明确规定,预冷时的温度降必须保持一定梯度,严禁短时间内的骤降。

(7) 蒸发气利用。对于 LNG 船,为解决舱内液货不断蒸发和蒸发气积累造成液货舱内蒸气压力升高的问题,可用再液化装置将蒸发气液化,但需花费大量的能量。如果超压蒸发气直接排放至大气会造成比二氧化碳更严重的温室效应,因此在早期的 LNG 船上,将蒸发气用于船上锅炉的燃料,锅炉产生蒸汽推进蒸汽轮机(透平)运转,从而提供船舶行进中的动力;近年来新型的LNG船上将蒸发气送至双燃料柴油机作为燃料,产生动力或电力供船舶使用。作为燃料使用时,液货舱内的蒸发气,需加压升温后通过专用管路送到机舱。虽然蒸发气是气体,但其温度与液化气一样也处于低温状态,且又是一种易燃易爆的危险气体,所以在设计时,必须准确地计算出蒸发气的产量和利用率,同时还要考虑输送管路的耐低温性能、泄漏防护与检测,以及安全保护问题。

(8) 密闭舱室中货品的沸点温度与压力特性。液化气的沸点温度(即液化温度)与压力有关,压力越高,液化温度越高。例如,丙烷在大气压下的沸点温度为−42.8摄氏度,在45摄氏度时饱和蒸气压力为1.5兆帕,即它在大气压下以液态储存于液货舱内的温度为−42.8摄氏度,在外界温度45摄氏度情况下,液货温度可达45摄氏度,比加注时升高了约90摄氏度,这一温差使液货舱内蒸发气大量产生,在此温度下,货舱内的压力最高升高到1.5兆帕。这样大的温差和压力对液货舱的结构强度也会产生不利影响,因此在设计时,必须考虑所装载的不同货品的压力与沸点的关系,并考虑最恶劣的工况。

综上所述,解决低温问题,就是要解决液化气的安全储运的问题。在液化气船的发展历史过程中,曾出现过一些不同结构形式,承受不同温度和压力,不同液货舱材料和不同隔热材料的货物围护系统,都是为了解决液化气的安全储运问题。

3) 液化气的易燃、易爆特性

LPG和LNG的热值较高,以LNG为例,1千克LNG的燃烧发热量约为11 950大卡[①],与1.25千克柴油相当。因此,LNG的一个主要用途是作为燃料使用,因其气化后易燃易爆,如使用不当,危险性也大。按液化气的热值计算,一艘17.4万立方米的LNG船,如果发生爆炸,它释放出的热量约是100万当量TNT[②]烈性炸药释放的热量。按美国在第二次世界大战后期投放日本的原

---

① 大卡为热量单位,1大卡=1千卡=4.186 8×10³焦耳。

② TNT为爆炸能量单位。

子弹约 2 万等级 TNT 当量计算,那就相当于 50 个原子弹释放的热量。对于液化气船的设计和建造,安全是放在首位的。液货舱的结构和管路阀门连接都不能泄漏;所有内含液化气的部件及设备,如液货泵、货物压缩机、加热和气化设备等,在工作时也不应有泄漏,更不能让液化气进入气体安全区域,或进入有明火作业的区域以及运转时存在电火花的设备区域。在运输和使用过程中还必须遵守安全规定和程序。如装货前,液货舱内是常温,容纳的还是含氧量约 21% 的空气,如贸然把大量 −163 摄氏度的液化气加注进液货舱,不但液货舱的结构会因瞬时巨大的温差而损坏,而且液货蒸发产生的蒸发气与含氧丰富的空气混合还会形成极具爆炸危险的混合气,一旦发生爆炸,将造成船毁人亡,巨额的资产顷刻将化为灰烬,同时船用燃油的泄漏也会给海上环境带来不可逆转的污染。

在液化气船的设计、建造和营运时,无论是舱室和设备的布置,液货舱和设备管路的泄漏检查试验,液化气装卸时的操作程序等,都须牢记液化气是一种极具危险的易燃易爆气体。

4) 毒性和污染性

液化气既具有易燃易爆的危险,又有污染大气的问题。如甲烷是比二氧化碳还严重的温室气体,其温室效应是二氧化碳的 20 多倍;有些 LPG 还具有毒性,溅入皮肤或眼睛会引起皮肤疾病和眼睛损伤,这就需在船上配置相应的毒性探测设备和冲洗设备;具有毒性的 LPG 进入大气和水中会引起大气和水体污染。

5) 液货舱和系统运行参数的监视和控制

因为液化气过低的温度和过高的压力都会对液货舱结构造成损坏;液化气与空气混合成一定比例后,达到爆炸极限,遇到明火或电火花就可能会爆炸;部分 LPG 货物蒸发气还有一定的毒性,一旦泄漏,后果严重。所以船上管理人员及操作人员必须牢牢掌控液货舱及相关设备与管路中的温度、压力和液位等,同时还应监测船上相关处所的可燃气体和有毒气休的含量等,一旦出现异常情况,必须迅速找出原因,及时修复,防止事态扩大。如液货舱内压力升高,达到设定值时,液货舱安全阀就会自动开启,超压的货物蒸汽就会通过安全阀排入大气,一方面造成了大气污染,另一方面造成了货损。

为保证液货舱的安全并避免不可控的货损,在液货舱安全阀开启以前,船员可以通过船上配置的货物处理系统设备来控制液货舱温度和压力,如通过再液化装置将液货舱内过量的货物蒸发气抽出并液化冷凝后,通过液货舱内顶部的喷头喷入达到给液货舱降温降压的目的;或通过气体燃烧装置直接将液货舱内过量的货物蒸发气抽出升温后燃烧来降低液货舱内的货物蒸气压力;还可以将液货舱内的蒸发气抽出,加压升温后供给机舱内的燃气发动机或锅炉作为燃料使用,从而也达到了使液货舱恢复正常压力的目的。对一些沸点较高的液货,还可以直接将液货舱内的液货抽出直接冷却后回输至液货舱内,达到降温降压的目的。因此,为了保证船舶的安全性以及提高货物运输过程中的经济性,需要对液货舱内的液位、温度和压力等物理参数和相关设备及管路工作状态进行实时监控,确保液货舱各项参数、设备及管道的运行参数都在设定值范围内。

相关参数的监控分为远程监控和现场监控。现场监控以就地仪表以及手动控制阀门为主,而远程监控是通过具备远程传输功能的传感器及仪表将信号传送至控制室,控制室根据信号的运行范围来调节系统中的调节阀或遥控阀,从而实现对设备及管道的远程控制。当然,部分设备出于对自身的保护以及保证正常的工作状态的需要,也可能会设置自动控制功能,进行自控。所有这些传感器及仪表以及控制的逻辑关系,都应符合 IGC 规则和相关船级社规范的要求,这样才能确保所有液货舱、设备及管路都正常安全运行。

上述监控主要是对航运中的船舶,对靠泊码头或进行 LNG 加注的液化气船,对船和码头,或两船之间的位置移动也必须监控,以防止位置移动过大,造成加注臂或加注设备的损坏。

第二节　液化气在国民经济中的地位

一、液化气的应用催生了液化气船

石油燃烧提供的热能比煤炭、木材更高，且石油更便于使用和运输，在以往相当长一段时间内石油在生活中的使用比例越来越高。1867年，石油在一次能源消费结构中的占比达到了40％，超过了煤炭所占的比例38％，人类开始进入了石油时代。天然气和石油气是原油伴生物，在开采原油时，往往也能发现天然气和石油气，只是在开采技术较落后的初期，未能有效地收集和储存天然气和石油气，大部分被送到油田的燃烧塔燃烧浪费掉，只有小部分气体通过管路供附近的用户使用。石油气大部分来源于炼油厂的炼厂气，其主要成分是含3个碳原子的丙烷及少量含4个碳原子的丁烷，还可能有少量的甲烷和乙烷。在炼油厂还可以提炼得到乙烯、丙烯、丁烯等碳氢化合物，这些都是石油化工的宝贵原料。石油气和天然气使用比石油更方便。20世纪20年代就有了将货船改装后在甲板上安放压力容器来运输丙烷及丁烷的记载。1934年英国的SWAN HUNTER建造了世界上第一艘LPG船"Agnita"号。20世纪60年代，美国和欧洲国家就大量使用石油气作为生产和生活燃料，因而出现了许多压力式、半冷半压式LPG船。随着石油化工的发展，人们发现甲烷、乙烷、乙烯、丙烯等碳氢化合物有更多、更广泛的用途，从而进一步促进了液化气和液化气船的发展。

我国的液化气船也是在不断增长的液化气需求中逐步发展的。

二、国民经济的发展需要液化气

液化气船运输的货品众多，用途广泛，影响着人们生活中衣食住行等各个方面。

1）碳一类碳氢化合物甲烷、甲醇、甲醚

天然气的主要成分是甲烷，除国内自产的天然气外，每年还需进口大量的天然气作为燃料,根据中国石油集团经济技术研究院发布的《2018 年国内外油气行业发展报告》显示,2018 年世界天然气的总消耗量为 3.9 万亿立方米,增速为 5.3%,是过去五年平均水平 2.3%的 2.3 倍。从表 1-2 所示的 2018 年份区域与主要国家天然气消费中可以看出,2018 年天然气消费排名前三位的国家仍然是美国、俄罗斯和中国,其中美国天然气消费增长率达到 11.0%;我国天然气消费量为 2 766 亿立方米,增长率高达 16.6%。根据 2018 年英国石油公司《世界能源统计年鉴》显示,我国以 394 亿立方米管道气和 526 亿立方米 LNG 的进口量跃居第一大天然气进口国。

表 1-2 2018 年各区域与主要国家天然气消费

国家/区域	消费量/亿立方米	增长率/%
美 国	8 208	11.0
俄罗斯	4 545	7.0
中 国	2 766	16.6
北 美	10 300	9.1
亚 太	8 312	8.0
欧 洲	5 423	2.0

资料来源:《2018 年国内外油气行业发展报告》。

2020 年我国天然气进口量首次突破亿吨,为 1.019 2 亿吨,环比增加 4.54%,较 2019 年天然气进口量增幅下降 3.41%。我国天然气市场仍处在快速发展阶段,天然气进口量持续增长。2020 年我国 LNG 进口量为 6 739.45 万吨,环比增长 11.12%,管道气进口量为 3 453.11 万吨,环比下降 6.28%。LNG 进口量保持稳定的增长,主要得益于 2020 年 1—10 月 LNG 现货价格低廉,国内进口商积极采购。管道气进口量环比缩减,主要由于第二、三季度国内消化能力偏弱,并且 LNG 销售价格低廉,对管道气市场冲击明显,导致进口量下降。

2020 年我国天然气总供应量为 2.39 亿吨,LNG 进口量占比 28%,环比增加 1%。管道气进口量占比 15%,环比下降 2%。国产天然气为 1.37 亿吨,环比增长 10.48％,占国内天然气总供应量的 57％,环比增加 1％。

2020 年我国进口的 LNG 来自 24 个国家,排名前三的依然是澳大利亚、卡塔尔和马来西亚,分别为 2 905.31 万吨、817 万吨、611.22 万吨。2020 年我国从俄罗斯和美国进口的 LNG 数量增长相对明显,2020 年从俄罗斯进口 LNG 508.43 万吨,而 2019 年仅为 169.81 万吨。2020 年从美国进口 LNG 320.44 万吨,而 2019 年仅为 27.6 万吨。

我国天然气市场稳步发展,进口天然气是保证我国天然气供应稳定的重要组成部分。2021 年国内 LNG 接收站的接收能力有望提高至 9 240 万吨,增幅 9.47％,接收能力的提高是保证 LNG 进口量增加的重要前提。随着我国天然气在产销储运等环节能力的提升,以及政策导向更加合理,我国 LNG 进口量增幅趋于稳定,预计 2021 年 LNG 进口量增幅维持在 10％左右,约为 7 400 万吨。2021 年国内天然气进口总量预计达到 1.11 亿吨。

甲烷是 LNG 的主要成分,它是清洁优质燃料,也是石油化工工业的重要原料。燃用 LNG,可以使排气中的二氧化碳成分下降约 20％,氮氧化物和硫氧化物排放量大幅度减少,几乎没有颗粒物质。由于温室气体的排放量降低,减缓了地球变暖的速度,使大气变得更清洁。甲烷除作为燃料外,在石化工业中用途也非常广泛,通过转化成合成气体,制造甲醇、化肥和其他化工产品。

甲醇,又称羟基甲烷,是一种有机化合物,是结构最为简单的饱和一元醇。在常温下甲醇是无色透明而易挥发且有刺激性气味、易燃的有毒性气体,广泛用于有机合成、染料、医学、农药、涂料、汽车和国防中。

甲醚,又称二甲醚,它是甲醇工业重要的下游产品,是一种易燃气体,与空气混合能形成爆炸性混合物,接触热、火星、火焰或氧化剂易燃易爆。良好的可压缩、冷凝、气化特性,使其在燃料、制药、农药等化工工业中有许多特殊的用途。它除了可作为氟利昂的理想替代品外,也可用作船舶和汽车的新一代环保燃料。

2）碳二类碳氢化合物乙烯、乙烷等

乙烯是碳二类产业链中的重要中间化工产品，是合成纤维、合成橡胶、合成塑料（聚乙烯及聚氯乙烯）、合成乙醇（酒精）的基本化工原料，也用于制造氯乙烯、苯乙烯、环氧乙烷、醋酸、乙醛、乙醇和炸药等，还可用作水果和蔬菜的催熟剂，是一种经证实的植物激素。我国乙烯的下游产品以聚乙烯为主，同时也被用来生产其他用途广泛的化工产品及中间体，如聚氯乙烯和乙二醇等。

乙烯是世界上产量最大的石化工业产品之一，乙烯工业是石油化工产业的核心，乙烯产品占石化产品的 75% 以上，在国民经济中占有极其重要的地位。世界上已将乙烯产量作为衡量一个国家石油化工发展水平的重要标志之一。乙烯是有机化工最重要的基本原料，被称为"化工之母"。在有机合成方面，乙烯是用于合成乙醇、环氧乙烷、乙二醇等多种重要化工产品的基本有机合成原料；在合成材料方面，乙烯大量用于生产聚乙烯、氯乙烯及聚氯乙烯等，在合成树脂与合成橡胶领域也均有重要的应用，如图 1-7 所示。

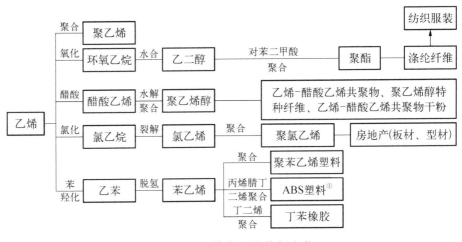

图 1-7　乙烯化工及其衍生物

———————————

① 丙烯腈、丁二烯、苯乙烯的共聚物。

按上游原材料划分,乙烯生产工艺可以分为气头(NGL① 产品)、油头(石脑油)和煤头(煤炭或甲醇)三大类,而国内乙烯产能则主要以油头为主,煤头为辅,气头产能暂未大规模应用。

聚乙烯是无臭、无毒的气体,耐低温性好,化学成分稳定,能耐大多数酸碱腐蚀,电绝缘性能优良,是合成树脂中产量最大的产品,广泛应用于生产、生活的各个方面。除工业生产中的管材、注射成型制品、电线包敷层、工程塑料等外,日常生活中使用的塑料扫帚、垃圾袋、食品袋、保鲜膜、浴花、整理箱、一次性鞋套都可以用聚乙烯材料制成。聚醋酸乙烯在生产生活中也随处可见,凉鞋、手机等电子产品的外壳,甚至汽车的零部件等都由它加工而成。

乙烷、乙炔、乙醚等可用作为燃料,也可作为化工原料,用途也非常广泛。

乙烷是另一类碳二系列碳氢化合物。美国的页岩气革命催生了丰富的乙烷供给。页岩气中含有甲烷和乙烷。通常,天然气内的乙烷含量占 5% 左右,很少超过 10%,但美国的页岩气中乙烷的含量超过 10%,部分产区,如巴肯产区达 25%。

乙烷在工业上的用途除作为制冷剂外,主要用途是通过裂解制造乙烯。当乙烷与蒸汽混合被加热到 900 摄氏度或以上时,乙烷相当大的一部分裂解为乙烯,约占 80%,显著高于其他生产工艺,其余为少量的燃料气和氢气,在裂解过程中也不会释放硫化物和氮氧化物。

在科学研究中,液态乙烷在电子显微技术中,可用于使含水量高的化验样本透明化,薄的样本水层在快速沉浸到 −150 摄氏度或更低的液态乙烷中时迅速冻结,不会形成晶体。这样迅速冻结的样本不会像冰结晶时会破坏液态水样本中的软组织物质的结构。

3) 碳三类碳氢化合物丙烷、丙烯等

丙烷在大气压力和常温下为无色、无臭、且易燃的气体,它溶于乙醚、乙醇,

---

① 天然气凝液(natural gas liquid),又称天然气液或天然气液体,系指从天然气深冷分离得到的以乙烷、丙烷、丁烷为主要组分的轻质烃类混合物。

微溶于水，是 LPG 的主要成分。作为燃料，内部装有丙烷的燃气罐，在城市管网使用天然气以前，在日常生活中几乎是到处可见的。

丙烯在常温、常压下是无色、无臭、稍带甜味的气体。液体密度是 0.513 9 吨/立方米，气体密度是 1.905 千克/立方米，沸点－47.4 摄氏度，在大气压下，815 摄氏度时全部分解。丙烯易燃，燃烧时会产生明亮的火焰，在空气中的爆炸极限为 2%～11%；不溶于水，溶于有机溶剂，是一种低毒类物质。

丙烯是三大合成材料的基本原料之一，其用量最大的是生产聚丙烯。另外，丙烯可制备丙烯腈、环氧丙烷、异丙醇、苯酚、丙酮、丁醇、辛醇、丙烯酸及其脂类、丙二醇、环氧氯丙烷和合成甘油等。

聚丙烯和环氧乙烷/丙烷是制作医用口罩的主要原材料。医用口罩一般采用多层结构：里、外层均为单层纺黏层，中间为单层或者多层熔喷层，熔喷层的最佳材料就是高熔脂纤维的聚丙烯材料制成的熔喷布，它是一种超细静电纤维布，能够有效利用静电作用吸附病毒、粉尘、飞沫。其实这三层均为无纺布，原材料均为聚丙烯，但制作工艺各异。其中，里、外两层的纺黏层纤维直径较粗，约为 20 微米；中间层的熔喷纤维直径只有 2 微米。环氧乙烷/丙烷用于生产过程中对口罩进行消毒。2019 年底后，受新冠肺炎疫情影响，全球口罩需求旺盛，制作口罩用的原材料聚丙烯和环氧乙烷/丙烷也出现了供不应求的局面。

丙烯还是一种重要的基础化工原料，丙烯经深加工可以得到一系列化工产品。丙烯经过不同的化学反应，经过一级或者多级转化后可以制备得到多种合成树脂及塑料、合成橡胶、合成纤维等我们熟知的材料和产品。

人们熟悉并常见的如塑料杯、塑料凉鞋、灯头及开关、电话机外壳、塑料水壶、塑料雨衣、塑料网袋及薄膜都是以丙烯为原料的合成树脂及塑料制成的；用塑料制成的各种板材、管材和棒材，可替代钢材、有色金属和木材，在工农业生产和国防工业方面也有极广泛的应用。百货公司橱窗中展示的腈纶、锦纶、丙纶的织物,还有各式各样的的确良①衬衫、尼龙纱巾等产品也是由以丙烯为原料的合成纤维制成的。

汽车工业上用的轮胎,医学卫生领域用的合成橡胶,都是以丙烯为原料制成的;以丙烯和乙烯为原料制成的乙烯、丙烯橡胶具有卓越的耐臭氧及耐寒性能、优异的弹性和绝缘性能,广泛应用于汽车工业、电缆、建筑、工业制品等行业。军用飞机上的座舱盖及挡风玻璃,俗称"有机玻璃",是由以丙烯为原料的丙烯酸类塑料制成的。丙烯还可广泛应用于合成有机溶剂、医学品、化妆品、调味品、洗涤剂等行业,如图 1-8 所示。

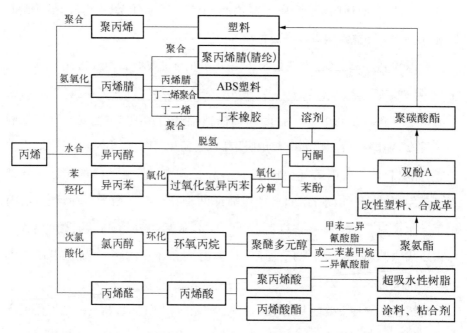

图 1-8　丙烯化工及其衍生物

碳三系列的碳氢化合物还有丙炔。虽然其含量稀少,但也有其特殊用途,除可制造化工溶剂丙酮外,也可深加工成日常生活用品。

---

　　① 的确良,一种合成纤维纺织物,是英文 dacron 的音译,现在名称涤纶、特丽纶、达克纶。60 年代,刚在香港等地上市时,广东话音译"名确凉"。

4）碳四系列碳氢化合物丁烷丁烯等

碳四系列碳氢化合物成员较多，主要有正丁烷、异丁烷、丁二烯、异丁烯、1-丁烯和2-丁烯等。它们的结构如图1-9所示，中间多键连接的表示碳原子，外围端部单键连接的表示氢原子，烷类碳碳原子之间为单键，烯类碳碳原子之间为双键。按不同的排列组合，得到六种不同化合物。

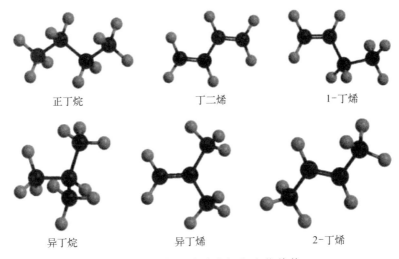

正丁烷　　　　　　　丁二烯　　　　　　　1-丁烯

异丁烷　　　　　　　异丁烯　　　　　　　2-丁烯

图1-9　碳四系列碳氢化合物结构

碳四系列物质主要来自炼油厂炼油过程中产生的大量混合气体，将其导入一个特殊装置，通过蒸汽加热可以得到如下产物：2％的正丁烷，1％的异丁烷，48％的丁二烯，22％的异丁烯，14％的1-丁烯，11％的2-丁烯等。随着炼油厂炼油能力的大幅提高，碳四系列物质产量也迅速提高，对碳四系列碳氢化合物的利用，美国、日本和西欧的利用率已达70％。碳四烃主要用途如图1-10所示。

在日常生活中，制作衣服、帽子、手提袋的合成纤维，时尚的各种颜色衣服的颜料，存放清洗剂的塑料桶都是碳四化合物与其他化工原料合成而来的。丁烷是家用LPG燃料的常见组成部分，它还可以作为空调器的制冷剂，聚乙烯聚合和发泡剂等；以异丁烯为原料可以制造汽油的添加剂，使汽油在汽车的气缸中充分燃烧，减少对大气的污染；以异丁烯为原料可以制作各种车用的轮胎。

在工业计算机行业,以异丁烯为原料可以制作计算机和电视机的液晶屏幕,飞机汽车用的透明玻璃和罩盖,制作各种光学仪器、光导纤维、光盘和光学透镜。以丁二烯为原料与其他碳氢化合物聚合可制作工程塑料、合成橡胶,用来制作各种军民用材料和产品。这些产品极大地丰富了人们的生活。

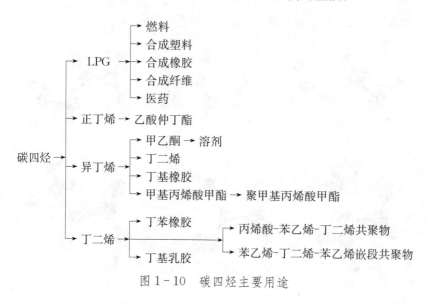

图 1-10　碳四烃主要用途

5) 氨

氨是 LPG 船运载的一种重要货品,它是无色、有刺激性臭味的碱性气体。它易溶于水、甲醇和乙醇,几乎不溶于油。氨的主要用途是制造农用的化肥,也可制造化工行业的硝酸,军事上的炸药,以及民用工业的塑料、清洗剂、染料等。但氨也有一定的危害性,吸入高浓度氨气,可引起强烈咳嗽,如不能迅速排出会演变成严重肺炎、肺水肿,甚至死亡。与高浓度氨气接触,可引起暂时性眼盲,与无水氨直接接触,会使皮肤和眼睛灼伤。

氨是一种应用广泛的催化还原剂,可以将内燃机排放尾气中的氮氧化物催化还原成空气中普遍存在的氮气等,并且在燃烧过程中没有碳排放,是一种极为理想的脱碳燃料,所以近年来也出现了将氨作为船舶动力燃料的动向。

6）其他 LPG

其他 LPG 也有诸多用途,如异戊二烯,它是碳五类碳氢化合物的主要物质,可以合成高分子化合物、激素、维生素 E 及香料等。

综上所述,可以看出人们日常生活中所接触的物品很多都是石油化工工业的产品,其中也有用 LNG 和 LPG 生产和制造的。在经济全球化的大趋势下,随着我国国民经济的迅速发展,全球对液化气的需求量日益增加,我国目前石油气及天然气的产量跟不上需求量的增长,迫切需要从国外进口 LPG 和 LNG,以满足民众和工业对液化气的需求,因此需要建造 LNG 船和 LPG 船;同时为发展我国的对外贸易,也需要为其他国家建造 LNG 船和 LPG 船,帮助其发展经济。所以,世界对 LNG 和 LPG 的需求离不开液化气船,发展液化气船上升到了大国发展战略的层面。

三、液化气需求量的增长促进了液化气船的发展

1）液化气产地与用户因大洋阻隔需要发展液化气船

世界各国工业发展和居民生活都需要石油气和天然气,且需求量不断增加。但是世界的石油天然气产地分布不均匀,主要分布在俄罗斯、伊朗、卡塔尔、阿联酋、北欧、美国、印度尼西亚和澳大利亚等地。美国曾依赖进口,通过页岩气革命,已可大量出口天然气和乙烷;西欧使用俄罗斯管道输送天然气。但许多国家和地区需要石油气和天然气,却远离石油气、天然气产地,如日本、韩国以及英国等一些欧洲国家。这些国家不但远离产地,且有大洋阻隔,不得不用船舶来运输。我国改革开放后,特别是近年来世界对环保的要求越来越严格,我国的天然气需求量也大大增加,所以用液化气船来运输 LPG 和 LNG,不但是世界的需要,也是我国的需要。

2）未来世界 LNG 供需两旺,促使 LNG 船市场活跃

图 1-11 为液化天然气产业链结构图,图中显示出天然气从气田到人们日常生活所需所经历的流程,LNG 船因运载量大,是这个产业链中相当重要的一个环节。

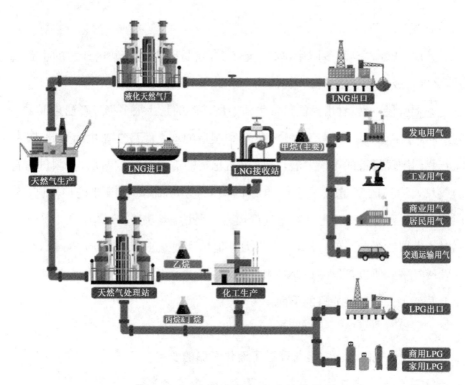

图 1-11　液化天然气产业链结构图

从 LNG 出口端来看,全球 LNG 液化能力持续增长,2019 年,新增 10 个 LNG 出口终端项目,新增产能 3 781 万吨/年,全球 LNG 产能增至 4.33 亿吨/年。随着 2023 年美国、澳大利亚、俄罗斯、卡塔尔等国家液化气加工新设施的相继建成,LNG 产能也在不断提升,未来全球 LNG 的供应将呈现宽松态势。据英国石油公司 2020 年能源展望报道,2025 年天然气消费比例将超过煤炭成为全球第二大能源,到 2030 年则超过石油成为全球第一能源。国际油气巨头预测到 2040 年全球天然气需求将保持稳定增长。

从 LNG 进口端来看,亚洲市场的重要性日益增加。其中,我国在"减煤增气"的能源规划下,正逐步从石油和煤炭等传统能源转向液化气,2018 年已跃升为全球 LNG 第一大进口国。2019 年,我国天然气月消耗量为 3 000 亿立方米,其中 LNG 海运量占天然气进口量的 63%,是我国天然气进口的主要方式。

2020 年天然气在中国能源结构中的市场份额从 6％增至 10％，2030 年将增至约 15％。中国将持续投资 LNG 设施，LNG 船需求强劲。此外，印度也在扩大 LNG 进口，欧洲 LNG 进口量有所增加，对于 LNG 船需求量依然很大。总之，在清洁能源的巨大需求推动下，未来 LNG 船市场依然活力十足。

3）液化气船在不断的探索和改进中发展

不同特性的液化气使液货舱需要采用不同的材料和结构形式，来适应 LPG 和 LNG 所需不同的温度和压力，不同的防火灭火、防毒、防污染措施，从而也使液化气船的船体结构和推进装置不尽相同。液货舱、船体结构和推进装置的不同形式随着技术的进步，以及人们对船舶运输效益的追求而不断改进和发展。在液化气船的建造和运行过程中发生了一些问题和事故，反过来又促使液化气船的建造运输规则的修改和进步，从而使液化气船更可靠、更安全，这就是液化气船的一部发展史。

中国液化气船的设计和建造也遵循了这一规则，中国液化气船也是在不断摸索和总结中前进和发展的。

近 70 年来，全球主要在 2003—2010 年和 2014—2021 年两个阶段迎来了 LNG 船建造高峰，年建造量基本保持在 20 艘以上，最高年完工量曾达到 50 艘。

2018 年前全球曾有 75 家船厂建造过 LNG 船，但到 2018 年只有 22 家船厂建造 LNG 船，从这里可以看出该类船厂越来越趋于集中。从全球前十大 LNG 船船厂看，韩国船厂占据世界船厂前三位，日本四家船厂和中国沪东中华造船（集团）有限公司[①]（以下简称"沪东中华"）入围世界前十大 LNG 船建造厂。

另据统计，LNG 船船舶所有人市场主要集中在日本、希腊、中国、加拿大、韩国、挪威、卡塔尔等，其中日本拥有 137 艘 LNG 船，希腊拥有 84 艘 LNG 船，分别是中国 LNG 船队数量的 3 倍和 2 倍。中国的 LNG 船相对于需求还有缺口，具有广阔的发展前景。

———————————

① 沪东中华造船（集团）有限公司，由沪东造船厂和中华造船厂于 2001 年资产重组而成，是中国船舶集团有限公司旗下的骨干核心企业。

第二章
液化气船分类和发展

液化气船分为 LPG 船（含 LEG 船）和 LNG 船。其中 LPG 船已有近 90 年历史，LNG 船也有近 60 年历史，在发展过程中，创造了 LPG 和 LNG 的多种不同结构形式液货舱的液化气船。

第一节　液化气船的分类及其分类表

液化气船通常根据液货舱结构形式、货品液化方式和货舱容积等进行分类。液化天然气船由于其结构特殊，还有其特殊的分类方法。

一、按液货舱结构形式分类

按结构形式，液货舱可分为整体式、薄膜型、半薄膜型、独立式（包含 A 型、B 型和 C 型独立式液货舱）、内绝热式五大类。

1）整体式液货舱

整体式液货舱的设计蒸气压力 P_0 通常应不超过 0.025 兆帕。如果船体构件尺寸较大，P_0 也可相应增加到较高值，但应小于 0.07 兆帕。整体式液货舱可用于载运沸点不低于 -10 摄氏度的货品，但经特别认可和审批后也可允许更低的温度,此时应设置完整的次屏壁。

要求用载运危险性很大的货品,如氯、溴甲烷、二氧化硫和环氧乙烷等,不得用整体式液货舱载运。

整体式液货舱是船体结构的一部分,并与船体相邻结构受到同样的载荷。整体式液货舱常用于在大气压条件下装运丁烷之类的 LPG 货品,最低温度约为−10 摄氏度,此时无须考虑液货舱的热胀冷缩,也不会使液货舱舱壁材料产生冷脆损坏。所以这类船的结构和装卸货设备与常规液货船(如普通油船)几乎无异。

2)薄膜型液货舱

薄膜型液货舱货物围护系统的设计应使热膨胀和其他膨胀或收缩得到补偿,以免出现丧失薄膜密性的风险。如在大气压力下货物温度低于−10 摄氏度,应按要求设置完整的次屏壁。

薄膜型液货舱的设计蒸气压力 P_0 通常不超过 0.025 兆帕。如果船体构件尺寸较大,应适当考虑支持绝热层的强度,P_0 可相应增加到较高值,但应小于 0.07 兆帕。薄膜型液货舱的薄膜厚度一般应不超过 10 毫米。

薄膜型液货舱是非自持式结构,大都为棱柱形。液货舱舱壁是一层金属薄膜,通过绝热层支撑在邻接的船体结构上。薄膜层的材料和结构应选择或设计成避免温差引起的热胀冷缩的影响,所以现在的薄膜层大多由含镍 36%、厚度 0.7 毫米的薄殷瓦钢板或厚度约 1.2 毫米、具有双向波纹的不锈钢板制成。为安全起见,所有薄膜型液货舱的结构都采用双层结构,即主屏壁和次屏壁,主/次屏壁外覆有绝热材料,绝热层的结构能承受液货重量和液货舱自重等载荷。薄膜型液货舱最大的优点是能有效地利用船体货舱舱容,目前主要用于运载 LNG,近年来部分巨型乙烷运输船(ultra large ethane carrier,ULEC)也使用薄膜型液货舱。

随着 LPG 船单船运输的容积越来越大,船体舱容利用率要求越来越高,法国 GTT 公司开发出了 GTT MARS 薄膜型液货舱。GTT MARS 是一种专为 LPG 船开发的可适用于任何尺寸罐体或船体的薄膜型货物围护系统,相对于其他形式 LPG 船的液货舱,GTT MARS 可运输更多的货物,并且液货舱的冷却和加热时间更短。GTT MARS 薄膜型液货舱架构组成如图 2-1 所示。GTT MARS 使用了与 Mark Ⅲ 液货舱相似的双向波纹不锈钢膜,适用于装载温度为−55～0 摄氏度、密度低于 700 千克/立方米的 LPG。GTT MARS 货物围护系统设计为单膜结构,隔热层作为次屏壁安装在船的内壳上,并用以支撑主屏壁。GTT MARS 货物围护系统可以较好地与船体线型拟合,实现货舱舱容最大化。

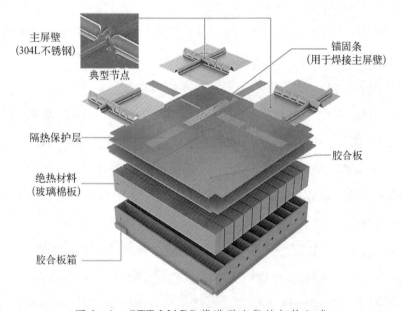

主屏壁
(304L不锈钢)
典型节点
锚固条
(用于焊接主屏壁)
隔热保护层
胶合板
绝热材料
(玻璃棉板)
胶合板箱

图 2-1　GTT MARS 薄膜型液货舱架构组成

一艘采用独立自持式液货舱的 8.4 万立方米超大型液化气船(very large liquefied gas carrier,VLGC)的空船重量约 1.9 万吨,而使用 GTT MARS 薄膜型液货舱时,空船重量约为 1.8 万吨。空船重量的减轻意味着货物装载量的增加,节省的 1 000 吨钢材相当于可增加近 2 000 立方米的货物。

GTT MARS 薄膜型液货舱与货物接触的主屏壁具有波纹,每个交叉点的波纹在形变较大(如碰撞)时可完全展开,从而主屏壁本身还能保持着完整性和密性,保证了液货舱的可靠性,也保证了货品的安全性。使用 GTT MARS 货物围护系统装载 LPG 时,无须对液货舱进行提前冷却,由此对于一艘 8.4 万立方米 VLGC 来讲,可以缩短约 20 小时的靠泊时间,节省了码头停靠的费用。

3) 半薄膜型液货舱

半薄膜型液货舱是指装载工况下非自身支持的液货舱,它由一层薄膜组成,该薄膜的大部分由相邻船体结构通过绝热层所支持,但对液货舱转角处与上述受支持部分相连接的薄膜层圆形部分,应设计成能承受热膨胀和其他膨胀或收缩。

半薄膜型液货舱的设计蒸气压力 P_0 通常不超过 0.025 兆帕。若船体构件尺寸较大,并且对支持绝热层的强度做了适当考虑,则 P_0 可相应增加到一较高值,但应小于 0.07 兆帕。

半薄膜型液货舱是 20 世纪 60 年代日本开发的一种非自持式结构的液货舱,舱壁是一薄层,但比薄膜型厚,厚度为 4~8 毫米,金属材料由 9% 镍钢或铝合金制成。因液货舱舱壁厚度较厚,可以进行自动双面焊接,整个膜层可进行 X 光无损探伤。该舱壁的底部和侧面部分通过绝热层支撑在邻接的船体结构上,在液货舱底部和侧面交界处有较大的圆弧段,在空舱时(即未装低温货品时)圆弧膨胀,平衡整个液货舱的膨胀。半薄膜型液货舱的结构形式介于棱柱形 A 型独立式液货舱和薄膜型液货舱之间,其优点是液货舱也可在车间制造,然后整体吊装到船舱内。半薄膜型液货舱原为装运 LNG 而设计,后来也用到 LPG 船上,但应用不是很广泛。

4) 独立式液货舱

独立式液货舱是自持式液货舱。它不构成船体结构的一部分,不参与船体强度,一般在车间制成后再整体吊装到船上安装。根据液货舱蒸发气设计压力的大小,又可分为 A 型独立式液货舱(承压能力最小)、B 型独立式液货舱(承压能力一般)、C 型独立式液货舱(承压能力较大)三种类型。

A 型独立式液货舱是指按照公认标准,应用传统的船舶结构分析程序进行设计的液货舱。如果这种液货舱主要由平面构成,则其设计蒸气压力 P_0 应小

于0.07兆帕。对于 A 型独立式液货舱,如在大气压力下货物温度低于
—10摄氏度,则应按要求设置完整的次屏壁。

液货在常压下以全冷方式运输,它是自持式棱柱形,属于重力液货舱。常
用于装运 LPG,鲜有用于装运 LNG,如 LNT-ABOX 型液货舱。A 型独立式
液货舱典型横剖面如图2-2所示。

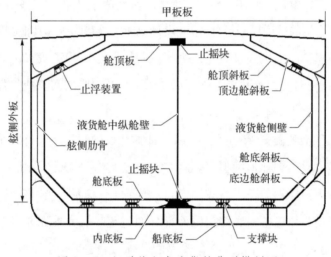

图2-2 A 型独立式液货舱典型横剖面

B 型独立式液货舱可以是重力液货舱或压力液货舱,其液货舱内蒸发气设
计压力可等于或大于0.07兆帕。如果这类液货舱主要由平面构成(棱柱形液
货舱),则其设计蒸气压力 P_0 应小于0.07兆帕。对于 B 型独立式液货舱,如果
在大气压下货物温度低于—10摄氏度,则应按要求设置具有小泄漏保护系统
的部分次屏壁。

B 型独立式液货舱应用模型试验进行设计,用精确分析方法和手段确定液
货舱舱壁应力大小,疲劳寿命及裂纹扩张特性。重力液货舱用于运输 LPG,压
力液货舱用于运输 LNG,压力式液货舱通常为球罐型,现也有部分厂商或船厂
开发出棱柱形 B 型液货舱,可适用于 LPG 及 LNG 的载运。B 型独立式液货舱
典型横剖面如图2-3所示。

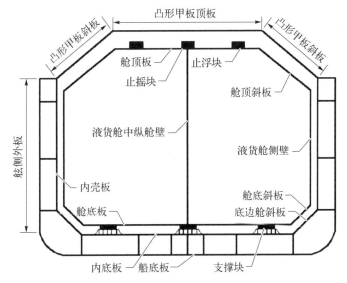

图 2-3　B 型独立式液货舱典型横剖面

C 型独立式液货舱:其蒸发气设计压力通常高于 0.2 兆帕,所以内部蒸气压力是设计考虑的主要载荷,液货舱的外形大多为球罐型、单圆柱形或多圆柱形压力容器,也有平面棱柱形。C 型独立式液货舱的设计基础基于经修改的包含断裂力学和裂纹扩展衡准的压力容器准则。其设计参数须满足压力容器的要求。

C 型独立式液货舱是唯一法定可不设次屏壁的舱型,因为在设计时,已考虑了舱壁的应力,舱壁上可能的裂纹扩张不会超过设计值,主要用于半冷半压式或全压式液化气船上。用于全压式船上时,其最大的设计工作压力应不小于1.75 兆帕;而用于半冷半压式或全冷式液货舱的船上时,其设计压力一般不高于 0.7 兆帕,并需考虑一定的真空度。

全压式单圆筒 C 型独立式液货舱典型横剖面如图 2-4 所示。

半冷半压式单圆筒 C 型独立式液货舱示意图如图 2-5 所示。半冷半压式单圆筒 C 型独立式液货舱因为货舱内装载的是低温货品,所以液货舱不像全压式液货舱直接暴露在大气中,其货舱表面敷设有绝热材料,液货舱连同绝热材料一起安放在船舱内,并用箱盖或甲板将液货舱遮盖。

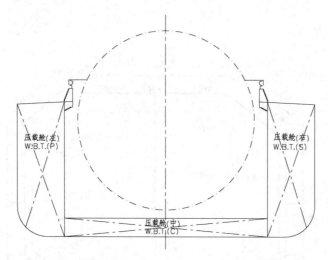

图2-4　全压式单圆筒C型独立式液货舱典型横剖面

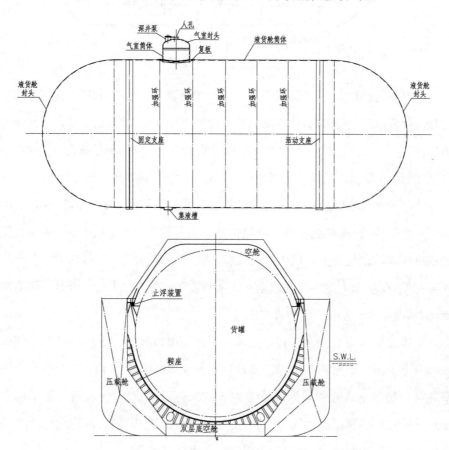

图2-5　半冷半压式单圆筒C型独立式液货舱示意图

5）内绝热式液货舱

内绝热式液货舱的绝热层（材料）直接敷设在液货舱的内表面，与货品直接接触。除隔热外，绝热层应有防止渗漏的能力并具有一定的强度，世界上第一艘内河 LNG 实验船上，液货舱是由 5 个垂向圆柱形金属壳外舱内敷设巴尔沙木制造的内绝热层，并具有液密功能。目前内绝热式液货舱隔热材料常用聚氨酯材料，大都用在全冷式 LPG 船上。

二、按货品液化方式分类

按照气体的液化方式，液化气船可分为全压式、半冷半压式和全冷式三种。与之相对应，作为储存运输液化气的液货舱（即货物围护系统），其按耐压和耐温的等级可分为常温压力型（即全压式）、低温加压型（即半冷半压式）和低温常压型（即全冷式）三种类型。

1）全压式 LPG 船

全压式 LPG 船是液货舱按所装货品在 45 摄氏度下的饱和蒸气压力的容器来设计的 LPG 液货舱。全压式液化气船液货舱内的液货温度与环境温度基本一致，但舱内压力即相当于环境温度下的饱和蒸气压力，所以对舱内液货无须冷却，也无须保温，液货舱内的货品在常温下始终处于液态，在液舱上部的蒸发气始终有一定的压力，且这个压力随温度的增加而增大，直至 45 摄氏度蒸发气的饱和蒸气压力。但这个饱和蒸气压力液货舱的结构强度能够承受，亦即液货的 45 摄氏度下的饱和蒸气压力不能太高，而满足这一要求的一般只是碳三、碳四系列碳氢化合物。

例如丁烷是碳四系列碳氢化合物，在 45 摄氏度下的蒸发气饱和压力为 0.45 兆帕；丙烷、丙烯是碳三类碳氢化合物，它的饱和蒸气压力分别为 1.5 兆帕和 1.85 兆帕。

因此，在大气压下以液态注入液货舱的丁烷和丙烷，完成加注后，液货舱内的丁烷或丙烷一直会以液态存在，但液货舱内的压力会随着温度的升高而升高,直至设计考虑的最高温度 45 摄氏度,压力自大气压升至 0.45 兆帕(丁烷)和 1.5 兆帕(丙烷)。所以只要将液货舱按照货品 45 摄氏度时的饱和蒸气压力设计压力容器,就能确保该容器内部的温度在 0~45 摄氏度全范围内,虽然内部有一定的压力,但总是在压力容器许用压力下,该压力容器就是安全的。把具有这种特性的压力容器安装在船上,这艘船就可称为全压式 LPG 船。

其他 LPG,与上述丁烷、丙烷的原理相同,在大气压下以液态注入液货舱,液货舱内蒸发气的压力都会随着温度升高而升高,但不会超过 45 摄氏度时货品的饱和蒸气压力。例如,丙烯,其沸点温度为 -48 摄氏度;在 45 摄氏度下,液货舱舱内的蒸气压力为 1.85 兆帕,只要液货舱的设计压力大于 1.85 兆帕,液货舱就是安全的。因此,可以说全压式液货舱内的最高蒸气压力是在最高设计温度(一般为 45 摄氏度)下所装运的 LPG 的饱和蒸气压力。

要注意的是在实际操作中,液货舱注入的是大气压下的液态货品,此时货品的温度就是大气压下该货品的沸点温度,例如丁烷温度为 -0.5 摄氏度,丙烷温度为 -42.8 摄氏度,丙烯温度为 -48 摄氏度。温度较低,液货舱的舱壁材料应选择能承受此低温的材料。全压式 LPG 船的液货舱是一个压力容器,其形状一般为圆柱形,两端是球形或碟形封头。早期的压力容器为立式,后来容积增大,常为卧式。容器的顶部有一圆柱形带盖的舱口围,上面布置有装卸装置或管路、取样计量装置、液位计、压力、温度表,以及安装驱气管等管路的接口法兰等。按容器的压力和支撑方式,全压式 LPG 的液货舱为 C 型独立式,液货舱内的压力较高,可在 0.7 兆帕以上,压力式液货舱可以在船厂的车间或专业压力容器制造厂制造,在船上,它安装在专用的基座(鞍座)上,通过基座固定在船体上。

在 20 世纪 60 年代前,全压式 LPG 船是世界上液化气船的主流船型。

(1) 全压式 LPG 船的优点如下:

① 因为在常温下运输,普通碳钢就可以用作制造液货舱的材料。

② 因为液货舱设计能承受一定的压力,虽外界的温度会使舱内压力升高,

但只要温度不超过45摄氏度,液货舱内的压力也不会超过设计值。舱内的液货温度与外部环境温度几乎一致,所以无须在液货舱和管路外面包覆绝热材料。

③ 使用操作方便。在航行时一般不需要对液货舱的压力、温度进行监控。只是在出现火灾,或火焰包围液货舱,液货舱的温度上升到接近45摄氏度时,发出高温报警,同时船上的水雾喷淋系统自动喷淋,对液货舱表面进行喷淋降温。当液货舱内蒸气压力达到1.85兆帕时,安全阀开启,舱内饱和蒸气排放至大气,舱内蒸气压力降低,确保了液货舱的安全。

④ 不需要设置制冷、加热、再液化装置,在航行时液货系统不用额外消耗电力,适合于短途运输。

(2) 全压式LPG船的缺点如下:

① 液货舱的自重大,液货重量与液货舱系统的重量比值接近2:1。

② 全压式液货舱的形状使船体货舱的容积未能得到充分利用。

③ 建造大容量全压式LPG船比较困难。因为液货舱的尺寸加大后,在同样的设计压力下,舱壁内应力会增加,降低应力的方法是增加舱壁厚度,虽然保持相对厚度(舱壁厚度与货舱直径之比)不变,可以使应力基本保持不变,但其绝对厚度肯定是要增加的。所以早期的全压式LPG船的液货舱总容积一般在3000立方米以下,目前全压式LPG的液货舱总容积一般也不大于6500立方米。

常规的全压式LPG船,能装运除乙烷、乙烯以外几乎所有的常见LPG货品,每次同时装运2～3种。在设计全压式液货舱时,其设计压力必须是货品在45摄氏度下的最大饱和蒸气压力。一般液货舱的最高设计压力为1.75～2.0兆帕,即在常温下,液货舱最大能承受18～20个大气压的压力,因此可以覆盖全部LPG货品的饱和蒸气压力。

2) 半冷半压式LPG船

半冷半压式LPG船是对液货既处于冷却状态又需加压的方式储运LPG的船舶,它是利用液化气的压力-温度特性,即沸点温度会随着压力的增加而升高,反之亦然。在岸上,利用制冷的方法,将货品气体冷却和加压,使其变成液体加注到船上液货舱内。在运输过程中,液货的饱和蒸气压力控制在 45 摄氏度时饱和蒸气压力的一半或以下。如果用全压式液货舱载运丙烷,在外界温度达 45 摄氏度时,舱内的蒸气压力可能高达 1.5 兆帕。如果设计成半冷半压式液货舱,就可将液货舱的设计压力下降到 0.7 兆帕左右,在运行时液货舱压力要保持和控制在 0.7 兆帕或以下,因此液货舱的设计压力只要考虑 0.7 兆帕即可。在这种设计条件下,按丙烷压力-温度特性,如液货舱温度在 0~13 摄氏度范围内,压力为 0.5~0.7 兆帕,丙烷以液态存在,液货舱也是安全的。但如温度高于 13 摄氏度,蒸气压力就会超过 0.7 兆帕,从而超过液货容器的设计压力,所以必须控制和保持液货舱内压力不大于 0.7 兆帕,可以用气体压缩机将液货舱内的蒸发气抽出,在再液化装置内进行冷却后变成液体,然后将其回输到液货舱内。这样降低了液货舱内蒸气压力,也可通过喷淋蒸发吸收热降低液货舱的温度,使液货舱的压力控制在 0.7 兆帕或更低。一般将配有再液化装置舱室安装在甲板上,这类船被称为半冷半压式 LPG 船。

半冷半压式 LPG 船再液化装置的容量,可以按保持液货舱内的蒸气压力不超过设定的压力配置,如上述的 0.7 兆帕。由于半冷半压式液货舱的设计压力(约 0.7 兆帕)小于全压式液货舱的最高设计压力(约 1.8 兆帕),所以液货舱的壁厚可以比全压式液货舱的壁厚薄,液货舱的重量就会减轻。半冷半压式 LPG 船的液货重量与液货舱系统的重量比值接近 4∶1,比全压式增大了约一倍。因此,在制冷技术进步后,欧洲国家率先发展了半冷半压式 LPG 船。

有的半冷半压式 LPG 船将再液化装置的能力加大,按将液货舱内的液货温度下降到接近大气压下的沸点来配置,运输途中仍按 45 摄氏度饱和蒸气压的一半或以下来控制液货温度。这种方式称为半压全制冷 LPG 船,这类船舶只有在制冷技术充分发展时才能实现,目的是增加货品装载的灵活性和适装性,所以现在 LPG 船可以装运的货品表中包括乙烯,这类船标识成 LPG/LEG。

半冷半压式的液货舱大都是 C 型独立式,液货舱内的压力比全压式的低,液货舱内的压力也可控制得更低,这时液货舱可采用 B 型独立式。

半冷半压式 LPG 船的优点如下：

（1）液货舱重量占比减小，液货舱的装载量大大增加。

（2）液货舱运输时压力是全压式的一半左右，运输温度比全压式的（最高温度）低，液货的密度大，相应增加了装载量。全压式的运输温度可能高达最高的环境温度 45 摄氏度，而半冷半压式为了控制液货舱内压力，也控制了液货舱内的温度，如上述装运丙烷的液货舱压力为 0.7 兆帕，液货舱液货温度即 13 摄氏度，是全压式时 45 摄氏度的 1/3 不到。

（3）由于液货舱的内压力低，壁厚减薄，就减轻了液货舱的重量，建造费用降低，节省投资，也部分抵消了再液化装置初投资的费用。

（4）由于安装了再液化装置，增加了货品的适装性；特别是配置半压全制冷的再液化装置时，船舶的用途将更加广泛。

半冷半压式液货舱需要保持和控制舱内货品的温度和压力，这是与全压式液货舱的不同之处，可以说是它的缺点，也可以说是它的特点。在液化气加注后，需监测其压力和温度，当其压力达到舱内设定压力时，需开启再液化装置，将液货舱顶部的蒸发气抽出，进行加压冷却使其液化，再回到舱内，以保持舱内设定的温度和压力。为了减少外界热量传入舱内，使舱内温度压力升高，加速液货蒸发，半冷半压式液货舱及其管路、设备等需包覆绝热材料以降低再液化装置的能耗。因此，半冷半压式 LPG 船比全压式 LPG 船结构更复杂，控制要求更多，建造成本也更高。

半冷半压式液货舱还需注意舱内的压力变为负压这一状况。在卸货时，大量液化气被抽出，舱内液体体积迅速减小，气体空间迅速增大，舱内压力有可能变成负压，轻者造成液货泵抽吸性能恶化，重者造成液货舱结构损坏。所以，设计和实际运行时，应避免液货舱内出现负压。

早期的半冷半压式 LPG 船运载液货品种接近于全压式 LPG 船。液货舱通常运输温度为 -10～-5 摄氏度，压力为 0.5～0.9 兆帕。运输的总容量早期在 1.2 万立方米以下，现在已达 4 万立方米以上。

目前,半冷半压式 LPG 船液货舱主要有两种:多数液货舱温度控制在 −10 摄氏度左右;另一种是 LEG 船,它在大气压下的沸点是 −104 摄氏度(临界温度 9.2 摄氏度,临界压力 5.04 兆帕),按乙烯的压力-温度特性,运载乙烯的半冷半压式液货舱,可以是 −104 摄氏度大气压左右状态,也可以将冷却温度降至 −58 摄氏度时,工作压力降为 0.8 兆帕左右的状态。但液货舱的材料性能还需按 −104 摄氏度的超低温状态来考虑,因为加注时,大气压状态下的液化乙烯的温度为 −104 摄氏度。

半冷半压式 LPG 船根据装运货品又可分为特定货品专用船和多用途半冷半压式液化气船。

3) 全冷式 LPG 船

全冷式 LPG 船是在大气压下装载和储运低温液化气的船舶,它的气态全部常温范围,靠制冷降温的办法使货品处于液体状态。采用这一方式运输时,液货舱一般不承受压力或仅承受很低的压力,因此液化气可储存在非耐压的液货舱内,液货舱设计压力一般不高于 0.025 兆帕(相当于 0.25 个大气压)。这种低压力式的液货舱称为全冷式液货舱。装有全冷式液货舱的 LPG 的船舶,就称为全冷式 LPG 船。

全冷式 LPG 船液货舱的液货温度,按货品在大气压力下的沸点温度不同而不同,对于一般的 LPG,沸点温度不低于 −50 摄氏度,例丙烷的沸点 −42.8 摄氏度;丙烯的沸点 −48 摄氏度;而乙烷和乙烯在大气压下的沸点温度却低于 −50 摄氏度,乙烷在大气压下的沸点 −88.5 摄氏度,乙烯的沸点 −104 摄氏度。

全冷式 LPG 船液货舱优点如下:液货舱基本不承受内压力,所以舱壁的厚度大大减小,因此,液货舱和附件重量也大大减小,从而使液货舱装载的液货重量与液货舱及附件的重量之比可达 8:1,运输效率大大提高。

全冷式 LPG 船液货舱的缺点如下:为了保持低温或超低温,以及防止液货泄漏需设置主/次两道屏壁和配置有效的绝热层,价格昂贵运行费用高的再液化装置,大量的监测报警仪表设备等,所以设备的总体价格较高。

全冷式 LPG 船液货舱也是随制冷技术和钢铁冶炼技术的进步而产生的,对于要求在－50 摄氏度低温下装载 LPG 的液货舱,其舱壁的材料应采用具有足够的低温韧性,热处理的细晶粒高强度碳钢、硅-铝低碳锰钢或 2％低合金镍钢。对于温度更低的－104 摄氏度 LEG 液货舱,舱壁的材料需采用铝合金、5％或 9％镍钢。全冷式 LPG 船液货舱的绝热材料,用于减少外界热量传入舱内,防止船体结构钢材因低温而脆化损坏,所以绝热材料应具有较低的导热能力和吸湿性能等。同时绝热层应具有一定的强度,并可防止湿气在液货舱表面凝结,使液货舱表面发生腐蚀。

液货舱绝热层的厚度必须与再液化装置的能力匹配。绝热层厚,蒸发气的量就少,再液化装置的处理能力就可减小。

用于液化气的低温绝热材料主要有如下几种:

(1) 能承受载荷的木材,如巴尔沙木、阿佐比木,以及一些密度较大的塑料泡沫,它们可以承载压在其上面的液货舱的重量。

(2) 矿物纤维、膨胀塑料或膨胀胶木,这些材料可系固或黏结在舱壁上。

(3) 粉状材料。如珍珠粉或珍珠粒,它们由火山岩压碎并研磨,再加热膨胀而成。填充在液货舱的周围的木箱类容器中,形成绝热箱结构。

(4) 聚氨酯泡沫等。

全冷式 LPG 船液货舱在船厂或专业厂加工制造,安装在船上专用的基座上,基座则固定在船体结构上。所有独立式液货舱的基座安装都必须考虑液货舱的热胀冷缩,且需要设置防浮装置,以防在船体破损事故情况下,液货舱浮起,造成二次事故。

乙烯的沸点温度为－104 摄氏度,介于一般 LPG 的－50 摄氏度和 LNG 的－163 摄氏度之间,它可以用半冷半压式液货舱来运输,也可以用全冷式液货舱来运输。

20 世纪 60 年代,欧洲的一些公司和船厂,在探索全冷式 LPG 船液货舱的同时,也在探索适装 LNG 的液货舱形式。全冷式 LPG 船大都采用 A 型独立式液货舱(大多制成棱柱形),也有采用球罐型 B 型独立式液货舱的,也有探索将全冷式棱柱形的 LEG 液货舱制成薄膜型液货舱的,这也为薄膜型 LNG 液货舱的研制打下了基础。

三、按液货舱舱容分类

根据液货舱总舱容大小,可将除 LNG 船外的液化气船分为巨型、超大型、大型、中型、灵便型到小型第 7 个等级,按通常行业中流行的分类,如表 2 - 1 所示,不同舱容等级的液化气船的储运方式也不相同,从小到大覆盖了全压式、半冷半压式和全冷式。

表 2 - 1 LPG 船按舱容分类表

分 类	货舱总容积/立方米	储 存 方 式
巨型液化气船(ULGC)	≥90 000	全冷
超大型液化气船(VLGC)	60 000~89 999	全冷
大型液化气船(LGC)	40 000~59 999	全冷
中型液化气船(MGC)	25 000~39 999	全冷/半冷半压
灵便型液化气船(HGC)	15 000~24 999	全冷/半冷半压
小型液化气船(SGC)	5 000~14 999	半冷半压/全压
	≤4 999	全压

在由国际气体船及终端运营者协会及国际石油公司海事论坛于 2011 年联合发行的《液化气运输船集管推荐》中,LPG 船按舱容的分级从 6 000 立方米到 85 001 立方米以上一共分为 7 个等级,如表 2 - 2 所示。LNG 运输船按舱容的分级从 60 000 立方米到 200 001 立方米以上,共分为 3 个等级,如表 2 - 3 所示。不同吨位级别液化气船的主尺度和液货加注速率不同,所以液货加注站的加注集管数量,高度与管路接口尺寸,异径接头的储配不同。

表 2 - 2　LPG 船分级　　　　　　　　　　　　　单位：立方米

级　别	货　舱　舱　容	
A1		≤6 000
A2	6 001	15 000
A3	15 001	25 000
A4	25 001	50 000
B1	50 001	70 000
B2	70 001	85 000
B3	≥85 001	

表 2 - 3　LNG 船分级　　　　　　　　　　　　　单位：立方米

级　别	货　舱　舱　容	
A		≤60 000
B	60 001	200 000
C	≥200 001	

四、按货品危险程度和液货舱破损后的影响分类

按照液化气船所运载货品的危险程度和液货舱破损后液货对环境的影响，可将液化气船分为 1G 型船舶、2G/2PG 型船舶和 3G 型船舶。

1）1G 型船舶

1G 型船舶为适用于运输危害性最大的货品的液化气船，如氯、溴甲烷、二氧化硫和环氧乙烷等。该船要求采取最严格的保护措施，其结构要求能经受最严重的破损，要求发生碰撞时，从船侧撞入 1/5 船宽而不损坏液货舱。船舶的液货舱壁与船舶的外板之间隔距离最大，以防此类货物泄漏。

2）2G/2PG 型船舶

2G 型船舶为适用于运输危害性次于 1G 型船舶的货品的液化气船。要求采取相当严格的保护措施，以防此类货物泄漏，船舶的液货舱壁与船舶的外板之间要求间隔距离小于 1G 型船舶，以前规定为 760 毫米，现增加至 800 毫米。

2PG 型船舶与 2G 型船舶是同等级的,同样要求采取相当严格的保护措施,以防此类货物泄漏。当船舶要求装运 2G 型船舶的货品时,如其船长不大于 150 米,货品装在独立式 C 型液货舱内,货舱释放阀最大调定值至少为 0.2 兆帕,货物围护系统设计温度不低于 −55 摄氏度,这类船称为 2PG 型船舶,此时对船舶的破损残存要求有所降低。

3) 3G 型船舶

3G 型船舶适用于运输对环境危害性最小的货品,如氨、制冷气体等,该类型船舶应采取中等的保护措施,以防此类货物泄漏。

各种货品要求的船型见《国际散装运输液化气体船舶构造与设备规范》第 19 章最低要求一览表。

五、液化天然气船的分类

液化天然气船的分类主要取决于液货舱的结构特性,所以不同结构形式的液货舱的船舶就称为该型 LNG 船。例如,薄膜式 No.96 型货物围护系统的 LNG 船就称为 No.96 型 LNG 船。

LNG 船的液货舱,目前流行按出现的时间先后有:球罐型 B 型独立式、全冷薄膜型、SPB 型、LNT A − BOX 型等,其中球罐型 B 型、SPB 型、LNT A − BOX 型都属于独立自持式液货舱。全冷薄膜型主要有 No. 型和 Mark 型两种,这两种薄膜型 LNG 液货舱经过多年的发展和改进,最新且应用较广的型号为 No.96 和 Mark Ⅲ,且两者在性能方面都在不断改进。

LNG 主要成分甲烷的临界温度为 −82.1 摄氏度,相应的临界压力是 4.58 兆帕;它在大气压下的沸点温度为 −163 摄氏度,所以 LNG 船的液货舱的舱壁材料要具有耐超低温的能力和一定的耐压能力,温度越接近 −163 摄氏度,要求的耐压能力就越小。由于大型的 LNG 船液货舱同时满足超低温和承受较高的压力能力两个条件的难度较大,所以大都按一个大气压、−163 摄氏度的全冷状态进行设计。LNG 船的液货舱在这种状态下或稍高于大气压下,按结构的不同来分类。只有中小型的 LNG 船设计成－163 摄氏度的 C 型独立式 LNG 液货舱。

液货舱结构形式不同的特征体现在货物围护系统。货物围护系统的作用是容纳 LNG 货品;防止外部热量传入舱内的超低温液货中;同时也防止船体结构与意外地从液货舱内的渗漏出来的－163 摄氏度液货接触,造成冷脆破坏;因结构复杂大型薄膜型液货舱货物围护系统的成本占 LNG 船舶造价 25% 以上。在 LNG 船的发展历史上,至少出现过 15 种船级社认可过的液货舱设计,它们分为两大类,独立自持式和薄膜型,主要又分为以下形式。

1) 球罐型 B 型独立式液货舱

独立式液货舱一般都是自持型结构。球罐型 B 型独立式液货舱是将液货舱做成独立于船体结构的球罐,能承受自重、液重和内部压力等,采用特殊的基座固定在船上,液货舱的承压能力为 B 型。球罐型液货舱可以在专业的工厂或车间制造,完工后吊运至船上整体安装;大型的球罐型液货舱可以分两段吊到船上焊接而成,并固定在船上。装有 B 型球罐型独立式液货舱的 LNG 船,上半个球罐往往露出主甲板,它是 20 世纪 90 年代 LNG 船的主流船型。

球罐型容器是一种理想的容器形状,它简单、无凹凸,在相同的材料用量下,其容积比其他形状的容器要大得多,且能承受较高的压力,既有陆地上的使用经验,又有实用的设计和建造规则,所以长期以来一直用于在压力状态下储存气体和液体,在陆地上有大量的应用。球罐型液货舱在 LPG 船上已使用多年,具有压力容器的特征。美国海岸警卫队认可使用压力容器系统作为液货舱可以不设次屏壁,刺激了 B 型球罐型独立式液货舱在 LNG 船上的应用。

20 世纪 60 年代,挪威的莫斯船厂提出了用于 LNG 船的球罐型液货舱结构,所以球罐型独立式液货舱常称为莫斯型液货舱,后来莫斯船厂被克瓦纳集团收购并由其取得专利,因此采用莫斯球罐型液货舱的 LNG 船通常也被称为克瓦纳-莫斯型 LNG 船。克瓦纳集团相信球罐型液货舱具有较好的发展潜力及应用前景,并且还得到了挪威船级社的支持。

莫斯球罐型液货舱属于 IGC 规则定义的自持式 B 型独立式液货舱,设置滴液盘作为部分次屏壁。−163 摄氏度的 LNG 加注液货舱后,B 型独立式液货舱能承受因液货蒸发而引起的稍高于大气压的压力。液货舱使用 9% 镍的合金钢或 5083 铝合金制造,在赤道圈(最大的水平圆形剖面)外侧由垂向圆柱形裙围结构支承,裙围结构与球罐型赤道圈的连接由具有特殊剖面的连接件焊接而成,可以吸收船体和液货舱因热胀冷缩或摇晃而产生的变形或位移。球罐型舱外部覆盖聚氨酯泡沫、酚醛泡沫或聚苯乙烯泡沫等绝热材料。

莫斯球罐型液货舱可以与船体结构分别建造再总装,因此建造周期较薄膜型 LNG 运输船要短,也易于检验和维修;同时球罐型设计消除了晃荡影响,从而可以装载任意液位的液货。其缺点是上半部分液货舱凸出甲板遮挡驾驶视线,受风面积较大,船舶主尺度也偏大。

球罐型液货舱具有如下的优点:

(1)因球罐结构在货舱内距舷侧壳板较远,所以由碰撞引起的损坏可能性大大减小。

(2)与其他形状结构比较,一定容积下材料用量少,又可不设完整的次屏蔽,所以节省了建造费用。

(3)球罐型液货舱形状规则,易于进行舱壁等结构的更精确的应力计算,液货舱能承受一定的内压,并留有一定的强度储备,以防内部压力增加;也利于应急状态时卸除货物等。

一艘 LNG 船一般有 4~5 个独立的球罐型液货舱。球罐型液货舱的直径达 40.7 米时,相应总容量可达 16.5 万立方米。

由于这些优点,受到美国、西班牙、日本的多家公司的青睐,因此莫斯球罐型液货舱成为 20 世纪装运 LNG 船最为流行的一种液货舱结构形式。

2）全冷薄膜型液货舱

全冷系指将货品在大气压下冷却至沸点或沸点以下，使货品液化。薄膜系指金属舱壁厚度相对于球罐型液货舱舱壁来说要薄很多，像一层膜紧贴在绝热结构上。对于全冷薄膜型液货舱，液货和液货舱的重量，以及液体晃荡产生的冲击力由薄膜后面的绝缘箱来承受，然后再传递到船体结构上。薄膜型液货舱的形状大都为棱柱形，液货舱壁紧贴在绝热结构上，绝热结构又紧贴在货舱区的船体板上，这样就可以充分利用货舱容积。为了安全起见，液货舱设有两道舱壁，称为主屏壁和次屏壁，与液货直接接触的舱壁称为主屏壁，主屏壁和次屏壁外都敷设绝热层，次屏壁可起到与主屏壁相同的作用，作为备用。薄膜型液货舱属于非自持式液货舱，即液货舱舱壁不承受液货重量和液货舱材料的自重，这些载荷以及航行时货液晃荡对液货舱的冲击力由主、次屏壁外的绝热层通过船体结构来承受。因为薄膜型液货舱的壁厚较薄，所以总的材料用量少，又因为能有效地利用船体货舱的舱容，可用较小的船来运输相同数量的液货，所以船舶的经济性相对较高。薄膜型液货舱还有一个优点是，因舱壁的厚度薄，所以在加注 LNG 货品时，用来降低液货舱初始温度所需的预冷用 LNG 冷却液量较少。

第一个记录在案的薄膜舱设计是美国的康斯托克公司在 1954 年完成的，并取得专利。他们试图发现一种防止早期安装在驳船上液货舱内的巴尔沙木结构被 LNG 穿透而损坏的方法，设计一种既耐低温又防渗漏的液密层来保护巴尔沙木绝热层，使绝热层仅承受载荷而不承担液密的功能。

薄膜型液货舱主要优点有如下几方面：

（1）因液密层金属材料不承受载荷，厚度小，可大大减少特种低温钢用量，如 9％镍钢和铝合金的用量；一艘 14.7 万立方米的 No.96 型薄膜型液货舱 LNG 船，仅需要约 450 吨 0.7 毫米厚的殷瓦钢板。

（2）船舶的结构可避免接触超低温，仅承受液货舱的重量和其他动、静载荷，避免了低温脆性损坏。

(3) 可充分利用液货舱周围空间,提高船舶货舱容积利用率。

在 20 世纪 60—70 年代,美国和欧洲的许多厂商研制出各种形式的薄膜型液货舱。与自持独立式液货舱不同,对薄膜型液货舱进行结构强度计算分析实际上是不可能的,只能根据实验舱的小规模试验或对相应的金属的疲劳试验来评估液货舱的可靠性。这种做法初期投入很大,但由于其一系列优点,使用薄膜舱的船舶数量增加很快,积累的经验也越来越多,最后法国气体运输公司和燃气技术公司两家公司研制的两种薄膜型液货舱后来居上,称为 GT 和 TGZ 型舱。

GT 型液货舱为棱柱形结构,主、次屏壁也采用 0.5～0.7 毫米殷瓦钢薄板(含镍量 36%)制造,两层绝热层用多层夹板做成的绝缘箱内充珍珠岩粉绝热材料构成。

这种形式在实践中不断改进,最早称为 No.82 型,经过 No.85、No.88 等不断改进,现已发展为第四代 No.96 型,而 No.96 型也已有多型改进型,现在的舱壁厚度一般为 0.7 毫米。No.96 型系列及其改进型系列如表 2-4 所示。

表 2-4　No.96 型系列及其改进型系列

型　式	No.96	No.96GW	No.96 L03	No.96 L03+	No.96 Flex	No.96 Max
日蒸发率[①]/%	0.15	0.125 ～0.13	0.11	0.11	0.07	约 0.085

TGZ 型也采用棱柱形双层屏壁和双层绝热层结构,但其主屏壁是用 1.2 毫米厚的双向波纹不锈钢板焊接而成,次屏壁用铝箔纤维加强板,绝热材料用聚氨酯。主屏壁的双向波纹不锈钢钢板解决了－163 摄氏度液货超低温和环境温度(最高约 45 摄氏度)间巨大温差引起的热胀冷缩问题,次屏壁用铝箔纤维加强板,降低了建造成本,并提高了可靠性。开始这种形式称为 Mark Ⅰ型,现在应用较多的是 Mark Ⅲ型及其改进型,目前已发展到 Mark Ⅴ型。

---

① 　日蒸发率(boil off rate, BOR),液货舱每日的蒸发量(%)。

1994 年,法国气体运输公司和燃气技术公司合并,成为法国燃气海上运输技术(GTT)公司,统一管理这两种薄膜型结构液货舱。现在装有 No.96 型和 Mark Ⅲ 型液货舱货物围护系统的 LNG 船已成为世界上大型 LNG 船的主流船型。相比之下,Mark 型系列液货舱建造相对简单,绝热层厚度、液舱容积利用率等相对较高,有取代 No.型系列的趋势。

2018 年 6 月,GTT 公司又推出了新型的液货舱 Mark Ⅲ Flex。Mark Ⅲ Flex 是 Mark Ⅲ 的进化版,具有较低的蒸发率。Mark Ⅲ 型系列及其改进型系列如表 2-5 所示。

表 2-5　Mark Ⅲ 型系列及其改进型系列

型　式	Mark Ⅲ	Mark Ⅲ Flex	Mark Ⅲ Flex+	Mark Ⅲ FlexHD	Mark Ⅴ
蒸发率/%	0.15	0.085	0.07	增加货舱抗压强度	0.075

当前已有较大容量的薄膜型液货舱 LNG 加注船已交付使用,沪东中华建成的 1.86 万立方米 LNG 加注船,就是全球首个应用的 Mark Ⅲ Flex 的薄膜型液货舱。其主要用途是为大型的 LNG 燃料动力集装箱船加注 LNG。

3) SPB 棱柱形液货舱

SPB 棱柱形液货舱是 1985 年由日本石川岛播磨公司基于球罐型和薄膜型两种结构深度研究后推出的一种全新的液货舱。它也是从早期的"贝壳(Conch)"型液货舱发展而来,对液货舱和船体进行有限元分析,以及船体结构的疲劳分析和裂纹扩展分析。该型液货舱中间设有纵舱壁,不需要像球罐型液货舱那样露出甲板,但也不同于薄膜型液货舱结构,而是属于独立自持式,是一种合金钢板和胶合板为支持的 5083 铝质液货舱,也可以用 304 不锈钢或 9% 镍钢制作,最大设计压力为 0.07 兆帕,货舱外包覆的绝热材料为聚氨酯(全名为聚氨基甲酸酯)泡沫。SPB 棱柱形液货舱可以是 A 型,也可以做成 B 型,这取决于液货舱计算的精确性。对于同样大小的船体货舱空间,它的装载量比球罐形液货舱大,要比薄膜型液货舱略小,在液货舱绝热层外,与船体内壳板之间,能入内进行维修,维修较为便利,在 LPG 船上得到了较多的应用,但在 LNG 运输业界,SPB① 棱柱形液货舱还在探索中发展,尚未得到大规模应用。

4) LNT A-BOX 型液货舱

LNT A-BOX 型液货舱是挪威 LNT 公司 2015 年开发的新型货物围护系统,属于 IMO A 型独立自持式液货舱,主屏壁材料可以是 304 不锈钢、5083 铝合金或者 9% 镍钢。与 SPB 型的绝热材料包覆在主屏壁的外表面不同,它附着在船体内壁上,材料为聚氨酯泡沫板。次层屏壁为覆盖在绝热层内表面的密封膜,具有液体密封功能。人员可以进入液货舱和绝热层之间的屏蔽空间,方便维修。液货舱的支撑与传统方式相同。

与薄膜型液货舱相比,LNT A-BOX 型货物围护系统绝热材料置于船体内壳板舱壁的内表面,仅起液货舱与船体间的隔热作用,不需要承受液货温度变化或晃荡等产生的应力,因而可以做得更轻更薄,具有更高的绝热性能且成本更低。船体货舱空间的容积利用率高,设计简洁灵活。

5) 全冷蓄压式液货舱

全冷蓄压式液货舱大都做成两端是球型或椭球型且能承受一定压力的单圆筒或多圆筒形,如果液货舱能承受的蒸气压力大于 0.07 兆帕,则属于 IMO B 型独立自持式液货舱;如果液货舱能承受的蒸气压力大于 0.2 兆帕,则该液货舱就属于 IMO C 型独立自持式液货舱。大多用于中、小型 LNG 加注船,为其他以 LNG 作为燃料的船舶供应 LNG。全冷蓄压式液货舱在被加注(装货)时,LNG 以全冷状态注入液货舱内,所以刚加注时,内部压力接近大气压,温度为 −163 摄氏度,因此液货舱的材料应能承受 −163 摄氏度的超低温。在航行过程中,蒸发气会不断积聚,如果没有配置再液化装置,内部压力就会不断升高,为维持一定的时间和航程,液货舱需能承受一定的压力,这一压力逐步升高的过程称为蓄压。

---

① 独立型棱柱型储罐。

6）韩国 KC-1 薄膜型液货舱

为了降低船舶建造成本,2014 年,韩国的液化气船制造企业开发出了一种新型薄膜型液货舱,取名 KC-1。KC-1 薄膜型液货舱是韩国为打破法国 GTT 公司垄断,也是为了节省大量的专利费,历时多年自主研制的一种货物围护系统。2004 年,韩国产业资源通商部组织韩国天然气公社和现代重工、三星重工、大宇造船等着手自主研发 LNG 船液货舱,并作为国家科技开发项目课题,经过 10 年的努力,最终成功研发出 KC-1 薄膜型液货舱。2007—2014 年,KC-1 薄膜型液货舱陆续获得世界主要船级社的原则性认可,2017 年 12 月,获美国海岸警卫队(United States Coast Guard, USCG)的原则性认可。USCG 的原则性认可文件认定,配置 KC-1 薄膜型液货舱的 LNG 船的单船最大舱容可达 17.4 万立方米。

KC-1 薄膜型液货舱的主次屏壁层由 1.5 毫米厚带有错位槽型压筋的 304L 不锈钢制成,绝热采用密度为 115 千克/立方米的聚氨酯作为绝热材料,并避免了在压筋槽上焊接,可大范围应用自动焊机,从而提高主、次屏壁层的焊接和安装效率。KC-1 货物围护系统结构形式比 GTT 薄膜型围护系统设计更简单,有效地降低了成本,液化气日蒸发率可降低到 0.12%。

六、液化气船分类表

表 2-6 中通过对主要液化气船液货舱类型及主要参数进行比较,并将该舱型作为 LNG 燃料舱进行双燃料改装的便利性进行比较。因货物的密度不同且不同类型的液货舱的屏壁强度不同,不同舱型的液货舱适装的货品也不完全相同,根据舱型自身的特点来决定是否需要次屏壁,是否需要完整部分的次屏壁,部分舱型还受专利保护。此外,不同舱型在承受内部压力的能力、日蒸发率、单舱容积以及船体液货舱容积的利用率等也是各不相同的。

从表 2-6 中可以看出,不同类型的液货舱各有利弊,实船选择应结合船舶所有人的实际需要及船型特性进行综合分析后确定。

表 2 - 6 液化气船货舱类型及主要参数比较

货舱类型	薄膜舱	A型	B型		IMO独立舱 C型			
					单圆筒		双体式	三体式
	No.96/CS-1/Mark III	LNT A-BOX	SPB舱	MOSS舱	单壁	双壁		
货舱概貌								
适装货品	LNG/乙烷	LNG/乙烷/LEG/LPG	LNG/乙烷/LEG/LPG	LNG	LNG/乙烷/LEG/LPG	LNG/乙烷/LEG/LPG	LNG/乙烷/LEG/LPG	LNG/乙烷/LEG/LPG
是否专利保护	是	是	是	是	否	否	否	否
是否需要次屏壁	完整次屏壁	完整次屏壁	部分次屏壁	部分次屏壁	无须次屏壁	无须次屏壁	无须次屏壁	无须次屏壁
设计蒸气压力/兆帕	<0.025	<0.07	<0.07	<0.07	0.3~1.8	0.4~0.9	0.4~0.9	0.4~0.9
绝热方式	绝缘箱	外部保温层	外部保温层	外部保温层	外部保温层	真空绝热	外部保温层	外部保温层
日蒸发率	0.09%~0.15%	~0.15%	0.05%~0.15%	0.08%~0.15%	0.2%~0.4%	0.2%~0.3%	0.2%~0.4%	0.2%~0.4%
出液方式	浸没泵	浸没泵	浸没泵	浸没泵	深泵/浸没泵	泵池/自增压	深井泵/浸没泵	深井泵/浸没泵
空间利用率	极高	较高	高	低	一般	低	较高	高
建造工艺成本	极高	高	高	高	低	一般	较高	高
BOG处理	必须	必须	必须	必须	非必须	非必须	非必须	非必须
单舱舱容/立方米	>5 000	>5 000	>5 000	>5 000	<7 000	<700	<12 000	<30 000
任意装载量	受限	不受限	不受限	不受限	不受限	不受限	不受限	不受限
残留量要求	多	少	极少	少	极少	极少	极少	较少
自重	轻	较轻	较轻	较重	一般	重	较重	较重
维护便利性	最复杂	一般	一般	复杂	容易	免维护	容易	容易
加装便/改装便利性	复杂	一般	一般	应用可能性小	容易	极其容易	容易	应用可能性小

第二节　液化气船与一般船舶的区别

液化气船的设计建造,对于 20 世纪 50 年代的造船界来说是一个革命性的进步。过去设计师对于他们设计的船舶,对于所运输的货物性质,除货物密度以外几乎不需多加考虑,只需提供足够的货舱空间来装运这些货物,货物的装卸和处理都由船舶所有人或租船方来考虑,即使是与液化气船一样运输液体的油船也一样。对于液化气船,液货舱的设计也是设计工作的一部分。对于液化气船的建造,也区别于油船,液货舱的建造也成为船厂的责任,还必须考虑液货舱如何安装到船舱内(对于独立式液货舱)或如何在船舶的货舱内安装(对于薄膜型液货舱),液货的物理、化学特性,如液货超低温,还须考虑液货舱的热胀冷缩、危险性和污染特性等。这些特性和特点对液化气船的设计和建造提出了与以往完全不同的要求,所以也具有比常规船舶设计和建造更多、更复杂的特点和难点。

一、液化气船的设计特点

液化气船的出现给船舶设计师带来了全新的概念,除要考虑货品的重量、密度外,还应了解所载运的各种货品的物理和化学特性,及其对船舶设计、材料的选用以及气体处理方法的选择方面带来的影响。甚至液化气船液货舱的设计,也需要由专门的设计单位来完成;即使是向专利厂商购买,也需考虑液货舱如何在船上安装,如何与船体结构隔热,如何防止超低温液体泄漏对船体结构材料造成损坏等。早期的液化气船设计师为了将陆上使用的液化气设备借鉴到船上,还需要了解陆上气体的低温运输业务;现时技术的发展和冶金工业技术的提高,已能为船舶提供合适的材料和设备,但也应消化吸收这些技术和工艺,并把其安全运用到液化气船设计中。因此,液化气船的设计与常规船舶比,如油船,有更多更复杂的要求。

1) 货舱的空间和液货舱容积设计

要设计出能满足船舶所有人装载要求且容积足够大的液货舱,其中一个重要的因数是货物的密度。液化气的密度与油船的货品相差较大。对于 LPG 船,因货品种类较多,它们的密度相差很大,密度大的与油船货品相似,密度小的约为油船货品密度的一半;对 LNG 船,LNG 的密度是油品的一半还不到。因此 LPG 船和 LNG 船大都干舷较高,船舶水线以上的体积很大,受风面积也很大;对于 LPG 船还需考虑多种不同密度的货品情况下的货舱容积(与液货舱容积密切相关),直接影响载重量、吃水,这些特点对船舶的稳性、航速都有较大影响。设计必须以某一货品的密度作为衡量的指标,在这种情况下,密度比它小的货品可能将液货舱容积装满,但载重量却达不到设计值;反之,密度比它大的货品在货舱容积还没有装满,但船舶的载重量(船舶吃水)已经达到了设定值,这是液化气船与常规油船等液货船的不同之处。

2) 液货舱的设计安装

液化气船,不论是全压式、半冷半压式,或是全冷式,不管是 LPG 船,还是莫斯球罐型或薄膜型 LNG 船,液货都需装载在专用的液货舱内进行运输。所以液化气船液货舱的设计和安装,包括直接在船体货舱空间建造安装的薄膜型 LNG 液货舱,设计安装时都必须予以认真考虑,周密安排。

除全压式 LPG 船的液货舱处于常温状态外,液化气船要设计船体货舱内部装有低温或超低温液货的液货舱,并将其安装到船舶的货舱空间,都必须考虑低温这一因素,需要解决下列几个重要的问题。

(1) 液货舱材料应能承受与液货温度相应的低温。

(2) 要防止液货舱的泄漏使低温货液接触到船体结构钢材,使钢材出现冷脆效应而发生损坏事故。

(3) 在液货舱的结构设计上,应考虑到货品运输时的温度和建造时(常温下)温度之间的温差。如若考虑外部温度为 45 摄氏度,对于丙烷/丙烯液货舱,温差就在 90 摄氏度以上;对于乙烯液货舱来说温差约 150 摄氏度,而对于

LNG 液货舱温差约 200 摄氏度。因此,必须在设计时考虑这个温差引起的材料热胀冷缩而可能产生的液货舱结构损坏。

(4) 要考虑独立式液货舱在安装到船舱空间后的热胀冷缩引起的液货舱结构的损坏和船体基座的损坏。

(5) 在加注液化气时,接触到液货的部分液货舱舱壁温度迅速下降,而其他地方保持原温度,同一液货舱不同位置间的温差也会造成液货舱结构损坏。不管液货舱是由专业的厂商设计制造或是通过购买专利的工厂供货,都是与船体结构设计密切关联的专业性很强的问题,都是设计人员在设计时应该予以考虑的问题。

3) 船舶设计中的诸多安全问题

液化气船上可能引发安全事故的因素很多,液化气的易燃易爆特性、低温超低温特性,以及污染特性都是设计时要认真考虑的。一要避免事故的发生,二要在事故发生时能有效地控制或消除这些事故。对液化气船来说,发生的事故,刚开始还有可能控制消除;一旦延时或处理不当,就可能会造成无法想象的灾难性事故。液化气船,特别是 LNG 船舶的安全问题,是比运输经济性更为重要的问题。因为一旦发生这种灾难性事故,不但是一艘船、一船货的损失,还有船员生命、环境破坏和可能的外部人员生命损失。所以必须严格遵守国际海事组织(International Maritime Organization,IMO)制定的 IGC 规则的要求,不但在设计时要考虑到这些危险因素,而且在日常管理和装卸货时,也要贯彻液货系统的安全操作程序,防患于未然。

(1) 防止碰撞和搁浅造成货舱破损重大事故。液化气,不论是 LPG,还是 LNG,都含有巨大的燃烧热量。一旦满载液化气的船舶发生事故,其燃烧爆炸放出的热量或许就相当于几个或几十个原子弹释放的热量,其破坏性是不可小觑的。IGC 规则有特殊规定,要求船舶能承受住由碰撞或搁浅而导致的风险。设计者应考虑到所有可能的损坏形式以及对于船舷、船底的纵向、横向、垂向的允许损坏程度,也规定了从船舷和船底算起的货舱的极限边界位置。IGC 规则同时规定：一个合格的船舶的布置，应该是在海损事故发生后，在最终的浸水状态，船舶仍能保持平稳浮态。这些都对液化气船的设计提出了严格的要求，也正是液化气船的危险性，所以人们经常可以看到为了避免碰撞及警示，在液化气船的舷侧涂有"LPG"或"LNG"明显字样。

（2）消除火灾和爆炸危险。泄漏的液化气与空气混合形成一定浓度的可燃气体，只要有点火源，就可能会引起火灾或爆炸。在液化气船上，不管是LPG还是LNG，如果从液货舱或管路中泄漏出来，与周围的空气混合，达到一定浓度，就很容易被点燃或发生爆炸。这个浓度范围的上下值分别称为爆炸上限和爆炸下限，当混合气的浓度在爆炸下限和爆炸上限之间时，只要有点火源就可能引发火灾或爆炸。特别是当火灾发生在一个封闭的空间时，发生爆炸的可能将是大概率事件。所以在液化气船上，要在设计时就提出要求和提供船上必要的措施，防止液化气的泄漏，并配备泄漏检测和报警系统，同时配备适当的消防系统，绝对防止点火源与可燃气体接触。

① 划分危险区。液化气船上常有可燃的货物蒸发气和空气混合物存在。为防止可燃气混合物从高浓度的区域流向低浓度的区域；防止可燃气混合物从危险区进入有点火源的(安全)区域，设计时需在船上划分 0 区、1 区和 2 区三类危险区。特别要注意防止液货舱和液货管路的泄漏，在可能泄漏的地方，除配有探测仪表外，在围蔽区域应充填惰性气体①，或采取通风、水喷淋等措施，防止积聚可燃气体与空气的混合物，防止泄漏的液化气对船体结构造成低温脆化损坏。

② 在危险区域严禁吸烟和明火。在液化气船上，点火源有明火、热表面、静电、电火花、机械火花等。一个温度较高的表面，如果其温度高于所接触的可燃混合气的自燃温度，就有可能将可燃气点燃；液货在管子内流动时在管子表面可能产生静电积聚，就有可能产生电火花点燃与之相接触的可燃混合气；电气设备和机械在运行时都可能产生火花，这些都是点火源。所以在编制有关安全操作文件

---

① 不易与其他物质发生化学反应的气体一般称为惰性气体，船上所指的惰气一般为二氧化碳和氮气。

和选用有关设备时,都应考虑或注明防止产生点火源,防止可燃混合气与点火源接触。因此在液化气船上,可能有液化气积聚的地方是严禁吸烟与明火作业的;也严禁穿着有金属钉子的鞋子在甲板上行走;工作服为防止产生静电的棉服;未经认证的非防爆设备,如手机等禁止带入危险区;在有可能进入危险气体的安全区域,需设置可燃气体探测器;在危险区域内的机械设备处所,如独立的燃气压缩机驱动电机房,压缩机与电机房之间需气密隔离,进入电机房需通过空气闸等。这些问题看似小事,但如果发生事故,必将导致生命财产的重大损失。

(3)火灾的探测和控制。

① 设置可燃气浓度探测系统。为防止可燃的危险气体进入机舱或相邻的危险级别较低的处所,一般在机舱通风机的进口、居住舱室进口、舱室新风进口、与液货舱相邻的压载舱等处,设置可燃气体浓度探测点。

② 配置消防灭火设备。液化气船与油船不同,油船的货品在常温下是液体,即使发生火灾有热量输入时,也不会有大量的货品蒸发,所以油船的货舱区域灭火剂是泡沫,它可覆盖在货舱表面,使油与空气隔离;液化气船载运的是常温下是气体的货品,液货舱一旦泄漏,泄漏出来的液货就会大量蒸发,因为在大气压力下,1立方米的 LNG 会变成 600 多立方米的气体;液化气火灾是气体燃烧,会在空气中蔓延,所以液化气船的货舱区域就需要用干粉灭火,在灭火时它会与燃料产生的活性基因等发生化学抑制和负催化作用,使燃烧中断;干粉粉末落在高温表面会形成一层玻璃状覆盖屏,从而产生隔离空气窒息灭火的作用,或用喷淋水雾将着火区与空气(氧气)隔离开。在居住舱室的前壁和液货总管、气室、液货装卸站处,还得设置水喷淋设施来隔离着火区,降低温度,隔开空气供应来达到灭火的目的。

③ 防止生成易爆或有毒的过氧化物。一些 LPG 货品,在与高温或火焰接触时,会产生易爆或有毒的物质,如氯乙烯货品是高度易燃的,在与高温火焰接触时还会产生极有毒的气体;丁二烯也容易与氧反应形成过氧化物,较高浓度的过氧化物还会形成一种极具爆炸性的物质。所以在载运和泵送这些有危险

液化气体的设备附近,要设有强有力的通风设备。

(4)配置洗消设备消除有毒液化气对健康的危害。一些LPG,在空气中的浓度大于一定的数值时,对人体有一定的毒性或会引起窒息,溅到皮肤或眼睛会引起灼伤,严重的会造成眼睛失明。所以设计人员必须掌握所装的液化气物理化学特性,了解引起危害的有毒气体允许的最大浓度。在LPG船的甲板上往往配有如图2-6所示的洗眼装置,用以冲洗眼睛和身体,并按要求配置必备

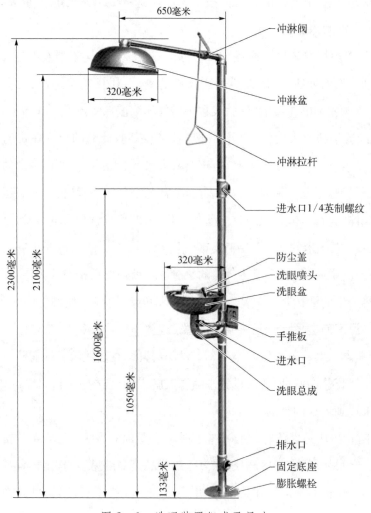

图2-6 洗眼装置组成及尺寸

的灭火设备,以及清洗消毒设备。

二、液化气船的建造特点

1) LPG 船的建造难点

通常 LPG 船液货舱的建造是在岸上车间进行的,对造船厂而言,其中一个难题是如何将其安装在船上。LPG 船的液货舱,不管是全压式、半冷半压式还是全冷式,不管是 B 型莫斯球罐型液货舱,还是棱柱形液货舱、圆柱形液货舱或 2~3 个圆柱形组合的 C 型独立式液货舱,或是近年的大型及超大型 LPG 船的 A 型液货舱,只要是独立结构,将它们安装到船上都要考虑下述问题:一是如何吊入船体货舱,需要考虑船厂的起吊能力,大尺寸液货舱吊入时需在主甲板开一个大开口,但开口过大要影响船舶下水时的强度;二是液货舱舱座与船体基座鞍座的配合问题;三是既要固定,又要解决液货舱因温差引起的热胀冷缩问题;四是船体液货舱万一发生浸水,要解决液货舱的漂浮问题等。

2) LNG 船的建造难点

薄膜型液货舱 LNG 船建造难度比独立式液货舱 LNG 船要难得多。对船厂而言,不管是 No.96 型,还是 Mark Ⅲ 型,薄膜型液货舱的建造工作,不仅仅是在船上的安装问题,实际上是一个复杂的、高难度的建造问题,整个薄膜型液货舱的货物围护系统的主要零部件,如绝缘箱、殷瓦钢三面体、泵塔等都需要在船厂或相关的工厂建造,而且还要把这些零部件精确地安装到船上。在船上现场还需进行高难度的 0.7 毫米殷瓦钢板焊接,把这些零部件精确地焊接加工到位,使主、次屏壁的殷瓦钢板精准无泄漏地焊接覆盖液货舱的内部表面,形成一个液密层,最后才建成了一个 LNG 液货舱。这些工作,一般油船是不需要的。No.96 薄膜型 LNG 船的建造,需攻克货物围护系统的三大关键部件:绝缘箱、殷瓦钢零部件和薄膜的焊接及泵塔的建造。

薄膜型液货舱 LNG 船,现在应用较广的主要有两种形式:No.96 型和

Mark Ⅲ型。

No.96 薄膜型液货舱,建造工程量大,如一艘 14.7 万立方米 LNG 船需要 5.5 万只绝缘箱,约 6 万根殷瓦钢管,0.7 毫米厚殷瓦钢薄板的焊接长度达 130 千米,而且加工精度和焊接要求都非常高,其难度在于三大关键部件的建造施工。这三大部件的制造难点主要体现在如下几方面。

(1) 建造高精度绝缘箱。

LNG 船装载的是-163 摄氏度的 LNG,绝缘箱是液货舱内保证超低温 LNG 温度稳定在规定蒸发率以内的关键部件。如果把液货舱比作保温瓶,则绝缘箱和殷瓦钢板共同组成保温瓶的内胆。

殷瓦钢板是敷设在绝缘箱表面,厚度仅 0.7 毫米薄板,起液密作用。众所周知,如此薄的钢板是无法承受载荷的。一艘 20 万立方米的 LNG 船,液货的重量有近 10 万吨。这重量,压在这么薄的殷瓦钢板上,它的背面必须要有坚实平整的部件来支撑,这个部件就是绝缘箱。绝缘箱既要防止液化气冷量向外传递,又要承受液化气的重量和在波浪中航行时液货舱内液体晃荡的冲击力,因此绝缘箱必须与 0.7 毫米的殷瓦钢薄板紧密地贴合在一起。所以绝缘箱的加工制造精度要求非常高,是以丝(1 丝等于 0.01 毫米)为加工精度要求的箱子,要求每个绝缘箱的高度、长度尺寸误差分别控制在 30 丝、50 丝之内;要求最大变形率不超过每米 6 丝。

当然生产出一个高精度的绝缘箱也许不难,但是一艘船上有 1 100 多种、5.5 万个左右绝缘箱都要达到工艺品般的精致程度,来共同组成这个“内胆”,那就是一件很困难的事情了。任何一个绝缘箱的制造精度“差之毫厘”,最终的货物围护系统就可能“谬以千里”。No.96 型液货舱绝缘箱结构如图 2 - 7 所示。

通常,No.96 型液货舱的绝缘箱由上、中、下 3 层绝热层构成。其中,上层为主层绝热层,高度为 230 毫米,内填充玻璃棉或珍珠岩粉;中层高度为 92 毫米,内填充玻璃棉;下层为高度 208 毫米的聚氨酯泡沫层。

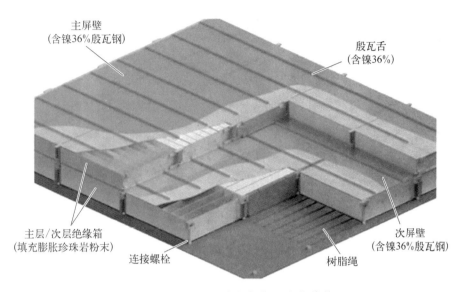

主屏壁
（含镍36%殷瓦钢）

殷瓦舌
（含镍36%）

主层/次层绝缘箱
（填充膨胀珍珠岩粉末）

连接螺栓

树脂绳

次屏壁
（含镍36%殷瓦钢）

图 2-7　No.96 型液货舱绝缘箱结构

　　绝缘箱的材料和结构，取决于绝热性能的优劣和运输中液化气的日蒸发率的大小。早期的 LNG 船用"巴尔沙"木和层压板做绝热层，日蒸发率为 0.33%，现在的绝缘箱能使日蒸发率降到 0.15%，进一步改进绝缘箱的材料和工艺后蒸发率可以降至 0.1% 以下。

　　（2）似在钢板上绣花的殷瓦钢板焊接技术。

　　① 殷瓦钢零部件是薄膜型液货舱的又一个核心部件。图 2-8 所示的部件为形状最为复杂的殷瓦钢零部件——殷瓦钢三面体，殷瓦钢三面体是位于液货舱边角处的部件，所以形状不规则，受力情况更复杂。在薄膜型液货舱发展之初，这里常因受到液货舱内液体的晃荡冲击而损坏，以致在市场上一度由 B 型球罐型独立式液货舱所领先。因殷瓦钢三面体加工困难、制造精度要求又非常高，如果制造精度有偏差，就不能与绝缘箱和殷瓦钢薄膜紧密配合，能承受的载荷就要下降。

　　值得一提的是，在沪东中华建造 LNG 船初期，船舶所有人认为中国船厂不可能完成殷瓦钢三面体的制造，建议外购。这建议看似省心省力，实

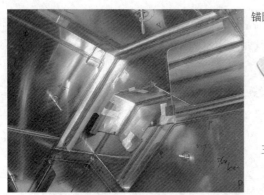
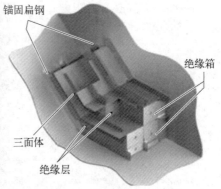

锚固扁钢

绝缘箱

三面体

绝缘层

图 2-8　殷瓦钢三面体

则会导致国内无法掌握这一关键加工技术，核心技术受制于人，会严重影响薄膜型液货舱 LNG 船的国产化。沪东中华人在困难面前不服输，从拼装模型开始，寻找加工秘籍，自创建立"武功"，在制造过程中发现问题、解决问题，努力提升功力，接连攻克了殷瓦钢三面体、殷瓦钢管等关键产品制造的技术难关，填补了国内大型薄膜型液货舱 LNG 船殷瓦钢部件加工的空白。

　　② 焊接殷瓦钢膜是薄膜型液货舱 LNG 船的另一难点。No.96 型液货舱采用了 0.7 毫米厚的殷瓦钢板作为内膜，紧贴在绝缘箱的表面，这种材料的最大优点是其热胀冷缩系数几乎为 0，但价格昂贵。所以使用的材料厚度仅为0.7 毫米，船厂要把一张张 0.7 毫米厚的钢板焊接在液货舱主、次两层绝缘箱的整个内表面，单是焊接长度就有 130 多千米。焊接电流控制不好，薄薄的钢板不是未焊透就是会焊穿。熔深太深就会烧穿钢板，而殷瓦钢板下面就是绝缘箱的木质外壳，一旦被引燃可能酿成全舱火灾；而熔深太浅则焊缝强度不够，经受不了长达 40 年营运环境的严峻考验。再加上这种材料非常娇贵，手直接触摸或沾上汗液，都会令其生锈，因此每一寸焊接，必须像"绣花"一样小心翼翼，才能达到规定的质量标准。殷瓦钢板的焊接工人需要经过专业的培训后，取得法国 GTT 公司考试合格证书才能上岗，这一严苛要求在其他类型的船舶制造中

是根本不存在的。

　　经具有专业资质的焊工焊接后，技术人员还要对液货舱逐一进行检测，主要检测货舱的密封性。借助工业听诊器，有经验的技术人员能凭声音检验出肉眼无法观察到的焊缝缺陷。检测后再要经过密性试验等 9 道工序的严格测试才能通过，因为哪怕漏掉一个针尖大小的气孔，都可能因为天然气泄漏而引起剧烈爆炸。

　　（3）配置高精度泵塔是 LNG 船与其他船舶的又一不同之处。泵塔是 LNG 船液货舱内的一种大型装置，它的主要功能是装卸和输送液态天然气，这是建造 LNG 船的又一难点。从图 2-9 可以看出，泵塔是薄膜型液货舱舱内唯一的结构物，是连接液货舱内外的枢纽。

图 2-9　矗立在液货舱中的泵塔

　　泵塔是大型钢结构，呈三角棱形，上部垂直悬挂于液货舱上部舱口围的顶盖上，下部接近液货舱的底部，总高度为 30～40 米，又高又重。制造时要求泵塔垂直精度很高,稍有偏斜,泵塔的下部就可能碰到殷瓦钢薄膜,造成损坏;液货泵运转时还会发生振动,造成连接螺栓断裂。因此,泵塔的制造质量和安装质量,直接关系到整个液货舱系统能否正常运行。除承担 LNG 正常的装、卸任务外,泵塔还要发挥处置液货泵故障的应急功能。

图 2-10 所示为吊装中的泵塔。泵塔制造完工后,泵塔的安装难度也是很大的。首先泵塔很高,如 17 万立方米的 LNG 船的泵塔高度超过 30 多米,吊机需要将泵塔提升到主甲板所有结构以上,然后将泵塔从舱口围板顶盖孔吊入液货舱。此时,液货舱所有的殷瓦钢薄膜和保温材料均已施工完毕,如果泵塔在吊装过程中碰到液货舱殷瓦钢薄膜,并造成保温材料损伤破裂,损失则不可估

图 2-10　吊装中的泵塔

量。因此，在整个泵塔安装过程中，受过技术培训的起重工、装配工必须认真负责、一丝不苟，才能确保每个泵塔安全、准确地安装到位。

图 2-11 所示为安装就绪的泵塔图片，从该图中可以看出，泵塔一般位于液货舱靠船尾的位置上，依靠甲板上舱口围板顶盖进行支撑固定，底部接近液货舱底板，允许液货泵在泵塔垂直方向上调节，确保泵吸口与舱底间距满足要求，但泵在水平方向有限位装置。在泵塔上集成了液货舱内几乎所有的设备及管路，以及梯道和应急液货泵的安装通道，对于薄膜型液货舱来说，泵塔的设计安装是重中之重的项目。

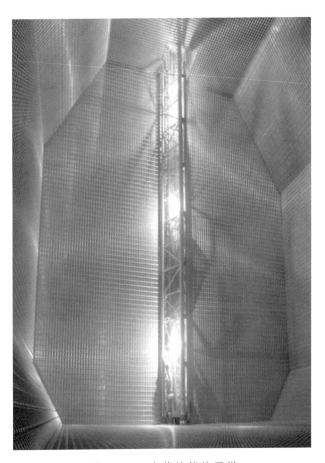

图 2-11　安装就绪的泵塔

3) 精益求精地建造与安装

LNG 船液货舱的建造要求高,一是体现在对容纳液货舱的船体货舱建造要求高,二是对建造货物围护系统和必需的安装平台要求高,这是又一个与一般船舶的不同之处。

(1) 船体货舱建造要求严格。一般的船舶主尺度的要求,误差 10～20 毫米都在合格范围之内,但 LNG 船对货舱的主尺度和内部的平整度要比一般船舶严格得多。一艘 10 余万立方米的 LNG 船,有多个船体货舱,建造成形后,需要在舱壁上安装厚厚的绝热结构货物围护系统,这就要求货舱的建造精度必须要高,特别是舱壁的平整度要求非常高,如果舱壁凹凸不平,围护系统的安装就缺少基准平面,对围护系统建造质量的影响将是致命的。一艘 14.7 万立方米的 LNG 船,长 292 米、宽 43.35 米,甲板面积相当于 30 多个标准篮球场的大小,整艘船舶由 200 多个分段装配焊接而成,每个分段重量从几十吨到几百吨不等,全部由厚厚的钢板焊接而成。这样体积庞大的一艘船,在建造精度上,普通船舶允许有一定范围累计误差,但对 LNG 船,货舱内还要装焊主/次两道屏壁和绝热层,因此对精度的要求,远超于普通船舶。因此,在船体货舱段完工后,必须精确地测量长宽高尺寸和表面平整度,检验合格后,才能将数据提交给绝缘箱定位安装部门。安装部门再根据提供的尺寸来确定绝缘箱的基准位置。

(2) 需搭建专用建造安装平台,建造高精度货物围护系统。No.96 型液货舱是一个长宽高数十米的十面体棱柱形,建造液货舱货物围护系统,主要就是要安装绝缘箱和焊接殷瓦钢薄板,这就需要搭建一个安装平台。一艘 14.7 万立方米的 LNG 船共有 1 000 多种不同类型的绝缘箱,绝缘箱装配精度要求高,安装后每米平整度误差必须控制在 1.2 毫米之内。在 LNG 船建造的工作量中,货物围护系统的建造占一半以上,世界上各大 LNG 船的建造厂的竞争,造船周期长短也是个重要的因素,因此绝缘箱的安装和殷瓦钢板的焊接,每一步、每一个环节都要精准测量、精心操作,决不能出现重大返工。

对于大型 LNG 船的棱柱形液货舱空间,长宽高都有几十米,为了供安装及焊接工人在棱柱形液货舱内各个层面、顶部、四周都能方便地安装绝缘箱和焊接殷瓦钢板,必须在棱柱形液货舱内部建造一个高度适当、分层层高适宜、牢固可靠的专用建造安装平台。这是保证液货舱建造安装重量的关键措施。

安装平台的形状必须与棱柱形液货舱相匹配,上部与下面尺寸小,而两侧大;底部支撑腿的布置要适当;安装平台在两侧的中间要搭成悬臂梁形式。安装平台要分为储物区域、通道区域和工作区域,通常约 10 层,每层由钢质跳板和胶合板覆盖。绝缘箱、焊接材料、工具和其他材料,放在安装平台的储物区域;焊接工应能到达需要焊接的每个棱柱形面;通道区域和工作区域层层相通,从上到下设有电梯。上述要求使安装平台的建造本身就是一件高难度的工作。一艘 14.7 万立方米的 LNG 船,安装平台的重量要达 1 400 吨,零部件有上万个。因建造专用安装平台前船体舱壁已封闭,安装绝缘箱时所有的零部件,例如绝缘箱、殷瓦钢三面体、殷瓦钢板、专用安装平台零部件和安装工具等,进出船体货舱区只能通过一个尺度有限的开口,专用安装平台零部件进舱后还要搬出去,所以为施工方便,每个零部件的重量不宜超过两个人的抬举能力。

安装平台建造的关键是:桩腿布置、悬伸梁和通道设计、支撑腿设计和斜坡设计等五个方面。在安装平台基本结构的设计过程中,既要满足强度和稳定性要求,又要使复杂的工艺尽量便于施工,还要不影响各个工作面的安装和焊接;安装平台的框架,除覆盖整个舱内安装范围,还应受力均匀。只有在这样施工方便、安全可靠的安装平台上,经过工匠们的精心施工,才能确保绝缘箱和殷瓦钢的建造重量及精度。

第三节 国外液化气船的发展历程

一、液化气船技术的发展和地域特征

世界第一艘 LPG 船和 LNG 船分别于 1934 年和 1959 年在欧美诞生，开创了液化气船建造和应用的时代，通过不断改进，直至发展成熟。纵观液化气船近百年的发展历史，其发展的技术路线和地域特征包括如下几方面。

（1）技术不断走向成熟，发展了各种形式的液化气船。液化气的船型由全压式 LPG 船发展到液货舱温度为－10 摄氏度到－48 摄氏度的半冷半压式LPG 船，再到－50 摄氏度的全冷式 LPG 船，以及液货舱温度为 －104摄氏度的半冷半压式/全冷式 LEG 船，困难被一个个克服，技术难题被一个个突破，最终登上了液化气船领域的技术最高峰-建造液货舱温度为 －163摄氏度 的薄膜型液货舱 LNG 船。

（2）液化气船的建造重心逐渐从美欧转向东亚。有近百年液化气船研究历史的美欧国家，由于掌握了液化气的制冷和保温技术，以及先进的钢铁冶炼技术，一直是液化气船先进技术的发源地，液化气船建造的引领者和核心技术的拥有者。

日本是一个缺乏能源的国家，性能优越的 LPG 一开始就引起了日本的重视。20 世纪 50 年代，日本就建造了大量的全压式 LPG 船，解决国内 LPG 运输和供应的问题，还有一批全压式 LPG 船供出口。20 世纪 60 年代后，欧洲莫斯球罐型液货舱 LNG 船和薄膜型液货舱 LNG 船先后研制成功，日本的船厂先后引进这两种专利，建造莫斯球罐型液货舱 LNG 船和薄膜型液货舱 LNG船。东亚第一艘 LNG 船是日本川崎重工 1981 年建成的"戈拉精神"号，如图 2－12 所示。通过多年的努力，日本逐渐成了世界上 LPG 船和 LNG 船的建造大国及建造强国。

韩国在 20 世纪 70 年代开始将造船工业作为带动经济发展的着力点，逐步成为一个造船大国，在 20 世纪末，造船吨位超过日本，成为世界第一造船大国。

图 2-12　日本第一艘采用莫斯技术的"戈拉精神"号

在液化气船的发展建造领域,采用了与日本类似的政策,购买挪威的莫斯球罐型液货舱 LNG 船专利和法国的薄膜型液货舱 LNG 船专利。相比之下,韩国制造的薄膜型液货舱 LNG 船更多、更成熟。

韩国建造的第一艘莫斯球罐型液货舱 LNG 船,是 1994 年现代重工建成的 12.5 万立方米的"现代乌托邦(Hyundai Utopia)"号,如图 2-13 所示。该船基本采用日本的设计,很多设备也是从日本进口。韩国作为世界天然气进口大国,对 LNG 船有着旺盛的需求。"现代乌托邦"号 LNG 船建成后,韩国运输部门大量向本国企业订购 LNG 船,极大地促进了韩国 LNG 船舶制造产业的发展。同时,韩国投入巨资,采用成套引进生产设备,进口核心零部件进行组装等方法,利用本国较为廉价的劳动力,参与国际高附加值船舶竞争。他们在探索中学习,并对技术进行充分消化和吸收,逐步形成了部分自主研发和独立制造能力。

韩国建造的第一艘薄膜型液货舱 LNG 船是 1995 年建造的 13 万立方米 LNG 船"韩进平泽(Hanjin Pyeong Taek)"号。他们通过技术引进、自主创新

图 2-13 韩国第一艘莫斯球罐型液货舱 LNG 船"现代乌托邦"号

等手段逐步掌握了液化气船的设计建造技术,特别 LNG 船的设计和建造方法,成为 LNG 船领域新的领军和集大成者,超过日本成为世界第一 LNG 船建造大国及建造强国,从而形成世界液化气船的发展由西方向亚洲转移的趋势。当前韩国在 LNG 船舶制造方面已经处于世界领先地位,韩国的 LNG 船建造技术主要以采用薄膜型为主,法国气体运输公司和燃气技术公司的技术均有采用,船型丰富,适合不同天然气运输项目的需求。韩国船厂大型 LNG 造船年产能力高达 30 艘以上,占据国际市场 80% 以上的份额。韩国现代、大宇、三星等大型企业均具备 20 万立方米以上 LNG 船舶开发、制造技术和建造经验,大宇更是其中的佼佼者。

二、液化石油气船的发展历程

1) 全压式 LPG 船诞生

最早出现的是储运以丙烷为主,包括丁烷的全压式 LPG 船。石油气丙烷的沸点温度,即液化温度在大气压下约为 −42.3 摄氏度,但按其特性,在压力增加时其液化温度将会升高,当丙烷的蒸气压力约为 18 个大气压时,

45 摄氏度下也能液化变成液体,所以较容易将其液化后储存在耐压 18 个大气压以上的液货舱中。正因为丙烷类石油气较易液化存储,所以在 20 世纪20 年代,就出现了初级的 LPG 船,只不过它们都是由一些油船和货船改装而成的,通过改造这些船,在甲板上安放压力容器来存储丙烷和丁烷等液化气,成为早期的全压式 LPG 船。

1934 年,世界上第一艘专用的 LPG 船"阿格尼塔(Agnita)"号诞生,该船由英国的 SWAN HUNTER 船厂承建,船舶所有人为伦敦的 ANGLO SAXON石油公司(壳牌国际航运公司)。它在货舱内垂直安放 12 个铆制的液货容器,载运具有相当压力的丁烷,而正常的石油则装在其周围。该船安全航行多年,最终在 1941 年被鱼雷击沉,可见其安全可靠性。

不论是 20 世纪 20 年代的由货船或油船改装的 LPG 船,还是后来 40—50 年代专门设计建造的 LPG 船,它们都有一个共同的特点,即这类船都是将 LPG 注入一个个耐压的液货舱内,放在船上运输,这些都是全压式 LPG 船早期形式。

20 世纪 50 年代前,世界各地的许多船厂建造了一批批全压式 LPG 船,基本是全压式 LPG 船一统天下,在这些全压式 LPG 船中典型的有:1947 年建成投入运行的第一艘丙烷运输船"奈特拉·欧·瓦伦(NATALIE O WARREN)"号6 050 立方米丙烷运输船;1953 年北欧瑞典的一家船厂建造的第一艘 LPG 船"拉斯马斯·索尔茨恰波(RASMAS THOLSTRUP)"号;法国 1954 年建造的第一艘 630 立方米 LPG 船;1959 年意大利 C.N 本纳第船厂建造的一艘1 730 立方米的"阿极帕加斯·拓扎(AGIPGAS TERZA)"号 LPG 船,该船有17 个圆柱形竖放压力式液货舱,环境温度 45 摄氏度时舱内压力约为 1.8 兆帕,图 2-14 及图 2-15 为这种形式的 LPG 船的布置和结构。

日本在 20 世纪 60 年代前已拥有 132 艘 LPG 船,大多数由一些小船厂建造,用于沿海地区贸易运输。1965 年日本三菱重工还为苏联建造了两艘2 080 立方米的 LPG 船,设有 4 个液货舱,这是第一次采用球罐型液货舱来装运液化气,如图 2-16 所示。

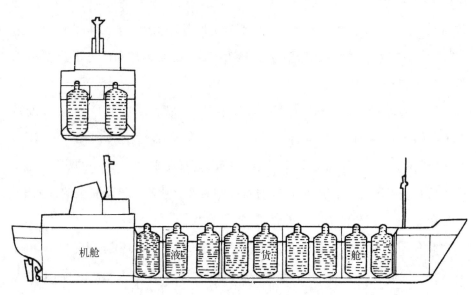

图 2-14　初期的压力式 LPG 船

图 2-15　立式圆筒型全压式 LPG 船

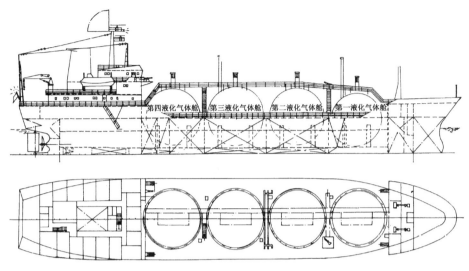

第四液化气体舱　第三液化气体舱　第二液化气体舱　第一液化气体舱

图 2-16　球罐型全压式 LPG 船

初期的全压式 LPG 船载货量都小于 3 000 立方米,液货舱按 −10 ～ −5 摄氏度来设计;后来一代的全压式 LPG 船可以在 −25 摄氏度下载运 LPG,使 LPG 船具有更大的适应性;在厚钢板冷压和焊接技术进一步改进后, 现在的全压式 LPG 船可以在 −48 摄氏度的低温运输液货。

20 世纪 50 年代,LPG 和类似的一些化学品都是在常温全压下运输的,其 液货舱结构都是 C 型独立式,不需保温包覆绝热材料和配置再液化设备,也不 需进行压力和温度控制。唯一要求是液货舱的壳体能承受约 18 个大气压的压 力,因为在正常环境条件下,环境温度不会超过 45 摄氏度,即液货舱内部的 LPG 蒸气压力就不会超过液货舱壳体能承受的压力,也就能安全地运输。但 要增加运输量只能靠增加液货舱的数量来实现,这就不得不增大船的主尺度, 然而这种液货舱结构重量大,液货重量与液货舱及附件的重量之比仅 2∶1 左 右,对船体货舱的容积利用率低,经济性相对较差,所以要提高运输效率发展运 输能力,只能期待着采用新的技术来解决。

2) 半冷半压式 LPG 船兴起

液化气运输公司要求增加运输量,追求更高的经济性,每艘船力求多装

LPG。由于运输量的增加,液化气船的吨位也在增加,圆筒形液货舱全压式LPG 船已不能满足社会发展需求。19 世纪 50 年代,随着制冷技术的发展,钢铁冶炼技术的进步,以及细晶粒高强度碳钢的出现,使在−50 摄氏度低温下运输 LPG 成为可能,于是就出现了半冷半压式 LPG 船。

开拓这个技术领域的先驱者是英国壳牌石油公司,其技术经理卢伯格在一艘全压式 LPG 船"布塔伽芝(Butagaz)"号上,用其中的一个液货舱进行制冷和绝热试验,取得了采用新的制冷技术运输 LPG 的经验。1959 年,世界上半冷半压式 LPG 首制船"迪斯卡特斯(Descartes)"号,由英国的一家船厂建造,壳牌公司租用。该船 8 个液货舱能在 0.9 兆帕压力、−10 摄氏度状态下载运丙烷,并允许液货舱的最高温度为 15 摄氏度。与全压式按 1.75 兆帕压力来设计建造液货舱相比,明显地体现了半冷半压运输的优点。这类船的原理就是将液货舱内的 LPG 保持在一定的低温和一定的压力之下,液货舱内的蒸气压力就比全压式的压力减小,液货舱的舱壁受力减小,壁板就可以减薄,重量减轻,液货舱容积和船舶的装载量增加,就可以多载运 LPG。

初期的半冷半压式 LPG 船的总容量大多在 5 000 立方米以下,它能适应在−10～−5 摄氏度、0.5～0.9 兆帕压力下载运液货。这类船的特点是需配置再液化装置,使液货维持在规定的温度和压力之下进行载运。

20 世纪 60 年代,半冷半压式 LPG 船发展非常迅速,大多数半冷半压式 LPG 船都能在一定压力下载运−10 摄氏度液货或在大气压下载运−48 摄氏度的液货。液货舱与管系的材料都选用了耐冷防低温冷脆和耐压的碳素钢。这一期间,半冷半压式 LPG 船的代表主要有:1961 年和 1962 年,丹麦先后建成了"丽丽·索尔茨恰波(Lili Tholstrup)"号和"比尔茨·索尔茨恰波(Birthe Tholstrup)"号两艘 LPG 船,总舱容 920 立方米,液货舱设计压力 0.85 兆帕,液货舱制冷温度−5 摄氏度;1963 年英国人将一艘"阿勃巴斯(Abbas)"号改装成半冷半压式 LPG 船,取名"密诺加芝 1(Minogaz 1)"号,该船由两个 754 立方米的圆柱式液货舱,舱外包绝热材料,在−7 摄氏度、

0.8 兆帕压力下运输 LPG,1964 年投入运行后,载运异丁烯,服务于英国市场;1967 年,第一艘既能装半冷半压液货,又具有全制冷能力的 LPG 船"帕斯卡尔(Pascal)"号在法国海军船厂建成,它能把未经制冷的液货通过制冷后装船。其总容积 6 310 立方米,在 0.6 兆帕压力下,制冷到−10 摄氏度,或在大气压下制冷到−45 摄氏度。

现在大多数半冷半压式 LPG 船,液货舱和管系材料为耐压、防冷脆的碳素钢,绝热材料为聚氨酯泡沫,都能载运−10 摄氏度或全制冷−45 摄氏度的液货。液货舱通常为一个或数个卧式圆柱体或组合圆柱体,安装在两个能相互贴合的马鞍形基座上,如图 2−17 所示。

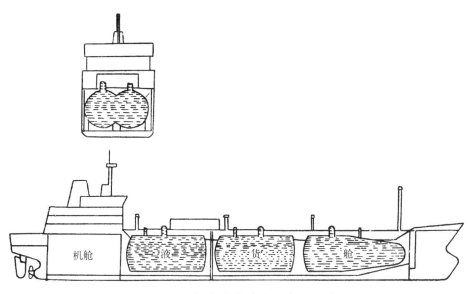

图 2−17　初期的半冷半压式 LPG 船

半冷半压式液货舱,因降低了液货舱的设计压力,且设计温度也比全压式低,所以液货的密度增大,相同容积下的重量增加;同时由于设计压力降低,液货舱的舱壁厚度减薄,重量也减轻,导致液货舱内液货重量与液货舱及附件的重量之比增加到 4∶1,运输效率大为提高。在 20 世纪 60 年代后期以后,半冷半压式 LPG 船大量增加。到 20 世纪 90 年代,单舱容量接近 6 000 立方米,船舶的总舱容可超过 2 万立方米。

3）全冷式 LPG 船和全冷式乙烯船问世

1959 年后，随着制冷技术和绝热材料技术的不断发展，为了进一步提高经济性，全冷式 LPG 船应运而生。

（1）全冷式 LPG 船的发展历程。世界上第一艘全冷式 LPG 船是 1961 年英国贝壳公司改装的一艘 1.027 万立方米的"伊利地那"号，它可以在大气压下运输液化丁烷。1962 年，日本三菱重工的横滨船厂建成了一艘 2.887 5 万立方米的全冷式 LPG 船"桥石丸"号，能在大气压和－45 摄氏度的温度下载运丙烷和丁烷，该船后易名"披巧·加苏尔"号。该船 4 个 A 型液货舱为棱柱形，用 3.5％的镍钢制成，绝热层材料为铝箔；相应的船体的内壳采用 2.25％的镍钢，能适应－45 摄氏度的低温，其表面敷贴一层玻璃纤维，这种结构方式是美国亨利公司利用贝壳（Conch）公司的技术。这类船不论船型主尺度，外形类似于图 2-18 所示的早期全冷式 LPG 船，不同之处在于装卸设备不同。为能同时载运多种货品的 LPG 船，为将不同液货分配到不同的液货舱，需要增设独立的

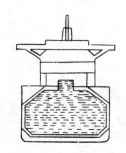

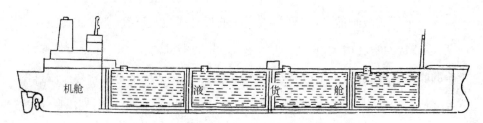

图 2-18　早期全冷式 LPG 船

管路和再液化装置,以保证不同货品不会相互混杂。1964 年,瑞典的考库姆斯·马尔萨船厂建成了欧洲第一艘约全冷式 2.50 万立方米的 LPG 船"鲍尔 恩德考特(Paul Endacott)"号。该船载运 LPG、氨、环氧乙烷,设有 5 个自持式棱柱形液货舱,设计可同时载运 4 种不同的液货,最低温度−51 摄氏度,工作压力−50～30 千帕。液货舱由高强度低碳钢制成。液货舱处的船壳是双层结构,内部空间 900 毫米,有两层 50 毫米厚的搭接的聚氨酯泡沫绝热层。在绝热的内船壳和液货舱之间的冷空间充满惰性气体,以防液货舱泄漏引起的爆炸危险。

1970 年,从波斯湾到日本,以及加拿大/美国与日本之间的长距离运输贸易,需要有 5 万立方米和 7.5 万立方米的全冷式 LPG 船,这些船的主尺度和装卸货能力都成比例增长,深井泵的容量可在 18 小时内卸空 1.3 万立方米,每艘船上都设有 3 套两级制冷设备。

1973 年日本日立船厂交付了一艘 10.02 万立方米的"伊索·福极(Esso Fuji)"号,是一艘超过 10 万立方米的全冷式 LPG 船,设 4 个聚氨酯泡沫绝热的全冷式自持型液货舱,1974 年,日立船厂又交付了一艘 9.93 万立方米的"东京·皇宫"号。这两艘超级的 LPG 船载运丙烷或丁烷从波斯湾到日本。1977 年日立船厂又向伊索运输公司交付了一艘 10 万立方米的全冷式 LPG 船。

(2) 全冷式 LPG 船的新难题。由于全冷运输方式的产生,引起了一个新的问题是:在超低温条件下载运液化气,一旦液化气从液货舱中漏泄而蔓延到周围的船体结构,可能会引起钢材的冷脆效应。设计全冷式的液化气船时,对于温度在−50 摄氏度左右的液货舱,其舱壁的材料多数使用的是具有细晶粒的碳锰钢。为防患于未然,在原来的主液货舱壁(主屏壁)的基础上又增加了第二道屏壁(次屏壁)的措施,次屏壁的材料按液货的最低温度来确定。

(3) LEG 船液货舱温度更低。随着制冷技术的进步,可将液货舱的温度降到−104 摄氏度以下,这样全冷式的 LEG 船也就出现了。乙烯的沸点为−104 摄氏度,它可以用半冷半压式的 LPG 船配置再液化装置来运输;也可采用全冷式的 LPG 船来运输,专用的液化乙烯运输船称为 LEG 船。如用半冷半压方式运输乙烯,按乙烯的温度压力特性,其临界温度为 9.2 摄氏度,临界压力为 51.7 个大气压,即在 9.2 摄氏度以下和 51.7 个大气压以下,都可以将乙烯液化。但对于在半冷半压下运输液化乙烯时,因装船时液化乙烯的温度可能是 −104 摄氏度,所以液货舱的设计温度还须满足 −104 摄氏度。乙烯的运输量较通常的石油气和天然气少,全冷运输时,这类船的容量大都在 5 万立方米以下,或由大型的 LPG 船兼运。全冷式 LEG 船的液货舱可以是用绝热材料包覆的自持式圆筒形、球罐型或棱柱型液货舱,也有薄膜型或半薄膜型液货舱。自持式液货舱的材料常采用铝合金、5%～9%镍钢,薄膜型液货舱舱壁材料则采用不锈钢或 36%镍钢。

1966 年,挪威的一艘专用液化乙烯船"利奥考尔·埃尔斯瓦茨(Liocoln Ellsworth)"号下水,总容积为 830 立方米,装着一个双凸形 5%镍钢做成的液货舱,它是按载运 LEG 必需的结构形式设计的双壳船体,内壳也是用 5%镍钢做成的,并可当作次屏壁。

1981—1982 年,挪威建造了两艘 8 300 立方米 LEG 船,1985 年意大利也建造了两艘 4 000 立方米具有 5 个双凸形液货舱的 LEG 船。这些船都有很强的制冷能力,最低温度达−104 摄氏度,专门用于装运液化乙烯,且为提高适装能力液货舱也设计成能承受 0.4～0.6 兆帕的压力载运 LPG。

4) LPG 船及 LEG 船的发展

LPG 船从全压式发展到半冷半压式,再发展到全冷式 LPG 船及 LEG 船,液货舱的设计温度由常温到−104 摄氏度,已经历了近 80 年的历程。

在这一发展过程中,可以看出:

(1) 单船的运输效率也成倍提高,液货重量与液货舱加附件重量的比值由全压式的 2∶1 增加到半冷半压式的 4∶1,再增加到全冷式的 8∶1。

(2) 单船运输量也大大增加。1976 年有 36 艘超过 5 万立方米的全冷式 LPG 船在全世界订货,其中 29 艘为 7.5 万立方米,现在已有 10 万立方米左右的 LPG 船和 LEG 船。

（3）低温多用途 LEG/LNG 船出现。1976 年全世界营运船舶中有 29 艘能够运输 LEG，其中有的 LEG 船还能运输－163 摄氏度的 LNG。

（4）世界总运货量增多。据统计 1973 年前，LPG 船的总数为 328 艘，总舱容约 200 万立方米；到 1980 年前 533 艘，总舱容达约 1 284.4 万立方米；再到 1987 年 LPG 船的总数已达 659 艘，总舱容达约 773.34 万立方米；1988 年 1 月，总艘数达 663 艘，总舱容达约 788.62 万立方米。

在这一发展过程中，看到了建造 LPG 船的装载量越来越大，最大的舱容已超过 10 万立方米，技术难度越来越高，但也越来越成熟。在全冷式 LPG 船出现后，欧美的一些科技人员和企业，已开始研究沸点温度为－163 摄氏度的液化气船。

三、液化天然气船的发展历程

1）储存与运输技术的艰难探索

LNG 海上储存与运输方式的研究探索，虽然也与 LPG 一样同在 20 世纪 40—50 年代开始，但由于 LNG 在大气压下的沸点（液化温度）为－163 摄氏度的超低温，设计建造耐－163 摄氏度的液货舱，长时间航运中要保持这个低温，还要处理液货舱顶部的蒸发气不断增多而压力不断升高的问题，当时困难像一座大山挡在前面，让人们感到难以跨越。在陆上就要将常压的天然气降温到－163 摄氏度以下的超低温，使其转变为液体，才能将其注入船上的液货舱内。虽然在 19 世纪科学家已在实验室中实现将天然气降温变成液体，但真正实现工业化生产要到 1941 年在美国俄亥俄州的克利夫兰城建成第一座液化天然气工厂，历时约 100 年，如图 2－19 所示。20 世纪 50 年代中期以前，人们提出了许多合理的 LNG 船设计方案，然而在最后分析时，无人能肯定设计方案是最可靠的、最安全的，因为没有经过实船试验。大规模的试验工作当然是重要的，然而耗费极大。

图 2-19　世界第一个甲烷液化工厂

2）美、英初期试验的成就

美国研制 LNG 船第一个"吃螃蟹"的人，是制冷方面的一位专家茂瑞松，他研究的是将密西西比一些油井的气体，用驳船运输到芝加哥。因船上不容易使用常规的陆用储存设备，茂瑞松考虑将甲烷气体（天然气的主要成分）液化后来运输，所以就要考虑在甲烷沸点－163 摄氏度条件下，能安全工作的液货舱、管系和设备的材料和绝热材料。

1952 年开始，他主要研究了储存 LNG 容器的三种不同材质：不锈钢、低含镍量的钢材和铝。在当时的技术条件下，最终得出只有低含镍量的不锈钢最为合适。另外，他还对木材、玻璃纤维等容器的绝热材料以及安放位置等进行了研究。考虑到当时液货舱的耐低温材料非常昂贵和焊接技术不成熟，最终采用巴尔沙木做内绝热层，即在无特别的耐低温特性的金属液货舱的内部，用当时加工技术进行合理的公差装配，用木材做一个既液密又耐低温的大木桶，既能盛装－163 摄氏度的 LNG，又起绝热作用。这样的选择，有两大好处：

（1）不使用特别的耐低温材料，可节省金属材料费用，也避免了耐低温金属材料的焊接技术不成熟而带来的问题。

（2）用巴尔沙木做绝热材料，容易订购，费用也相对节省。

1952 年 2 月后，美国密西西比的英格拉斯船厂花了约一年时间建造了第一艘试验驳船。船上设 5 个立式圆柱形液货舱，内部用巴尔沙木作绝热层，并设置了双层船壳。这一试验最终获得成功，证实了 LNG 运输的可能性。茂瑞松从试验中对巴尔沙木绝热材料、液货舱舱内气体的排出和转移，液货舱蒸发气的处理和防火，液货的加注方法，再液化设备，以及液货舱的结构设计等方面积累了大量的资料和经验。内河驳船上 LNG 运输的成功只是走了第一步，要实现 LNG 海上运输，必须考虑液货舱的支撑固定，船舶结构变形对液货舱的不利影响，海上风浪对液货舱的影响等因素，所以试验还需继续。

1954 年后，茂瑞松邀请美国亨利海上工程咨询公司等公司进行合作开发，制订 LNG 远洋运输的试验方案。1956 年 6 月，美国的几家公司合资成立康斯托克液体甲烷股份公司，投入更多的资金，由英国气体委员会主持这项工作。公司针对远洋运输的特点，致力于开发一种自持式的液货舱设计，他们虽然肯定了内河试验驳船上内部采用巴尔沙木做绝热层的立式圆柱形液货舱的经验，但还是将注意力集中于平整舱壁的液货舱设计，以便更有效地利用船体货舱容积，这种形式最终发展成康斯托克/贝壳舱型。公司对绝热材料、新的液货舱材料：含镍 9％ 的镍钢和铝合金进行了充分的研究，试验结果是两种金属材料都能适用 LNG－163 摄氏度的储运温度。

在上述试验基础上，设计了一个 75 立方米的独立自持式试验液货舱，并装载在驳船上模拟海上船舶运输条件进行了相关试验。他们将巴尔沙木绝热层敷设在货舱的底部、一侧和前后两个面，顶部和另一侧面敷设 12 英寸[①]厚的玻璃纤维，液货舱材料用 5083－0 铝合金。试验用液氮替代 LNG，在波士顿进行，取得了液货气化、温度梯度和结构应力等一系列试验数据，并取得了英国劳氏船级社、美国船级社的认可。美国海岸警卫队建议用此方法改建一艘油船，

————————

①　英寸为长度单位，1 英寸＝2.54 厘米。

装 18 个铝制液货舱、6 个一组装入设有绝热材料的货物围护系统。这种设计建造液货试验舱的方法,直到现在还在采用,如图 2-20 所示。若要建造 LNG 船,必须先做一个模拟舱,获得认可后,才能正式建造 LNG 船。

图 2-20　搭建模拟液货舱

1957 年,在成功建造 75 立方米的试验舱的基础上,英国气体委员会决定建造世界上第一艘 LNG 试验运输船。1958 年 2 月,将一艘"诺玛第"号内燃机驱动的货船改装成 5 000 立方米的 LNG 船,取名"甲烷先锋(Methane Pioneer)"号。

改装后,原货船的艉楼甲板向前延伸至艏楼甲板,构成新的上甲板,货舱的内部两侧增设两道纵舱壁,形成的边舱连同双层底舱作为压载舱;纵舱壁的内侧和底部敷设绝热材料,由巴尔沙木表面加枫木和橡木层压板制成板块,用螺栓拧紧,使内表面液密,整个绝热层黏附在纵舱壁的内侧和地板上,顶部用玻璃纤维做绝热材料。形成货物围护系统。该船设 5 个铝制液货舱,2 个在前,3 个在后,置于货物围护系统空间中。为防止船舶纵、横摇时液货舱移动和温度变化时液货舱的收缩膨胀造成液货舱损坏,每个液货舱的顶部和底部设置允许液货舱伸缩的固定键。船舶的内壳上设有多个加热点，以防绝热材料层局部渗漏使船舶内壳板上出现过冷点。液货舱的材料采用 5356-0 铝合金，舱的周围充满惰性气体(氮气)。每个液货舱配置一台深井泵，甲板上再配置两台驳运泵，可将液货输送至岸上。船上还配置了各种测试仪表，可测量液货舱的液位、船内壳板和顶部的温度(有 68 个测点)，以及碳氢化合物气体取样。该船未考虑主机燃用液货蒸发气，所以蒸发气只能排放到甲板上部较高的大气中。改装工作在英国劳氏船级社和美国船级社的参与下进行。

图 2-21 为"甲烷先锋(Methane Pioneer)"号 LNG 试验船的外形，它由美国与英国的两家公司在 1957 年为进行 LNG 海上运输的大规模可行性试验而合作建造，改建成功后，于 1958 年 10 月开始试验，包括惰化、装货、系泊试验和航行试验，历时 83 天，在美国的查尔斯湖进行总评。试验结果表明了液货舱、绝热层、货物设备和船体结构的性能和可靠性，也训练了船员和有关人员熟悉操作程序。航行试验后每个液货舱由 10 位高级工程师进行详细检查和记录，对 6 500 英尺[①] (约 2 000 米)的焊缝进行检验。试验后检查花了 100 天时间，发现了 30～40 个焊缝弧坑裂纹，重新焊接消除裂纹后又进行了 7 次横渡大西洋的航行。

图 2-21 "甲烷先锋"号 LNG 船

———————————

① 英尺为长度单位，1 英尺＝3.048×10⁻¹ 米。

海上正式航行试验于 1959 年 1 月 25 日开始，从美国路易斯安那州的 LNG 基地满载 LNG 启航，在大西洋上航行 5 064 海里，平均航速 9.4 节，虽在大西洋遇到恶劣天气，在英吉利海峡遇到迷雾，还是在 2 月 20 日安全到达泰晤士河口的坎汶岛—英国北泰晤士气体公司码头，并成功卸船。"甲烷先锋"号 LNG 船首航的成功，开创了将 LNG 从产地通过船舶运输到遥远的能源需求地区的先河，揭开了人类大规模运输 LNG 的序幕。在总共 7 次的横渡大西洋航行期间，"甲烷先锋"号进行了认真的观察记录，积累了大量的资料，如液货舱每日气化量、温度梯度、货物情况、冷却、加热步骤、方法和时间等。正是这些航行前、航行中的测试，为大规模商业资本投资 LNG 运输船舶的设计、建造提供了可靠的资料，积累了宝贵的经验。

在上述突破性成果鼓舞下，英国壳牌公司联合美国康斯托克甲烷股份公司接受英国气体委员会的投资，又建造了两艘 LNG 船，分别命名为"甲烷公主（Methane Princess）"号和"甲烷进步（Methane Progress）"号，如图 2 - 22 所示，容量均为 2.83 万立方米[约 17.3 万 bbl(UK①)]。这两艘船在建造中吸取了"甲烷先锋"号 LNG 船的经验，特别是铝合金焊接的经验，使这两艘船在运营 15 年后，没有发现焊缝渗漏、腐蚀等问题。这两艘船虽然液货舱数量和容量比"甲烷先锋"号大，但结构形式是相同的，液货舱材料 5083 - 0 铝合金，绝热材料为巴尔沙木/玻璃纤维，LNG 每天蒸发量为 0.33%，安全阀开启压力 0.3/0.34 兆帕，入级英国劳氏船级社和美国船级社，从而大大增强了美国至英国泰晤士河口运送天然气的运力，也增加了从阿尔及利亚运往欧洲的 LNG 数量。

3）法国液化气试验船同步开展

20 世纪 50 年代末，以"甲烷先锋"号 LNG 船诞生为标记，美、英建造液化

---

① bbl(UK)为容量单位，1 bbl(UK)为 1.636×10^2 立方分米。

图 2-22　"甲烷公主"号和"甲烷进步"号 LNG 船

气船取得突破性进展，美国康斯托克甲烷股份公司在 LNG 技术领域处于领先地位。但欧洲大陆也不甘落后，英国贝壳公司、挪威船舶所有人欧文·劳伦兹及公司，法国油气公司等都对 LNG 船进行了开发研究。1957 年开始，法国的主要船厂也在进行 LNG 船的研究。但与美国的研究方法不同，法国船厂是在政府协调下以几个单位合作的方式展开的。1959 年 6 月，法国成立"甲烷运输公司"来协调所有在法国进行的 LNG 船研究发展工作。该公司由银行、法国油气公司、气体液化公司、远洋气体运输公司等组成，有 4 家船厂紧密合作。他们各自研究适应−165 摄氏度的材料和加工技术研究，每家船厂都有独自的液货舱设计方案，后来三个方案都被"布尤维斯（Beau - Vais）"号船采用，如图 2-23 所示。

　　1961 年，法国改装了一艘旧的自由轮（一型在世界大战中大量建造的货船）作为试验船"布尤维斯"号 LNG 船，与"甲烷先锋"号 LNG 船不同，根据几家船厂的方案，该船上设计建造了三种不同结构形式的液货舱，进行比较，以寻求一种完美的船型。

图 2-23 "布尤维斯"号 LNG 船

第1舱：自持式，矩形舱，AG-4 铝合金结构，400 立方米；绝热层厚度为 850 毫米聚氯乙烯泡沫板，敷设在低碳钢外壳内，液货舱外表面上敷设增强玻璃纤维聚酯树脂作次屏壁层，与聚氯乙烯层之间充注珍珠岩粉。

第2舱：自持式，多瓣筒柱形，内壳 9％ 镍合金，外罩为低碳钢，120 立方米；在船体货舱舱壁板内敷设聚氯乙烯泡沫板绝热层。

第3舱：自持式，立式圆筒形，120 立方米；外壳材料为 9％ 镍钢，内壳为 AG-4 铝合金；绝热材料为 PVC 和珍珠岩粉。

该船在 1962 年 2 月完工，入级法国船级社。1962 年 3 月开始进行 6 个阶段的试验，持续了 6 个月之久，其中包括液氮降温、注入 LNG 检查有关设备、第 1 舱空舱/第 2 和第 3 舱满舱海上航行试验、第 1 舱满舱/第 2 和第 3 舱空舱海上航行试验、海上驳运试验、海上液货舱升温和驱气试验。浪漫的法国人在船上放养 10 多只金丝鸟，用以检验鸟对甲烷泄漏的反应，6 个月试验中这些鸟感觉良好，鸟的数量还增加了 3 倍以上，证明了空气中没有甲烷。最终通过试验得出结论认为：LNG 的液货舱可以用多种设计方法，LNG 的建造比设计需要更多的技术知识。法国试验船的设计、建造和试验获取了大量的资料和数据，这对法国船厂在后来一段时间内取得建造 LNG 船的主导地位积累了丰富的经验。

1965 年法国建造了一艘 2 550 立方米容量的、具有 6 个竖放的自持式圆柱形液货舱的新船"朱莉斯·温那"号 LNG 船。该艘船的成功建造是圆柱形 9％

镍合金液货舱结构的先驱。

4）挪威莫斯球罐型液货舱一度独占鳌头

1955 年中期，挪威船舶所有人欧文·劳伦兹取得了甲烷船设计专利，也取得了挪威船级社的认可。该船设计有 6 个铝制球罐型液货舱，4 个直径 24 米，2 个直径 20 米，每个舱在外环（最宜在赤道线上）沿球的经线支撑。该船设内外绝热层，内层较薄，用以减轻装货时对金属舱壁的冲击。20 世纪 60 年代，这一设计被认为是最优的设计。但也有一些船舶设计师认为球罐型液货舱不能有效地利用船体货舱容积；球罐型液货舱在甲板上的凸出部分破坏了船舶甲板结构的完整性，且影响驾驶视线。

克瓦纳-莫斯船厂已积累了多艘球罐型液货舱 LPG 船的建造经验。1970 年 10 月在巴黎召开的第二次 LNG 会议上，克瓦纳-莫斯船厂发布并推荐了一种 8.8 万立方米的无次屏壁球罐型液货舱设计方案，该设计对液货舱和相关的船体结构强度进行了大量的有限元分析和低温金属断裂力学的研究。这一设计的前提是损坏前的裂纹探测，如果液货舱出现裂纹，敏感的探测元件在裂纹远未达到临界值前就能发现，这样就有充分的时间进行修理。该系统在液货舱外采用了小渗漏保护，即在液货舱下设置滴液盘，在舱侧设置防溅层，用以收集液货舱的渗漏液。

克瓦纳集团的莫斯船厂第一个提出将球罐型独立式液货舱结构设计用于大型 LNG 船，并与船厂签订了建造合同。1973 年，克瓦纳-莫斯船厂交付了两艘 8.7 万立方米的 LNG 船"诺尔曼女郎（Norman Lady）"号和"LNG 挑战（LNG Challenge）"号，随后又建造了两艘 2.9 万立方米的 LNG/LEG 多用途船，"维纳托（Venator）"号和"卢信（Lucian）"号。"诺尔曼女郎"号 LNG 船液货舱的舱壁材料为 9% 镍钢，"卢信（Lucian）"号 LNG 船的舱壁材料采用铝合金，该船的推进装置为工业汽轮机，既可燃用燃料油，又可燃用燃料油和 LNG 蒸发气的混合物。然后克瓦纳-莫斯船厂又建造了 3 艘 12.5 万立方米 LNG 标准运输船，总长达 267 米，航速 20 节，船上设有 5 个直径 35 米的球罐型液货舱。同时,联邦德国、日本和美国都有建造,共 10 余艘。1974 年,克瓦纳-莫斯船厂又宣布建造 16.5 万立方米 LNG 船,有 5 个直径 40.7 米的球罐型液货舱。此后球罐舱的舱壁材料大都采用 5083 - 0 铝合金或 9‰镍钢制造,用铝合金时,其厚度范围为 27～70 毫米,中部赤道带的厚度达 160～170 毫米。

这两型船对货舱结构应力和波浪载荷进行了精确的分析,液货舱设计没有次屏壁结构,5 个球罐型液货舱的赤道处,通过一种 h 形结构,支撑在连续的筒裙形结构支撑上,这是球罐型液货舱与船体的唯一连接,这一结构形式可以吸收温差引起的热胀冷缩和船体的挠曲变形。

在 20 世纪 70—90 年代,克瓦纳-莫斯球罐型液货舱 LNG 船成为装运 LNG 的主流船型,这一自持式球罐型液货舱以后就称为克瓦纳-莫斯液货舱或莫斯球罐型液货舱。一艘克瓦纳-莫斯球罐型液货舱液化气船,一般设有 4～5 个液货舱,最大的球罐型液货舱直径超过 40 米,船的载货量超过 16 万立方米,如图 2 - 24 所示。

图 2 - 24 球罐型液货舱 LNG 船

5）法国 GTT 薄膜型液货舱后来居上

由于薄膜型液货舱可以充分利用船舶货舱的货舱容积,提高运输效率,挪威的劳伦兹公司用铝合金作为薄膜,紧贴在巴尔沙木绝热层上,制作薄膜型液货舱,但没有达预期的效果。

法国气体运输公司研制的是 No.型薄膜型液货舱。它参照挪威公司的做法:在采用铝合金作为薄板,外面敷设巴尔沙木作绝热材料的试验基础上,改用不锈钢,绝热材料改为聚氯乙烯泡沫,1964 年将其用在 650 立方米 LNG/LEG 船"毕塔哥荣恩(Pythagroe)"号上,获得成功。在此基础上不断总结经验,开发了用两道含镍量 36%镍钢薄膜作屏壁和两道绝热层的液货舱结构,绝热层由胶合板箱内充填珍珠粉绝热材料组成。气体运输公司将这一结构做成 25 立方米的试验箱,放置在法国一艘名为"朱丽沃"号 LNG 船的前甲板上,该船舱容 2.559 9 万立方米,1965 年投入营运。试验舱内充满液氮,随船进行了 10 个月航行试验。在试验成功的基础上,建造了 3 艘船,第一艘为 3 万立方米的 LPG 船"西波利特软虫"号,1968 年完成;后两艘为 7.15 万立方米 LNG 船"极地·阿拉斯加(Polar Alaska)"号和"北极·东京(Arctic Tokyo)"号,分别在 1969 年 11 月和 1970 年 3 月投入运输业务。这两艘航行于阿拉斯加和日本的航线,向日本输送 LNG。

初期的殷瓦钢薄膜厚度为 0.5 毫米,现在 GT 型液货舱大都为棱柱形结构,主、次屏壁大都采用 0.7 毫米厚殷瓦钢(含镍量 36%)薄膜,两层绝热层用多层夹板做成的绝缘箱内充填珍珠岩粉绝热材料构成。现在 1.25 万立方米以上的 LNG 船大都采用这一结构形式。

GTT No.96 薄膜型液货舱组成结构如图 2 - 25 所示。

舱型的改进使液货舱的 LNG 日蒸发率(BOR)不断降低,经济效益不断提升。"甲烷先锋"号、"甲烷公主"号和"甲烷前进"号 LNG 船的 BOR 约为 0.33%;法国的"朱丽沃"号时下降至 0.27%;GTT 公司后来研发的 GTT No.96 约为 0.15%;GTT No.96GW 为 0.125%～0.13%;GTT No.96L03 和

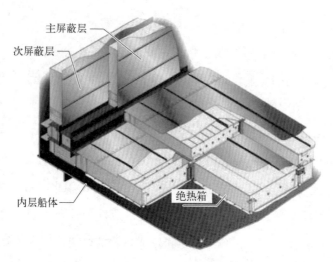

图 2 - 25　GTT No.96 薄膜型液货舱组成结构

GTT No.96L03＋可达到 0.11％;GTT No.96Flex 再下降至 0.07％。究其原因都是在绝热层上不断进行改进。绝热层的改进大致为：No.96 主次屏壁均采用 0.7 毫米殷瓦钢板,主、次绝缘箱总厚度 530 毫米(230＋300 毫米),绝缘箱由充填珍珠岩粉的胶合板箱制成;No.96GW,将绝缘箱中的珍珠岩粉改为玻璃丝棉;No.96L03 绝缘箱分 3 层,主层厚度不变改充玻璃丝棉,次层改为两层,中间层改为 92 毫米,充玻璃丝绵,底层为 208 毫米厚,用强化聚氨酯泡沫板;No.96L03＋绝热层厚度不变,中间层改用 PU 泡沫板;No.96Flex 主屏壁改为304 波纹不锈钢板,次屏壁仍采用殷瓦钢板,主次绝热层改为强化聚氨酯泡沫板;No.96Max 是 No.96GW 的升级版,绝缘箱隔板厚度由 1.2 毫米增加到1.5 毫米,绝缘箱的强度得以加强。

　　TGZ 型液货舱也是棱柱形双层屏壁和双层绝热层结构,但主屏壁用1.2 毫米厚的 304 波纹不锈钢板焊接而成,次层屏壁用铝箔纤维布夹一层铝箔结构,绝热材料用聚氨酯,总厚 270 毫米,主层绝热层厚 100 毫米,次层绝热层厚 170 毫米。主屏壁的不锈钢波纹钢板解决了－163 摄氏度液货超低温和环境温度(最高约 45 摄氏度)间巨大温差引起的热胀冷缩问题,次层屏壁用铝箔纤维加强板降低了建造成本,并提高了可靠性。开始这种形式称为 Mark Ⅰ型,现在常用的为 Mark Ⅲ 型,Mark Ⅴ 型也正在推向市场中。

Mark Ⅲ Flex 是将次绝热层厚度由 170 毫米增加到 300 毫米,同时聚氨酯泡沫密度加大;Mark Ⅲ Flex+是将绝热层厚度增加至 480 毫米;Mark Ⅲ Flex HD 是将绝热层密度由 130 千克/立方米增加到 210 千克/立方米;Mark Ⅴ 次屏壁用波纹形殷瓦钢替代 3 层结构玻璃丝铝箔结构。

TGZ Mark 舱型的改进使液货舱的 LNG 日蒸发率(BOR)不断降低,即经济效益不断提升。Mark Ⅲ 0.15%;Mark Ⅲ Flex 最低 0.085%;Mark Ⅲ Flex+最低 0.07%;Mark Ⅴ 最低 0.075%。

Mark Ⅲ薄膜型液货舱组成结构如图 2-26 所示。

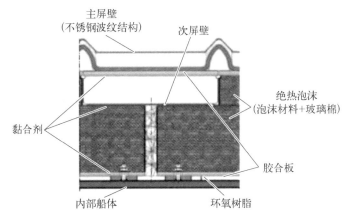

图 2-26　Mark Ⅲ薄膜型液货舱组成结构

对薄膜型液货舱结构形式的研究几乎是与莫斯球罐型液货舱结构形式的研究同步展开的,但莫斯球罐型液货舱结构形式很快得到应用,其主要原因是莫斯球罐型液货舱易于建造,薄膜型液货舱结构形式在当时的技术水平下建造很困难,特别是对薄膜材料及焊接水平要求较高,在液货舱的角隅处的薄膜,航行时受到液货的晃荡冲击,容易造成损坏。随着对运输经济性的追求,以及薄膜材料殷瓦钢的出现和焊接技术的不断进步,薄膜型液货舱逐渐得到广泛应用,现在市场占有率约达到70%以上,成为目前大型LNG船最主要的液货舱结构形式。

6）日本SPB棱柱形液货舱独具特色

日本石川岛播磨株式会社研究了早期的贝壳舱型技术,而推出的一种全新的SPB棱柱形液货舱。其形状恰似薄膜型的棱柱,但属于独立式结构,货舱中间设有纵舱壁,它较充分地利用了船体货舱的容积,又不必像球罐型液货舱那样露出在甲板上,影响驾驶视线和甲板的连续性。液货舱舱壁是由合金钢板和胶合板构成,也可以用304不锈钢或9%镍钢,最大设计压力为0.07兆帕,液货舱外表面包覆的绝热材料为聚氨酯泡沫。在液货舱与船体货舱内壁之间留有空间,所以维修也方便。SPB棱柱形液货舱使日本成为欧洲以外第一个拥有LNG货物围护系统专利的国家。2017年采用SPB棱柱形液货舱技术的最大的16.5万立方米LNG船交付使用。对于同样大小的船体货舱空间,其装载量比球罐型液货舱大,但要比薄膜型液货舱小。SPB棱柱形液货舱舱壁厚度比薄膜型厚,所以液货舱的材料较贵,据称比薄膜型高出10%~20%,总的船价要视具体船型而定。也许是IHI公司对SPB棱柱形液货舱的结构材料还在研究改进之中,对SPB棱柱形液货舱的专利技术披露较少,目前,采用SPB棱柱形液货舱技术建造的船舶仅有数艘,所以SPB棱柱形液货舱还没有得到天然气运输业界的普遍认同。

7）LNT A-BOX型液货舱

LNT A-BOX型液货舱是近年来一家挪威公司新开发的一种舱型,液货舱中间也设有一道纵舱壁,实际上它就是IMO A型独立式低温常压棱柱形LNG液货舱,具有舱容利用率高,LNG蒸发率低等特性。主屏壁材料可采用304不锈钢、5083铝合金或9%镍钢,其绝热系统采用的是挪威MGIT公司设计的新型设计,材料为聚氨酯泡沫板。与常规绝缘的敷设方式不同。该型船绝热材料敷设在船体结构上,而非液货舱表面,同时兼作次屏壁使用。LNT A-BOX型液货舱的建造比莫斯球罐型液货舱、薄膜型液货舱、甚至SPB棱柱形液货舱简单,其可在车间制造完成后再吊装到船上,或由专业厂商制造,运输并吊装到船舱中。绝热材料可先敷设在船舱内壳板上,液货舱吊入后,再敷设顶部绝热层。该型舱装货量介于莫斯球罐型液货舱与薄膜型液货舱之间,综合造价相对低,是一种具有发展前途的舱型。

8) LNG 船液货舱的发展趋势

1970 年后,根据 20 多年建造液化气船的经验和新工艺的发展,国际造船界制定了一整套法规和标准,对货物围护系统、装卸货系统、燃用气体燃料的设备、安全监控设施等做了严格而明确的规定,使液化气船的设计建造更安全可靠,上升到一个新的水平。

大型 LNG 船液货舱的主要形式还是 GTT 薄膜型和莫斯球罐型,小型 LNG 船液货舱以 C 型为独立式液货舱为主。据统计,2018 年前全世界有 306 艘薄膜型 107 艘球罐型和 2 艘自持式棱柱形液货舱 LNG 船。

目前 LNG 船的市场上,薄膜型液货舱型约占 70％,莫斯球罐型液货舱约占 23％,其余包括 C 型液货舱在内占 7％。

由于薄膜型液货舱总造价高,制造难度也高,还需付不薄的专利费,许多国家及企业还在不断研究开发自己的产品。

(1) 研究新舱型,充分利用船体货舱空间、多装液化气,装多种液化气提高船舶的适装性能,提高运输的经济性,降低建造成本。

(2) 研究更好、更经济的液货舱材料和绝热材料,降低 LNG 蒸发率,提高运输经济性和降低船舶造价。

日本开发了 IHI SPB 型货物围护系统,韩国开发了 KC-1 货物围护系统,挪威也开发了 LNT A-BOX 货物围护系统,都是在朝这些方向努力,现在这些新系统还远不及莫斯球罐型和 GTT 薄膜型货物围护系统使用广泛,所以超低温货物围护系统的开发改进之路还很漫长,需要在实践中总结和改进,不断创新,创出名牌,才能逐步被市场认知,被业主及设计者认同,而后才能在市场上推广应用。

第三章
液化气船主要系统及设备

　　液化气船装载的货品有其特殊性,必须配有一些与其他船舶不同的设备及系统,其中主要的是液货舱货物围护系统(俗称液货系统)和推进系统,该两系统都由一个或多个设备和管路、阀门及附件等组成。液货系统是储存和输送液化气的系统,包括液货舱、绝热材料和再液化系统等;在液化气船,特别是 LNG 船上,利用液货舱内的蒸发气作为锅炉或内燃机的燃料是区别于其他船舶推进系统的一大特点。这些特殊设备的性能往往决定了液化气船的特性:装载量、经济性、安全性等,在很大程度上也决定了某一型液化气船的建造成本。

　　液化气船的特殊设备和系统是不断发展的。在推进系统制造方面,我国收购了原瓦锡兰二冲程发动机的资产,持有瑞士温特图尔发动机有限公司(Winterthur Gas & Diesel Ltd, WinGD)100%的股份,在关键的船用推进发动机业务上,尤其是在大功率低速双燃料柴油机上拥有中国品牌,并成为低速双燃料柴油机市场的绝对主力。在推进系统应用方面,沪东中华也不断创新,采用新的推进方式,推广新的推进技术,使推进系统的热效率进入世界先进行列。

　　在液货系统的研发和制造方面,沪东中华已完全掌握了 GTT No.96 薄膜型液货舱建造的各项关键技术,并拥有相关配套的生产线,实现了自给自足,不受制于人，LNG 船从第一代升级到第四代，并在向更先进的船型发展。江南造船厂不仅能建造 GTT Mark Ⅲ 薄膜型液货舱，还能自主设计和生产制造 A 型、B 型、C 型独立式液货舱，外高桥造船厂则另辟蹊径，与卡塔尔石油公司、美国船级社、LNT Marine 合作，开发 LNT A‐Box 新船型，以在适装 LNG 的 A 型独立式液货舱上开辟新的市场。2021 年 3 月，国内也有了自主知识产权的薄膜型液货舱货物围护系统。

随着国家基础工业的迅速发展以及改革开放国门的敞开，国内船舶设备配套厂商在船用的高压容器、低温容器、低温阀门、低温换热器、绝热材料、低温支架等特种设备的配套领域均有长足的进步，涌现出一大批具有国际竞争力的液化气船特种设备配套企业。液化气船装船设备的国产化率也从最初的 25％ 提升为超过 80％。

第一节　液化气船推进系统及其设备

推进系统是液化气船重要系统之一，液化气船需要处理液货舱液货蒸发气，将液货舱内液货蒸发气作为推进系统的燃料，一方面降低了液货舱液货蒸发气积聚产生的压力，另一方面节省了低温液态燃料气化过程所需的热量，节能的同时也实现了排放尾气的环保要求。液化气船，尤其是 LNG 船推进系统的特点就是安全、高效地利用液货蒸发气。

液化气船的推进系统与一般船不同，一般需燃烧液货舱的液货蒸发气，所以它是液化气船的一种特殊系统，该系统的先进性是液化气船先进程度的标志。我国设计建造液化气船的推进系统，从初期的锅炉-蒸汽透平推进装置，到双燃料柴油机-电力推进系统，再到最新的双燃料低速柴油机推进系统，最终跻身于世界的前列。

一般 LPG 船不需要使用液货蒸气作为推进机械及发电机组的燃料，所以

LPG 船以常规推进系统为主,且 LPG 船的造价相对 LNG 船低,电力推进系统的成本又比较高,即使部分 LPG 液货蒸发气(如乙烷、丙烷等)被允许作为船舶发电机燃料。发动机本身会存在约 20％甚至更多功率降低,这就意味着需要配置更大功率的柴油机来满足动力及电力的需求,从而在占用更多的机舱空间,耗费更多的能源,增加空船重量的同时,进一步增加了初始投资。所以鲜有 LPG 船使用液货蒸发气作为燃料。但近来运输液化乙烷的大型 VLEC 也有将乙烷作为双燃料柴油机燃料的案例。

为了达到船舶减排的目的,现在许多普通的船上也通过采用双燃料柴油机,以 LNG 为推进系统和电力系统的燃料,这就是 LNG 燃料动力船。虽有时 LPG 也被作为船舶推进系统和电力系统的燃料,因 LPG 燃料的动力船与以 LNG 为燃料的动力船具有较大的相似性,所以本节内容主要针对 LNG 动力船的推进系统。

一、推进设备功能

LNG 船的液货舱因有外界热量输入,必然会导致部分液货蒸发,这些蒸发气积聚在液货舱顶部,数量相当可观,并会导致液货舱内部压力升高。蒸发气的数量决定于液货舱的 BOR,即每天的液货蒸发量。早期的液货舱蒸发率达每天 0.33％,改进后现约为 0.15％,先进的可达 0.10％,甚至更低。以一艘 17.2 万立方米的 LNG 船为例,考虑满载装载量一般不大于 98％,液货在−163 摄氏度时的比重约为 0.424 吨/立方米,按 0.15％计算,每天的蒸发量将达 107 吨液货(液态),总发热量相当于 134 吨柴油,若加以利用就能大大提高船舶的经济性;但不加利用或处理,时间一长,舱内压力就会升高,容易引发液货舱泄漏事故。国际规则不允许将蒸发气直接排至大气,因为甲烷也是一种温室气体。因此如何利用蒸发气一直是液化气船关注的焦点,这既是一个经济问题,也是一个安全问题。

在船舶运输过程中对 LNG 蒸发气的处置方式,除蓄压运输外,一般有:

① 将蒸发气作为船舶推进系统的燃料加以利用;② 将蒸发气进行再液化处理后送回液货舱储存;③ 将过量的蒸发气体送至气体燃烧装置燃烧。

在三种处置方式中,第二种方法要消耗大量的电能,增加船舶电站负荷的同时增加了船舶的燃料消耗量,第三种方法将富含能量的蒸发气通过气体燃烧装置毫无热量利用的情况下燃烧处理掉,燃烧过程中还可能消耗额外的点火油,降低了船舶的经济性,所以将蒸发气作为船舶推进系统的燃料是最为经济有效的方法。

我国建造的首艘大型薄膜型液货舱 LNG 船时,采用了锅炉-蒸汽透平推进系统,第二代采用了常规燃料柴油机推进加再液化装置,第三代 LNG 船采用了双燃料柴油机电力推进系统,最新的第四代 LNG 船则采用了最新的低速双燃料柴油机推进系统,对 LNG 蒸发气的利用率一代高于一代。

液化气船的蒸发气作为推进系统的燃料,提高了液化气船的经济性,但也带来一些危险。例如,对 LNG 船或液化乙烷船来说,因 LNG 和液化乙烷蒸发气都是易燃气体,如引入机舱作为燃料,进入柴油机燃烧做功或进入锅炉燃烧产生热能,万一泄漏,遇到高温物体或明火,就会燃烧并迅速扩散。而机舱空间就有许多高温物体,也可能存在明火,如柴油机、锅炉的排气管,机舱中维修时焊接的电火花,都可能点燃泄漏的蒸发气,因此在机舱中必须采取相应的安全防护措施。

对蒸发气的利用除了安全问题外,还有利用效率问题,效率越高越节能。因而推进系统也是随着蒸发气利用技术的进步而发展的。将蒸发气引入机舱锅炉燃烧产生水蒸气,驱动蒸汽透平,通过减速齿轮箱带动船舶推进器是最初的选择。随着柴油机技术的发展,出现了双燃料柴油机和一种单纯燃用气体燃料的气体内燃机。双燃料柴油机是比蒸汽透平热效率更高的推进设备,既可燃油,又可燃用蒸发气,利用 LNG 的蒸发气进入柴油机燃烧做功,作为船舶的推进主机或发电机的燃料,这是 LNG 船推进系统的新形式。单纯燃气的气体内燃机因其现有产品输出功率不大,一般仅用于中小型内河和沿海船舶。

二、锅炉-蒸汽透平推进系统

蒸汽透平推进系统是将蒸发气通过管路引入锅炉作燃料,产生高温高压蒸汽推动蒸汽透平,通过减速箱减速以驱动螺旋桨,推动船舶航行。锅炉-蒸汽透平推进系统,在 LNG 船诞生后的较长一段时间,作为处理和利用蒸发气的一种常用推进方式,解决了液货舱蒸发气积累可能在液货舱内产生高压的危险,也避免了将蒸发气强制排放大气造成的大气污染问题。但蒸汽透平的热效率较低,约30%,以前它长期用在 LNG 船上,仅是因为 LNG 船的蒸发气是多余的,如不进入锅炉燃烧,既浪费又不安全。

锅炉-蒸汽透平推进系统由蒸汽锅炉、蒸汽透平、减速齿轮箱、轴系和螺旋桨、蒸发气输送压缩机等设备组成,相关的设备还有真空冷凝器、抽真空泵、凝水泵、凝水箱、给水泵等。蒸发气压缩机从液货舱顶部将蒸发气抽出,加压升温后送至机舱,进入锅炉燃烧,产生的高温高压过热水蒸汽驱动蒸汽透平,再经减速齿轮箱及轴系驱动螺旋桨作为船舶前进的动力;自蒸汽透平出来的乏汽进入真空冷凝器凝结成水,并由凝水泵抽出至凝水箱,再经给水泵将凝水输送至锅炉加热再变成蒸汽,形成了蒸汽→水→蒸汽循环。锅炉-蒸汽透平推进系统可以说是以锅炉和蒸汽透平为核心,并由众多其他辅助设备组成的推进系统。

锅炉是全船的动力源之一。在船上往往把用于推进系统的锅炉称为主锅炉,锅炉采用蒸馏水来产生高温高压的过热蒸汽,提供给透平使用。采用蒸馏水的目的是防止普通水中的矿物质在高温下沉淀,在锅炉的水室和加热管上结垢,降低传热效率。所以船上还配有水处理设备,制作蒸馏水供锅炉使用。

供锅炉燃烧的 LNG 蒸发气,从液货舱输送到机舱内,一定要防止泄漏,避免失火,所以燃气管路进入布满非防爆设备的机舱后必须使用双壁管,内管中输送燃气,外管中予以抽风至负压状态或充斥惰性气体,外管内配有可燃气体探测装置,以确保蒸发气作为燃料时的安全。

我国自行建造的第一艘大型薄膜型液货舱 LNG 船的推进系统采用单轴

系,通过带有两级减速齿轮箱的蒸汽透平驱动推进系统。整个推进系统由2台双燃料(燃油和天然气)锅炉、1台蒸汽透平主机、2台透平发电机和2台柴油发电机等组成。

锅炉-蒸汽透平推进系统的管系非常复杂,高压蒸汽管、锅炉给水管、凝水管、海水冷却管等,种类繁多,安装精度要求高。特别是高压蒸汽管,要承受高达6.18兆帕的压力和515摄氏度的高温,蒸汽管路的材料选用、强度计算、布置安装均需认真考虑,其支架、阀门种类就更加形式繁多,设计、加工、安装的难度大,但这些困难都被敢于啃硬骨头的我国液化气船研制的科技人员和工人一一攻克。

三、常规燃料柴油机推进系统

对于大型液化气船来讲,尤其是对于大型LNG船来说,常规燃料柴油机推进系统是在双燃料柴油机还未成熟前,再液化装置的效能比以前有所提高的情况下,取代锅炉-蒸汽透平推进系统的一种过渡性的系统。常规燃料柴油机推进系统在常规船型上有着非常广泛的应用,所以是较成熟的一个系统。

在这一推进系统中,低速柴油机通过轴系直接驱动螺旋桨,推动船舶前进。这种推进系统的优点是设备简单,效率高。柴油机的热效率可达45%,高效的大型低速超长冲程柴油机热效率甚至可超过50%,所以常规燃料柴油机推进系统的热效率要比蒸汽透平推进系统高出15%~20%。

但采用低速柴油机推进系统必须配置大容量的再液化装置,将液货舱顶部的蒸发气抽出来再液化,再液化装置在抽出液货舱内的蒸发气进行液化后,再通过喷淋的方式返回液货舱,使液货舱内蒸气压力下降维持正常值,同时也达到给液货舱降温的目的。工作时,舱内的蒸发气通过再液化装置的货物气体压缩机从舱的顶部抽出,成为有一定压力的低温气体,再到冷凝器中膨胀冷却到−163摄氏度以下,凝结成LNG,然后将再液化的LNG泵送至液货舱内顶部的喷淋管,以雾状形式喷入舱的顶部,达到降低舱内温度和压力的目的。再液化装置虽在船上使用是新技术,但在陆地上是成熟技术,所以具有一定的安全可靠性。

这种常规燃料柴油机推进系统加再液化装置的配置方式,需将每日产生的蒸发气全部再液化,才能起到维持液货舱的压力和温度,优点是在理论上达到了100%货品输送。但再液化装置的容量较大,消耗的电功率也较多,再液化装置的成本和使用成本就较高,由此会导致柴油机高效率省下的部分费用被抵消。另外,因常规燃料柴油机排气中含硫量较高,所以需配置较大的脱硫装置,这又是一笔费用。一般会根据船舶所有人对蒸发气的管理方式来决定是否选用再液化装置。

四、双燃料柴油机电力推进系统

双燃料柴油机电力推进系统是继锅炉-蒸汽透平推进系统之后的又一新发展。比常规柴油机推进系统更复杂,技术难度更大。沪东中华的第三代大型薄膜型液货舱 LNG 船就采用了这种系统。这种推进方式由多台双燃料中速发电机组、配电板、变频控制器和推进电机组成,早期的推进电机通过减速箱驱动轴系和螺旋桨,变频技术的发展使推进电机可低速运行,因而可直接与轴系螺旋桨连接,或通过速比(前后转速之比)较小的简单的减速箱与轴系螺旋桨连接。发电机组发出的电力送至中央配电板,既供推进电机使用,也供日常的机械设备,如水泵、油泵、风机以及照明等使用。推进电机可以通过变频控制器调节转速,带动螺旋桨转动。电力推进的出现得益于船用大功率电力控制技术和设备的发展,可实现船舶电力系统的综合管理,有效地将推进功率输出和电力输出的源头整合在一起,相对于推进系统和电站系统分开的配置,极大地降低了装船总功率。电力分配及应用更为灵活,当需要大的推进功率输出时可以限制一些非主要设备的使用。在特殊工况下,如再液化工况下,可以牺牲部分推进功率输出,以实现总装机功率的最小化。

双燃料柴油机使用液货舱液货蒸发气和常规燃料油,所以柴油机上配置有蒸发气和常规油燃料两套供给系统,一般在正常航行工况下,使用液货舱内LNG蒸发气基本可以满足船舶对燃料用量的需求,但在某种工况下,液货舱内LNG蒸发气量不足以提供船舶对燃料用量需求时,可以用LNG燃料泵自液货舱内抽取少量的LNG,并输送至LNG蒸发器,加热气化成气体供燃气用户使用,或与液货舱内原有的自然蒸发气一起输送至燃气用户使用。出于安全考虑,蒸发气供给系统,进入机舱后需配置封闭式的蒸发气燃气控制调节装置(gas valve unit, GVU),蒸发气的输送要采用燃气双壁管、管路通风设备和相应的可燃气体检测系统等。

中速双燃料发电机组的成熟应用,可使双燃料电力推进(dual fuel diesel electric engine, DFDE)系统对液货舱内蒸发气进行灵活管理。蒸发气多了,可增加航速,或运行再液化装置或运行其他处理设备;蒸发气少了,可用液货舱内的燃料泵从液货舱内抽出少量LNG,经加热气化并加热至常温供双燃料柴油机作为燃料使用;也可以将蒸发气和燃油混合使用。船舶控制系统可实现高度自动化,使船舶具有高度灵活性,从而获得不少船舶所有人的青睐。

电力推进系统的缺点是初期投资大,变频器等设备舱内需要配置空调设施以保证其稳定运行,同时电力推进系统因存在众多设备之间的转换,转换过程中存在8%~10%能源损失,如图3-1所示。

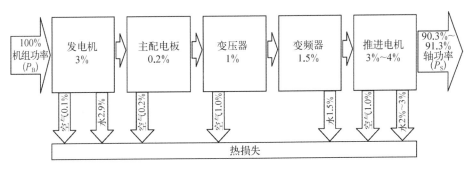

图3-1　电力推进过程中能源转换损失

图 3-2 为某大型薄膜型 LNG 船采用 DFDE 的典型燃气系统组成。

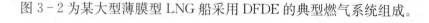

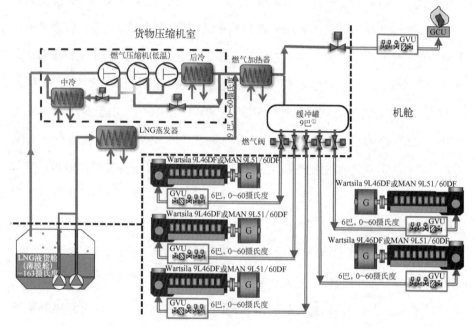

图 3-2　某大型薄膜型 LNG 船采用 DFDE 的典型燃气系统组成

五、双燃料低速柴油机推进系统

双燃料低速柴油机推进系统是最新开发且为主流的 LNG 船推进系统,设备配置简单,热效率高,沪东中华的第四代大型薄膜型液货舱 LNG 船就采用了该系统。沪东中华的第四代大型薄膜液货舱 LNG 船的推进系统配置了两台大型低速柴油机,直接驱动各自轴系及螺旋桨,提供推进动力。

这种推进系统具有低速柴油机热效率高的优点,且由于 LNG 燃料的绿色环保特性,大部分品牌柴油机以 LNG 为燃料时,其排气无须尾气后处理设备即可满足 IMO 对柴油机废气最严格的排放要求：Tier Ⅲ 的标准；同时因为 LNG 燃料中几乎不存在硫分,以天然气为燃料的发动机排放的尾气中无须脱

---

① 　bar,常用的压强单位。1 巴=0.1 兆帕。

硫设施即可满足硫排放控制区的要求。

　　近年来,随着双燃料发动机技术以及配套供气系统迅猛发展,在环保要求日趋严格的趋势下,已有越来越多的船舶以 LNG 为动力系统和电力系统燃料。对于 LNG 船来讲,以液货舱内的蒸发气为燃料将极大地提高船舶营运的经济性,无须使用大量额外的电力通过再液化装置来维持液货舱内的压力,同时在使用货舱内的蒸发气为燃料时,一般也无须液货舱泵泵出的 LNG 燃料使用强制蒸发器将其进行气化,省却了额外热源来克服 LNG 气化时的气化潜热。且液货舱内的货品属于大宗货品,无中间商环节,直接燃用的价格远低于第三方提供的燃料价格。这种以"液货"为燃料的船舶也越来越多地出现在液化气船上,如 LNG 船、乙烷运输船等。采用大功率低速双燃料推进主机的液化气船上为了利用这一成本优势,甚至在输出轴系上使用低速抱轴式轴带发电机,既利用了燃料成本优势,又利用了低速柴油机热效率高的优势,还可减少船舶发电机组的数量,并最大限度地降低船舶发电机组的使用负荷。图 3-3 所示就是这种配套方式。

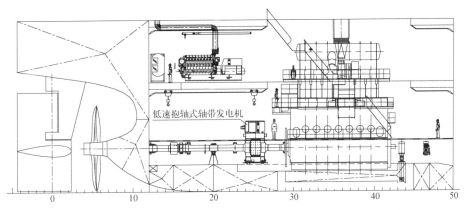

低速抱轴式轴带发电机

图 3-3　低速双燃料推进主机带抱轴式轴带发电机典型机舱布置

　　在新建的大型薄膜型液货舱 LNG 船订单中,几乎都采用了双燃料低速柴油机推进,个别项目采用了双燃料电力推进。双燃料低速柴油机推进方案中有两种低速柴油机可供选择作为推进主机，一种是采用 WinGD 公司的 DF 型双燃料低压（相对低压）供气系统双燃料低速机，另一种是采用 MAN 公司 ME－GI 机型的高压供气系统双燃料低速机。图 3－4 和图 3－5 分别给出了采用 WinGD 双燃料低速机推进 LNG 船典型燃气系统组成和采用 MAN ME－GI 双燃料低速机推进 LNG 船典型燃气系统组成。从图中看出 WinGD 双燃料低速柴油机供气系统的燃气供应压力一般不大于 1.6 兆帕（图中 16 巴），MAN ME－GI 双燃料低速柴油机供气系统的燃气供应压力一般不低于 30 兆帕。

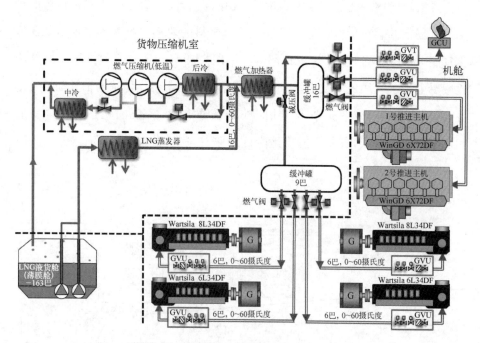

图 3－4　采用 WinGD 双燃料低速机推进
LNG 船典型燃气系统组成

沪东中华第四代大型薄膜型液货舱 LNG 船就采用了国产 WinGD X72DF 大型低速双燃料柴油机，全船配置了两台低速双燃料柴油机作为推进主机，系统热效率从锅炉-蒸汽透平推进系统的 28％左右提高至 48％左右，进入世界最新型 LNG 船推进系统的行列。

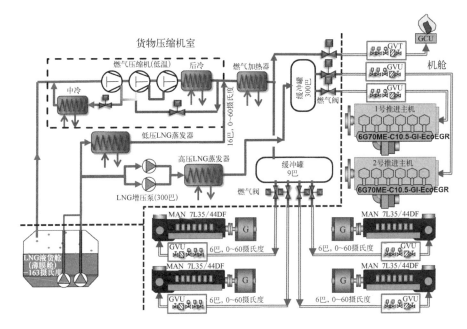

图 3-5 　采用 MAN ME-GI 双燃料低速机
推进 LNG 船典型燃气系统组成

第二节　货物围护系统及设备

货物围护系统俗称液货系统,是液化气船的标志性系统,亦是液化气船高科技含量的主要标志。目前世界上大型 LNG 船最为广泛应用的是法国 GTT 公司的专利 No.96 型和 Mark Ⅲ 型。我国在货物围护系统方面,一开始以较为先进的 No.96 型为目标,现在也已应用了改进型 No.96 L03+,并同步发展了 Mark Ⅲ 型货物围护系统建造技术。

货物围护系统由储存液化气并维持其设定的温度和压力状态的液货舱、相关的管路设备和输送设备组成,其中包括下列基本设备。

一、液货舱

液货舱是储存液化气的容器,主要是起液密储存和绝热保温作用的。液货舱的形式决定了货物围护系统的形式,也可以说是决定了液化气船的船型。

薄膜型液货舱由主、次屏壁的薄膜和主、次两层绝热层组成。绝热层起隔热作用,薄膜屏壁起防止液货泄漏的作用。No.96型液货舱的绝热层由多个绝缘箱组合而成,薄膜由含36%镍的殷瓦钢焊接而成。主、次绝缘箱起承压和隔热作用,以保持运输途中液货舱内货物的温度;次屏壁起有效液密的备份作用。在正常装载时在绝缘箱空间充注氮气以确保安全。另外,液货舱上部设有一个液相穹顶和一个气相穹顶,分别用于LNG货物的装卸和蒸发气体的回收利用系统接管。

我国在研制LNG船初期,就开始了殷瓦钢薄板和绝热材料的研究开发,国家下达了科研任务,经有关的钢厂和绝热材料厂的研究,也研制出了新产品,取得了有关船级社和专利厂的认可。沪东中华从第一艘薄膜型LNG船筹建阶段开始,就开展了No.96型液货舱的主、次屏壁(0.7毫米的殷瓦钢板焊接)建造和绝缘箱制造的技术攻关,历经数年,培养了一批合格焊工,建起了绝缘箱流水线,成功掌握液货舱自行生产制造的关键技术,实现国产化。

LPG船的液货舱因承受低温较LNG船液货舱高,温差引起的变形量也小,且材料在低温下的脆化影响也小,所以LPG船的液货舱比LNG船的简单,大部分中小型的LPG船都不需设次屏壁和次绝热层。自江南造船(集团)有限责任公司(以下简称"江南造船")在第一艘3 000立方米全压式LPG船上成功建造后,就成立了一个专门制造液货舱的分公司——江南重工有限公司(以下简称"江南重工")。现在国内已有多家A型独立式液货舱、B型独立式液货舱和C型独立式液货舱生产厂商,除江南重工外,还有南通中集太平洋海洋工程有限公司、张家港圣汇气体化工装备有限公司、中集安瑞科控股有限公司、张家港中集圣达因低温装备有限公司等。在我国内河一些小型船舶上,小型C型独立式LNG燃料储存舱作为国内小型气体柴油机的配套,已广泛使用。

二、液货泵和应急液货泵

液货泵主要用于排出液货舱内的LPG或LNG。由于工作时的环境温度更低,LNG 船的液货泵技术难度往往更高。薄膜型液货舱和其他全冷式液货舱一般设 2 台及以上的液货泵,薄膜型液货舱的液货泵安装在泵塔底部,液货泵一般在泵塔安装后再进行安装连接。薄膜型液货舱液化气船一般还需设置应急液货泵。能蓄压的液货舱一般仅设一台液货泵,辅以货物压缩机加压进行应急卸货。液货泵的形式如图 3-6～图 3-8 所示。

图 3-6 深井泵泵头及泵座

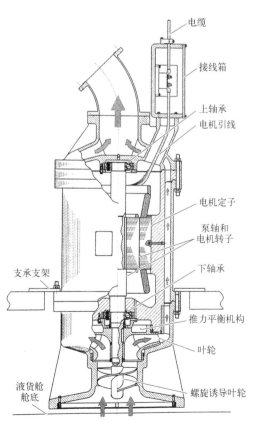

图 3-7 单级潜液式液货泵

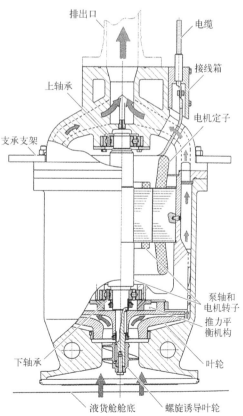

图 3-8 单级潜液式喷淋泵

对于薄膜型液货舱液化气船，每艘船提供一台应急液货泵，其作用是在两台主液货泵都失去功能的情况下应急使用，将液货舱内的液货泵送至其他接收设施。每个泵塔上都留有专门的应急液货泵的吊入通道，底部装有可弹开式阀件：正常情况下处于关闭状态，应急吊入时弹开。LNG 船应急液货泵的组成及外形如图 3-9 所示。

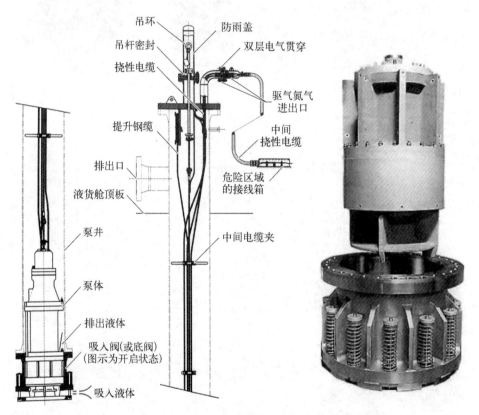

图 3-9　LNG 船应急液货泵的组成及外形

对于可承受压力的液货舱，如 IMO C 型独立式液货舱，一般不设置应急液货泵，当主液货泵出现故障时，因液货舱能承受一定的压力，一般采用蒸发气压缩机往液货舱加压的方式进行应急卸货作业。

对于其他不可承受压力的液货舱，往往配置有互为备用的泵组或通过装在纵壁上的应急联通阀来实现泵组间的相互备用,一般也不设置专用的应急液货泵。

三、增压泵及货物加热器

液化气船液货的排出压力和温度必须与岸站/码头储罐的压力和温度相适应。对半冷半压或全冷式 LPG 船,当岸上储罐为常温压力罐时,卸货时需要将液货舱内排出的液体升温以满足岸上储罐储存温度的要求,并加压以克服岸上压力罐带来的背压。此时船上需要设置货物增压泵及货物加热器,货物增压泵与货物加热器一般安装在甲板上。货物加热器一般以海水作为热源。增压泵一般为卧式多级电动离心泵,其内部结构如图 3 - 10 所示。

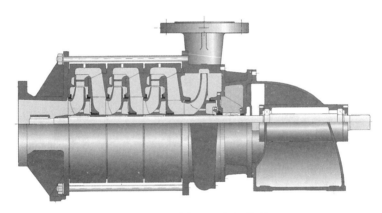

图 3 - 10　增压泵内部结构

增压泵、液货泵及货物加热器配合使用,将液货舱内的低温货品输送至岸上的常温压力式储罐中,该操作仅针对部分 LPG 货品。

增压泵与液货泵不同,不是必备的,其是否需要装船取决于卸货码头接收液货的液货储罐的状态和位置。如接收设备及液货储罐远离码头靠泊的液化气船,位置较高或是压力式液货储罐,就必须配置增压泵。如果船舶所有人定位该船所装货品,尤其是部分 LPG 货品,码头上的接收储罐较近,或不在常温压力式储罐的码头卸货,甚至其业务范围内也不会出现这种情况,船舶所有人往往选择不装设增压泵及货物加热器。

对于全冷式或半冷半压式 LPG 船载运的是 −48 摄氏度及以下低温状态下的液货，如需将液货转驳到船上或岸上的常温压力储罐中，常需配置增压泵，我国第一艘自主设计建造的 1.65 万立方米 LPG 出口船，就配有两台增压泵，同时设置了能将低温液货加热成常温液货的货物加热器，夏季用海水直接加热，寒冷季节通过水蒸气加热海水，再加热液货，所以船上还配有两台蒸汽锅炉。

货物加热器通常采用的是卧式壳管式热交换器，安装在甲板上，一般用海水作为热源。图 3−11 示意了增压泵及货物加热器的布置。在货物加热器中安装了温度控制和报警装置，以防止海水被过度冷却而结冰。货物加热器一般能够把全冷冻的丙烷从 −45 摄氏度加热到 5 摄氏度。在寒冷的海水区域，要使丙烷达到这个升温幅度，海水的热量就不够，要保持货物的装卸量，就要提升海水的温度，因此要增设一个作为升温热源的水蒸气加热系统。

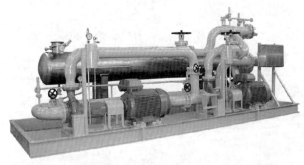

图 3−11　增压泵与货物加热器的布置

四、泵塔、扫舱/喷淋/燃料泵

泵塔一般设置在侧面无法设置支撑的薄膜型 LNG 液货舱内。对于薄膜型液货舱的液化气船,每个液货舱都装有一个悬挂浸入式泵塔,泵塔上部固定在液相穹顶上的基座上。泵塔架上设有主排出管和注入管,以及应急排出管等。因 LNG 船浸没式液货泵的尺寸较大,且安装后要调节与舱底的距离,所以一般在泵塔固定后,再安装在其底部,并确保吸口与舱底距离满足规定的尺寸要求,应急液货泵在应急状态下装至泵塔架上。对于使用液货舱内 LNG 作为船舶的推进系统及电力系统燃料的 LNG 船,燃料泵也安装在泵塔架下方。

沪东中华建造的第一艘薄膜型液货舱 LNG 船"大鹏昊"号上,就安装了我国自行生产建造的第一个泵塔。截至 2020 年底,该厂已形成年产量 20 台(套)泵塔的能力,在满足 LNG 产业链发展需求同时,还为新加坡船厂在建的1.2 万立方米 LNG 加注船提供了该装置,实现核心设备走出国门零的突破,中国制造以高质量产品赢取了国际市场的认可。

薄膜型液货舱的每个液货舱设有一台扫舱泵。它在液货舱处于低液位,当主液货泵无法有效排出液货的情况下使用。此外,在装货或者航行状态下,扫舱泵可向喷淋管提供 LNG,用于液货舱空间的降温。在机舱存在燃气用户时,扫舱泵还通常兼作 LNG 燃料供给泵,用于补充自然蒸发气的不足。此外,扫舱泵还有如下功能:

(1)卸货前对管系降温。

(2)装货前冷却液货舱。

(3)为 LNG 燃料蒸发器提供液货。

五、货物压缩机

货物压缩机亦称回气压缩机,在液化气船上,它是货物处理系统再液化装置的一个关键设备,但也可单独设置,其用途取决于液化气船的类型。

1) 货物压缩机的用途

（1）货物压缩机被用来把液货舱货物蒸发气输送到机舱（作为燃料），再液化装置冷凝器进行冷却或将蒸发气增压输送到岸上。

（2）在 LNG 船液货舱需要惰化时，将来自惰气发生器的惰气送到货舱内。

（3）液货舱需要加热时，将来自加热器的货物蒸气送到液货舱内。

（4）货物压缩机用于提高货物系统的蒸气压力，以便船岸之间返回液货蒸发气，平衡船岸压力和进行气体清除、净化作业。

（5）对压力式液货舱，当液货泵发生故障时，可用货物压缩机进行加压卸货。

（6）液化气船装卸作业完毕后，在拆卸货物软管前，必须用货物压缩机对液相管进行扫线作业。

货物压缩机可用液压马达、电动机或蒸汽轮机等驱动，较常见的是用电动机驱动。通常压缩机及其电动机往往分别设置于毗邻的甲板舱室内，电动机与压缩机之间的传动轴贯穿隔舱壁并安装有高效润滑油的密封装置，防止压缩机舱内的可燃气体进入电动机室。在江南造船建造的我国第一艘自主设计的1.65 万立方米 LPG 船上，就将压缩机和电动机分别置于两个独立的相邻舱室内。但随着防爆电机的价格降低，新建造的很多液化气船的货物压缩机等设备直接由防爆电机驱动，这时就可不需设置专门的电动机室。

2) 货物压缩机的附属设备

主要附属设备有气液分离罐、稳压罐、中间货物压缩推力器/后冷却器。

离心式货物压缩机如图 3-12 所示，它的排量较大，通常为上千立方米到上万立方米，一般用于大型 LNG 船上。离心式货物压缩机易喘振，船上安装时一般带有自动喘振控制装置。

往复式货物压缩机如图 3-13 所示，它靠活塞的往复运动来压缩货物蒸气，输出的排量不大，但可输出较高的压力，一般用在小型液化气船上，用于回气压缩机或配合再液化装置使用的货物压缩机或用作燃气压缩机。往复式货

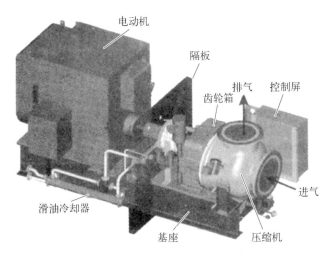

图 3-12 离心式货物压缩机

物压缩机因其往复式的结构,使得其振动噪声较大,需要有较强的基座并对船体结构有一定的刚度要求,有时需加装减震器。活塞式压缩机因其运动部件磨损较快,维修保养周期较短。

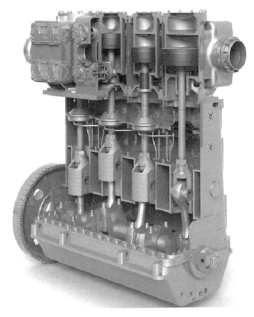

图 3-13 往复式货物压缩机

螺杆式货物压缩机较活塞式的价格较高,但平均故障间隔更长,3~5年;叶片式压缩机与螺杆式货物价格相近,但保养周期极长,几乎无须强制大修。

液化气船上对货物压缩机的选择优先考虑排量、压力等性能参数,而后再根据压缩机的特征、布置、能耗等进行综合选择。

六、货物蒸发器

货物蒸发器有时也称作气化器,如图3-14所示。它是将液态货品加热气化为货物蒸发气的设备,是一种特殊设计的换热器。

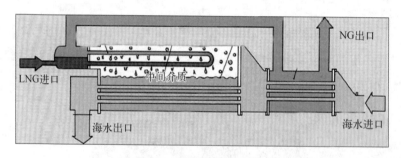

图3-14 货物蒸发器

货物蒸发器的主要作用如下:

(1)卸货时,在无货物蒸发气从岸上回流情况下,将部分液货加热气化后回输至正在卸货的液货舱,以保持液货舱内的压力防止液货舱出现真空,造成损坏。

(2)再液化装置作业时,如果液货舱蒸发气量不足,出现负压,补充额外的货物蒸发气以维持液货舱内的微正压。

(3)为了让船舶在海上航行时也可对经惰化后的液货舱(如修船后)进行驱气净化作业,缩短装货准备时间。

(4)对于装有天然气燃料发动机的船舶,货物蒸发器也可兼作锅炉气体燃料或双燃料柴油机气体燃料的气化器。

为防止结冰,一般情况下,货物蒸发器以乙二醇/水为中间换热介质,以水蒸气、缸套水或海水为热源。也可设计为互为备用的水蒸气及缸套水双热源。对于气体燃料发动机,缸套水的利用既加热气体燃料也实现余热有效利用,是一种极为节能的设计。

第三节　液货装卸系统及设备

液化气船的液货装卸系统采用类似汽车加油的方法,用液货泵将液货从液货舱(罐)中抽出,通过装卸臂或输送软管给他船的液货舱加注,但它要比汽车加油复杂很多,汽车加油是开式的,油箱盖打开,加油枪插入油箱即可加注。因此油箱内部汽油直接与空气接触,所以加油站的环境空气中常有汽油的味道。这些汽油颗粒也是可能引发火灾的危险因素,所以在汽车加油站要禁止明火,甚至禁止使用手机。液化气船的加注也需要液货泵,也需要软管,或功能相同的装卸臂。但不同的,一是液化气船和加注船(站)之间有可能会相对移动,二是液化气比汽油更易蒸发,更易着火,也就更危险,且一般液化气没有味道,就更不易被发现,一旦发生火灾,必将是灾难性的,因此液化气船的加注接头是封闭的,液货舱内部也不与空气直接相通。

液化气的加注,不论是LPG,还是LNG,防泄漏保安全是第一位的,加注时必须注意补偿船岸加注接口间距离位置变化。图3-15~图3-17所示为液化气船的几种加注装载方式。为克服岸上加注站和船上加注站的高度差及船舶的晃动引起两个加注接口的距离位置变化,需要使用装卸臂或软管将外部输入口和船上加注口相连进行加注。装卸臂和软管都具有伸缩性能,可以补偿输出口和加注接口的距离和位置变化,以防接口处出现强制脱离,发生液化气泄漏。

图 3-15　海上液化气船转驳

图 3-16　液化气船与岸站之间加注卸货

图 3-17　码头与液化气船之间装卸

图 3-18 为气相平衡时液化气船装卸示意。LPG、LNG 和 LEG 等低温液货的加注必须是封闭式装载,岸基储液罐中液化气通过能耐受一定压力和低温的固定管路,再经与液化气船装卸站接口相接的软管或装卸臂加注到船的液货舱中。

装卸原理虽然简单,但由于货品低温以及货物蒸发气易燃易爆的特性,在装卸过程中既需要保持低温,又要严格防止液化气泄漏至空气中,还要防止液货舱产生过冷或温度下降不均所造成的应力过大,从而导致液货舱受损。因此,液化气装卸时必须严格按照安全作业规程进行。

装卸系统除液货泵、应急液货泵和再液化装置外,通常还有:装卸臂或加注软管、液货管和回气管、喷淋冷却管系、蒸发气抽吸管路、安全释放阀等。

液化气船到达港口后,就要将液货从液货舱内卸载到码头上或其他需要的

图 3-18　气相平衡时液化气船的装卸示意

船上,这个过程与加注过程正好相反,亦即将在前面加注过程的描述中,把注意点从被加注船移到加注船。对于专用的液化气装卸码头,会配备专门的装卸臂,与液化气船上装卸站处的集管相连。如果码头上无专用的装卸臂,一般使用吊机及软管进行卸货,这也是一种常用的卸货方式。

卸货的程序与加注的步骤相反但相似,不同的是卸货时,需开启安装在液货舱底部的液货泵,将液货从货舱内抽出,泵至岸上储罐;当岸上为 LPG 常温压力罐时,需要将液货泵串联接入增压泵及货物加热器,将液货加压升温后输送至岸上储罐。

液化气船卸货时,为防止液货舱处于真空状态,一般需要将气相管与岸站气相管路联通,将岸基储罐中的气体返回一部分至船上的液货舱内。当岸站没有或不接受气相平衡连接时,需要将一小部分液化气输送至货物气化器,将气化后的货物蒸汽回输至液货舱内,以保持液货舱始终处于微正压状态。这是液化气船装卸货时的一个典型特点。

卸载管路与装载管路实际上是同一管路,仅流向和部分管段上阀门的开启/关闭不同,卸载过程功能与装载过程功能及要求相似。

第四节 货物处理系统及设备

货物处理系统的作用是保持液货舱内的蒸气压力和温度始终处于正常范围,在因热量输入,导致液货舱内蒸气压力和温度升高时,使其降下来,保持在设定值范围内,所以货物处理系统是保护液化气船安全的重要系统。

根据 IGC 规则,将液货舱温度和压力控制在设定范围内有四种方式:液货冷却、蓄压运载、蒸发气再液化和 BOG 焚烧。但 IGC 规则规定,BOG 作为发动机动力燃料消耗时,不能作为控制货舱压力和温度的方式。

上述四种控制方式,对应货物处理系统的四种设备。

(1)采用过冷装置对液货舱内的液体进行冷却,此时需配置过冷设备,这方法对 LPG 较为容易实现。

(2)蓄压运载,即采用能承受一定压力的 C 型独立式液货舱。允许液货舱内的蒸发气比初始充装时的压力高出一定的数值(航程有限制,高温货品存在码头拒收风险),但不超过 C 型独立式液货舱上安全阀的设定压力,确保在一段时间内液货舱是安全的。

(3)$2\times100\%$ 或 $3\times50\%$(多功能)再液化装置。

(4)气体燃烧装置,在液货舱内的 BOG 压力过高时,将过量的 BOG 送至 GCU 进行无害燃烧。

对于 LNG 船,用于控制液货舱温度和压力的设备主要是再液化装置和气体燃烧装置,研发建造时必须根据蒸发气的产生量、推进装置及电站消耗的蒸发气量、多余的蒸发气量和船舶的工况合理选择再液化装置和气体燃烧装置的容量。

一、再液化装置

再液化装置是控制液货舱温度和压力的重要设备,也是保证液化气船安全而采取的重要举措。除全压式 LPG 船外,液化气船大都需要配置再液化装置,部分 LNG 船用气体燃烧装置取代再液化装置。江南造船建造的 4 200 立方米 LEG 船、1.65 万立方米 LPG 船、2.2 万立方米 LEG 船等都配置了再液化装置。再液化装置的复杂程度与货品的特性有关,如货品的沸点温度、毒性、污染及腐蚀性能。装载的货品越多,设备就越复杂。再液化装置有多种形式,所以在液化气船上,选择再液化装置时,必须了解再液化装置的工作原理,不但要按整艘船的系统配置来选择再液化装置,还要按货品的特性来选用再液化装置的形式和容量。另外,再液化装置也是在不断发展的,新型的再液化装置效能更高,操作更方便安全,因而也更具先进性。

1)原理和适用性

再液化就是将液货舱内低温的蒸发气通过低温制冷让其转变成温度更低的液体回流至液货舱的过程,它是一个从低温到更低温的制冷过程。

在规范认可的控制液货舱温度和压力的方式中,再液化装置无疑是最直接、最有效的方式。对于 LPG 船,再液化装置主要作用是保证安全;对于 LNG 船,再液化装置还可最大限度地减小货损。但再液化装置受到占据空间较大、能耗较高、初投资高等因素的制约,其控制液货舱温度和压力的功能所回收的蒸发气带来的效益与制冷消耗的能量费用抵消,因而往往被气体燃烧装置与双燃料柴油机的组合所取代。对于 LPG 船,规范不允许用气体燃烧装置燃烧这些货品的蒸发气,所以,对于运输各类低温货品的 LPG 船和 LEG 船,再液化装置是不可缺少的。

再液化装置的组成设备与再液化装置的工作流程和种类有关,其基本设备有:货物压缩机、冷凝器、膨胀设备(如膨胀阀、膨胀涡轮等)。

2)工作流程和类型

再液化装置的工作流程:货物压缩机从液货舱抽出蒸发气,经压缩机压缩成高压热蒸气,再经过冷凝器降温冷凝成暖液体(热、暖、冷相对而言),最后经膨胀阀降压降温后返回液货舱。整个工作流程由等熵压缩、等压冷却、等熵膨胀和等压吸热四个过程组成。

再液化装置的类型有直接式再液化循环、间接式再液化循环和混合式再液化循环等。直接式再液化循环中有单级、双级和多级，根据所需再液化蒸发气的温度和流量，选择不同的类型。

二、气体燃烧装置

气体燃烧装置主要是处理推进系统未消耗，或再液化装置未能处理的过量蒸发气，也需考虑处理推进系统不工作时多余的蒸发气。

1）气体燃烧装置的主要功能

（1）燃烧装货前吹扫/驱气过程中惰性气体与天然气的混合物，以达到净化处理液货舱的目的。

（2）载货航行时，焚烧多余气体以控制液货舱内的温度及压力。

（3）配置再液化装置时，处理再液化装置的废气。

（4）发动机燃气模式时，作为处理 BOG 的备用设备。

（5）进坞维修前，焚烧液货舱和相关管路中的惰性气体与天然气的混合物。

（6）船舶进港或锚泊，主机停机。发电机组低负荷运行时，BOG 消耗量减少，燃烧多余的蒸发气。

2）气体燃烧装置的组成

气体燃烧装置由燃烧器、燃烧室、燃烧风机、点火装置、稀释风机、燃气阀组及其相应的控制系统等组成。为保证气体燃烧装置安装处所为气体安全处所，该处所内的燃气管路应为双壁管，两层管壁间的夹层空间应装设有负压通风及可燃气体探测装置，否则气体燃烧装置所处的房间应按气体危险区设计。

3）气体燃烧装置的操作工况和设备选择

气体燃烧装置的典型布置及工作原理如图 3 - 19 所示。除燃烧用的鼓风机外，所配置的稀释风机用于降低燃烧后的烟气温度。气体燃烧装置在不同工况下,所燃烧的气体成分存在较大差异。载货航行时为控制液货舱内的温度和压力,此时气体燃烧装置燃烧的蒸发气中甲烷含量较高;在液货舱惰化准备检查之前,送至气体燃烧装置燃烧的气体可能是较纯的天然气,也可能是较纯的氮气,因此,气体燃烧装置往往配有辅助点火系统,以确保在甲烷浓度较低时,燃烧的火焰也能够建立起来,不至于将含有甲烷的气体直接排至大气中,带来潜在危险的同时对大气环境造成污染。

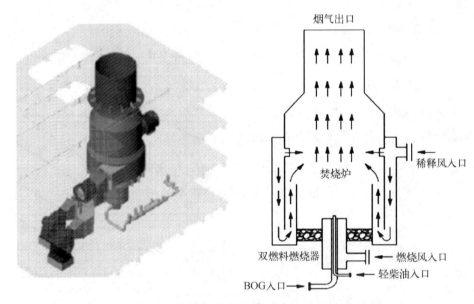

图 3-19　气体燃烧装置的典型布置及工作原理图

在选择气体燃烧装置时,除注意规范要求的出口温度外,还应注意气体燃烧装置的装船尺寸及功耗,特别是小型多功能 LNG 船,机舱棚空间往往较为紧凑,加之目前主流厂商的气体燃烧装置规格往往针对的是大型 LNG 船,与小型多功能 LNG 船相匹配的气体燃烧装置,尤其是处理量在 1 吨/小时以下的规格可选择性很少,受研发周期及交船期等因素的制约,实船配置时气体燃烧装置的处理量往往会选用已有设备的最小容量,因此,在液货系统设计初期就应格外关注设备的装船尺寸及功耗。

第五节　监测与控制系统及设备

液化气船的监测和控制要比一般运输船要求严格得多，只有及时监测液货舱和管路中的各种参数，并在出现异常时，备有应对措施加以控制，才能确保液化气船营运的安全高效。

除全压式液货舱仅需监测火灾时液货舱的压力，并控制对液货舱降温及隔离的水喷淋系统外，其余形式的液货舱，无论是半冷半压式还是全冷式，无论是LPG还是LNG液货舱，都必须监测和控制其温度、压力以及液位；与之相配套的再液化系统设备，包括管路阀门的相关部位，以及有关舱柜，也应配置相应的监测温度、压力、液位、可燃气体含量等物理性能参数的仪表；在薄膜型液货舱LNG船上还装有绝缘箱空间可燃气浓度表，在船的内壳板上还装有多点温度测量，以便及时发现LNG泄漏、导致船体钢板脆化或出现过冷点。液货系统监测与控制点数量较多，处理设备及管线流程复杂，自动化程度较高，设计过程中应理清信号源及其去向。沪东中华建造的大型薄膜型液货舱LNG船上设置的综合自动化系统，监测报警点多达1.2万个，这些监测点在提升船舶自动化级别的同时，也保障了船舶营运的安全，同时还为LNG船向智能化发展提供了必要的硬件。

在船舶营运过程中，对于液货舱及液化气燃料动力船的LNG燃料储存舱（用于存储供天然气燃料发动机或锅炉作为燃料使用的LNG燃料），要对其液位进行连续监测，并设置独立的高液位报警及高高液位报警，在加注时液货舱液位达到高高液位时，触发应急切断等设施。在运输过程中，若液货舱内温度和压力出现异常升高，除触发报警外，还需提醒操作人员启动再液化装置等设备，确保压力和温度维持在设定值范围内。也有的设计是在报警的同时，自动启动再液化装置使其投入工作来降低液货舱内的温度和压力。在卸货时，为防止液货舱及LNG燃料储存舱出现真空度过高等情况的出现，液货舱还应设置真空报警装置，当真空报警装置触发后，液货泵及货物压缩机应急自动停止工作。液货舱监测控制系统人机界面如图3-20所示。

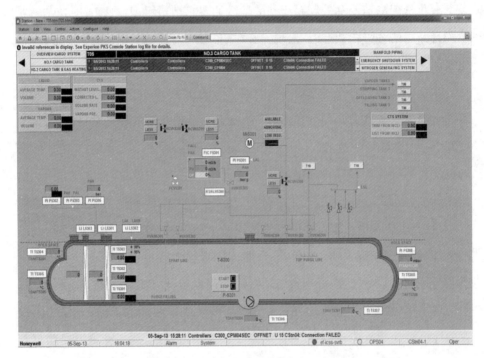

图3-20 液货舱监测控制系统人机界面

第六节 应急切断系统及设备

应急切断系统是在发生故障或某些特殊情况下,如发生火灾或货物大量泄漏时,对船上液货和燃气系统及设备进行切断的一种自动保护措施,也是液化气船装卸货安全的最后一道保险。

应急切断系统一般采用应急截止阀作为应急切断用阀,主要设置在液货系统的输送管路上,双燃料锅炉或柴油机燃气系统中的LNG强制蒸发器的液相进口和燃气缓冲罐后至机舱燃气用户的燃气总管上。应急截止阀安装在液化气船上气相、液相管线与液货舱的连接处，以及船岸连接装卸货的气、液相总管处。该系统主要由动力源（如液压、气压或电动等）、应急截止阀及与动力源相连的有关管路、易熔塞、现场和远距离遥控操纵设备等组成。

应急切断系统分为两个等级，即 ESD-1 和 ESD-2。ESD-1 系指船舶相对于码头发生了移动，但还在预设范围情况下，船上有关系统或设备发生了严重的故障时，停止液货泵、压缩机，关闭船上及岸上的应急切断系统阀门。ESD-2 系指船舶相对于码头的移动超过了预定的范围，对装卸臂构成危害，需要关闭装卸臂球阀，通过启动应急切断系统，断开装卸臂上的应急解脱接头。

第七节　高温/超低温管路系统及设备

高温管路系统一般是指蒸汽透平推进系统的锅炉给水系统、中间撤汽和排汽系统、减温蒸汽和饱和蒸气系统、过热蒸汽系统等，其中过热蒸汽管路的温度最高，可达 500 摄氏度以上。

对高温管路必须进行强度计算和高温下的蠕变计算、热膨胀计算等，并采用适合的材料制作。高温管支架必须采用加强型固定支架和弹性支架相结合的方式，以保证正常运行工况下，管路能相对固定，管路的整个系统或者局部区域由温度和压力导致的变形和位移能控制在许用的范围内。管路支架与基座钢结构间应设隔热垫片，以防止热量损失及热量对周围环境的影响。

超低温管路系统由液货与蒸发气系统、再液化装置有关管路系统，液货安全阀以及吹扫系统、扫舱喷淋系统、液氮管路系统等组成。管路的最低温度可能达－163 摄氏度或更低（液氮－196 摄氏度），所以必须进行低温条件下的管路应力计算，并选用合适的材料。超低温管路的安装支架采用加强型和半加强型相结合的方式，安装时垫片与管路本体有一定的间隙要求，垫片应能起隔热作用，这些要求因介质温度和压力的不同而异。目的是在正常工况下，控制由低温导致的管路变形和位移在一定的范围内可以得到有效的释放而不至于损坏管路,并防止或减少热量通过支架输入管路系统。

第八节　灭火/探火系统及设备

LPG 船和 LNG 船上的灭火系统与探火系统及可燃气体探测系统应科学地结合起来,将火灾控制在萌芽状态或及时发现可能引起火灾的隐患。根据 IGC 规则以及有关船级社的规范,对于液化气船的货舱区,必须设置集中固定式干粉灭火系统,干粉的储量按需灭火的面积,每单位面积的灭火剂需要量及所需的灭火时间进行计算、储存。

液化气船上的水喷淋灭火装置是将海水通过一个特殊的喷头,变成稍大于0.3 毫米以上的小水滴来对危险区或失火区域进行喷洒,起预防和灭火的作用。对失火区域喷洒的大量小水滴(水喷淋)可起到降温、吸热、隔离周围空气的作用,因此,可以起到比用消防水枪将水柱直接喷射在失火物体上更好的灭火效果。所以,在液化气船上都设有专用的水喷淋水泵和管系,对货物区域液化气总管区(特别是加注站)、液货舱和液管的露出主甲板的部分,甲板上小型液货舱那些泄漏可能性较大,容易失火或在失火时需保护的相邻区域进行水喷淋,起到降温和保护的作用。

液化气在船上发生泄漏后会扩散,不同的液货蒸发气密度不同,有的比空气轻,有的比空气重,轻的液货蒸气可能会被风吹散,重的则可能集聚在一些不通风的舱室内或角落处,与空气形成易燃易爆的混合气。可燃气体探测系统就是探测那些集聚可燃气的舱室和部位是否有可燃气,并探测出其浓度。

可燃气体探测系统由装于各部位的可燃气体探测器、仪表显示板等组成,各处的可燃气体浓度可集中显示出来,超过一定浓度还可以报警,防危于未然,最大限度地保障船舶的运输安全。

　　可燃气体的探测是预防性的,探火报警系统则是针对已发生的火灾,进行即时报警并显示失火位置。探火报警系统是设置一系列不同种类的传感器,如感温、感烟(光)的探头。探测火灾发生,一个地区要设两种不同形式的探头。现在的探头还设有地址信号,一旦失火,失火的舱室位置信息也就进入系统,传至消防控制室和驾驶台的火警控制板,发出火灾报警信号,驾驶台就可立即启动全船火灾报警信号,通知船员按平时的职责进行灭火操作,也可由发现者通过手动报警按钮发出报警信号。

　　其他安全保护系统及设备,如船岸通信系统(ship-shore link system,SSL)具有船岸互相通信、船岸数据传输、传真和调制解调器通信等功能。此外,与船上应急切断系统既有通信接口,又可额外提供缆绳张力信号至货控室显示器。图3-21所示为船岸通信系统连接及数据传输的示意简图。

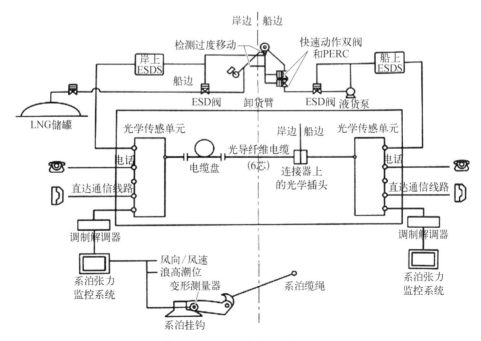

图3-21　船岸通信系统连接及数据传输的示意图

第四章
促进液化气船发展的关键技术

第一节 液化气的特性研究

一、液化气的危险性

早在 20 世纪 80 年代初,为了解掌握液化气船研发建造技术,中国船舶工业总公司(以下简称"中船总公司")[①]就组织了以中国船舶及海洋工程设计研究院为组长的课题组,对液化气的特性、液化气船的结构、我国液化气船的建造实施方案等进行了深入研究;该院还组织有关专家及业务骨干从理解和掌握 IGC 规则入手,结合其他规范规则的要求,依托实船,针对性地开展设计研究,根据液化气的易燃易爆特性以及液货舱形式,结合多型液化气船的预先研究成果,对比以往设计过的多型船舶的经验,总结出了液化气船的五大危险性。

(1)火灾爆炸危险性。石油气和天然气都是易燃易爆气体,其中石油气的危险性更大。由于石油气闪点低,且都在 0 摄氏度以下,如丙烷的闪点 −105 摄氏度,液体又极易蒸发,气化后体积扩散 300 倍以上;石油气气体密度

---

① 中国船舶工业总公司,简称中船总公司,前身为中华人民共和国第六机械工业部,简称六机部,专门负责国家造船工业,成立于 1963 年 9 月,1982 年 5 月撤销转制。

1999 年 7 月,中国船舶总工业公司转制,分成中国船舶工业集团公司(以下简称"中船集团",或"南方公司")和中国船舶重工集团公司。2019 年 9 月两公司合并组建成中国船舶集团有限公司。

比空气大 1.5～2.0 倍,容易停留地面低洼处及地沟、管沟、下水道等处,不易被风吹散,易与空气混合形成爆炸物。其引燃能量小,最小引燃能量仅为 0.2～0.3 毫焦耳,所以不管是冬季还是夏季,一个小火星就可能将其引燃起爆;这类气体的爆炸极限约为 2%～10%,爆炸范围宽且爆炸下限低,一般爆炸下限在 8% 左右。因此液化气遇到点火源极易着火燃烧;其爆炸速度为 2 000～3 000 米/秒,火势极易扩散,火焰温度可高达 2 100 摄氏度。1 千克 LPG 完全燃烧后可产生约 46 兆焦耳热量,相当于 10 千克 TNT 炸药的威力。这就是为什么在加油站/加气站禁止明火,禁止抽烟,禁止使用打火机和手机的原因,因为在加油/加气站的周围空气中可能弥漫着看不见的易燃油气及气态液化气。

(2) 热膨胀损坏危险性。液化气受热后体积膨胀极大,装有液化气容器内压力随温度升高迅速上升。资料表明,温度上升至 45 摄氏度,气体容积增加 20%。温度达 60 摄氏度时,丙烷容器内的压力将会使安全阀开始喷气;钢瓶过量充装,温度升高 1 摄氏度,压力可能增加 1.01～2.03 兆帕(相当于 10～20 个大气压)。因此,尽管设计时对最高许用压力和温度都从安全角度上做了考虑,但如果管理不善,使用不当,充装过量或意外使容器受热,都会易引起容器内气体和液体体积膨胀,内部压力陡升而使容器产生裂纹,导致泄漏,引起爆炸及火灾。这也是液化气船液化舱或储罐充装时其充装极限必须小于 98%,不能全部充满的原因。

(3) 低温冻伤危险性。LNG 和 LPG 沸点较低,在大气压力下,丙烷的沸点为 −42.8 摄氏度;LNG 在大气压下,沸点为 −163 摄氏度;它们的气化潜热又较高,在气化时又要吸收大量热量。所以平时带有一定压力以液态储存于密闭容器中的液化气,一旦设备、管线、容器发生泄漏,超低温的气体接触到船体结构构件,会引起钢材的低温脆裂,严重时还可能造成船体断裂;如果泄漏液体从容器内喷出,喷出后的液体因压力急剧下降,迅速气化,这一过程中液/气体就要从周围环境的物体上吸收大量热量,形成低温霜冻,如果喷溅到人体上,因急剧吸热,很容易造成人体冻伤。

（4）货品中毒危险性。大量吸入液化气，对人体是有害的，具体数量要看吸入货品气体的物理化学特性和人员身体素质。特别是 LPG 品种多，一些品种毒性大，所以需特别注意。LPG 发生泄漏时，在空气中的毒性类似于汽油蒸气或甲烷，浓度较小时（如 1% 左右），人能嗅到气味，停留时间短对人危害不大；如浓度过高时，空气中含量 10% 左右，即使停留几分钟，也会使人恶心、呕吐甚至昏迷。如氨是常见的一种 LPG，吸入低浓度氨会引起眼睛发炎、喉炎和支气管炎；吸入高浓度氨气会引起强烈咳嗽，如不能迅速排出，则会造成严重肺炎、肺水肿，甚至死亡。因此，LPG 系统应保证严密不漏，存在泄漏风险的处所应通风良好。

（5）静电引爆危险性。液化气在运输、灌装过程中都会产生静电，尤其是发生泄漏时，液/气混合物会以一定压力喷射出来，产生高静电位，极易闪火引起着火爆炸。

上述危险就是失火爆炸危险、船体损伤和人员冻伤及中毒危险，所以在液化气船的液货舱隔离空间、装卸区域管路的接口等处泄漏概率较大的地方，发生危险的可能性也越高，除了在这些部位设置监测报警装置、可燃气体探测设备外，还必须配置有效的消防灭火设备，同时在其附近应配置人员的洗消设备。

二、液化气船设计的根本性变革

习近平总书记指出："要赶上世界先进水平，必须掌握其关键技术，因为关键技术是要不来、买不来、讨不来的。"液化气船是高技术难度和高建造难度的船舶，设计建造液化气船必须掌握液化气船的关键技术。研发液化气船，必须研究和掌握 IGC 规则，学习掌握关键技术，还要熟悉国内、甚至世界上有关材料和设备的新发展。

规范是以科学、技术和实践经验的结果为依据，对设计、施工、制造、检验等技术事项所做的一系列规定，不仅奠定了当前的设计技术基础，而且还决定了将来的发展方向。

液化气是一种易燃、易爆的货品，储藏于液货舱内低温液态的液化气，因其与外界温度之间的温差产生的蒸发气会增大对液货舱结构的压力，此时一旦液货舱发生漏气,哪怕是一个火星,也可能会引起火灾,甚至爆炸,危险性极大。爆炸产生的巨大的能量对船舶本身、人员、码头和岸上设施,以及周围的地域构成巨大的威胁,并危及人员的生命、毁坏昂贵的设备,对整个液化气运输计划(运输链)带来的是极大的危害。因此,液化气的这些特性给液化气船的设计和建造带来了一系列的技术难题。

　　早期的液化气船在营运中曾发生了不少事故,它在带来严重损失的同时,也给造船行业提供了宝贵的经验,从而诞生了液化气船专用的、由国际海事组织制定的 IGC 规则。该规则是在总结以往液化气船的一系列事故,特别是早期液化气船事故的经验和教训的基础上,为液化气船的设计、建造提供的一个统一的规范,对船员进行货物装卸操作也制订了一套严格的操作规程和训练方法,确保了液化气船从设计、建造到运输的全流程安全,也对液化气船的设计和建造带来了根本性的变革。

三、液化气船的安全保障

　　尽管液化气船有易失火、易爆炸等不同于常规船舶的危险,但我国在液化气船的研发历史中,还从未出现过大的事故,最主要原因还是源于设计时对 IGC 规则的熟知和应用。该规则共有 19 个章节,首先就对液化气船的有关技术术语,特别是对货物围护系统、气体危险处所以及各区域都做了清晰统一的定义,避免了过去世界各地技术术语含义不同而产生的歧义。强调了船舶证书的内容包含:船型、液货舱容积、液货舱结构材料、安全因素及装运的货品等。为防止船舶搁浅或碰撞后产生底部或舷侧破损时损坏液货舱,导致液化气体(液货)泄漏,给周围水域造成危害,IGC 规则特别对不同危险性的液化气船在船舶破损后的残存能力做了规定。将各种液体货物危险性(对水域的污染特性、易燃特性、毒性、极低温等)进行了分类,相应的运输船舶也分为 1G、2G/2PG、3G 型,对每一型船舶的液货舱与船底、与船侧的距离作出了明确的规定,这些规定给船上和港口人员提供了一个保护准则。表 4-1 列出了一些常见货品的危险性、20 摄氏度时的饱和蒸气压力、水溶性及该货品对船型的要求。表中危险性指数一列有 3 个数字,第 1 个数字是指对健康的危险指数,第 2 个数字指易燃性危险,第 3 个数字指反应性危险,指数数目范围从 0 到 4,其中 0 表示无危险,4 表示危险性最严重。

表 4 - 1　货品危险性及对船型的要求

货　品	编号	危险性指数	20摄氏度时饱和蒸气压力/(10^5帕)	水溶性	要求的船型
乙醛	1089	244	1.0	是,完全	2G/2PG
氨(无水的)	1005	310	8.7	是,60%	2G/2PG
丁二烯	1010	242	1.2	是,但小	2G/2PG
丁烷	1011	140	2.1	是,但小	2G/2PG
丁烯	1012	140	2.6	否	2G/2PG
氯	1017	301	6.8	是,但小	1G
二甲基胺	1032	340	1.7	是,完全	2G/2PG
乙烷	1961	140	—	是,但小	2G
氯乙烷	1037	240	1.3	否	2G/2PG
乙烯	1038	142	—	是,但小	2G
环氧乙烯	1040	243	1.5	是,完全	1G
甲烷(LNG)	1972	140	—	否	2G
溴甲烷	1062	300	1.9	是	1G
氯甲烷	1063	240	5.1	是	2G/2PG
氮	2040	000	—	—	3G
丙烷	1978	140	8.3	否	2G/2PG
丙烯	1070	141	10.2	否	2G/2PG
制冷气体	—	000	—	—	3G
二氧化硫	1079	300	3.3	是	1G
氯乙烯	1086	244	3.5	否	2G/2PG
乙醚	1155	240	0.6	是	2G/2PG
异戊间二烯	1218	242	0.5	是,但小	2G/2PG
异丙烷	1221	220	0.6	是,完全	2G/2PG
乙胺	1036	340	1.2	是,完全	2G/2PG
氧化丙烯	1280	243	0.6	是	2G/2PG
乙氧基乙烯	1302	232	0.6	是,但小	2G/2PG
亚乙烯基氯	1303	243	0.7	否	2G/2PG

与一般船舶设计理念不同,IGC 规则对液化气船的布置规定,是为防止危险气体进入居住舱室和可能有高热物体或明火作业的区域;货舱处所出入口的大小,应在人员穿上保护服和呼吸器也能穿过为前提设定的,包括船舶的液货舱布置及和居住舱室相对位置和隔离要求,人员的出入口位置的要求,液货泵舱和压缩机室的布置及空气闸的位置等都要符合上述规定。在货物围护系统的要求中,强调了设计载荷、结构分析、设计许用应力、次屏壁、绝热层、传热计算、材料结构和试验要求等;规定整体液货舱、薄膜液货舱和独立 A 型、B 型、C 型液货舱等几种形式,也规定了次屏壁的设置和液货舱内蒸气压力的计算等,包括试验和探伤要求。对液货管路系统的设计、构造和试验的规定非常详尽,不但对管系布置、安全控制所需的阀门数量和位置等有详尽描述,还特别提出对于营运时不能接近进行修理的浸没式液货泵,应提供一套独立的输送设备。对液货舱、货物处理设备、货物管路和货物处理管路、次屏壁及相邻船体结构中的钢材、型材、管路、铸锻件及焊接件都有强制性要求。

IGC 规则中规定了货物压力/温度的控制。在装卸时货物蒸气压力低于液货舱原设定压力时,或在运输时货物的蒸气压力高于设定压力时,可以用制冷、再液化,或送至锅炉、主机或其他类似设备燃烧等措施,来控制液货舱内货物蒸气压力/温度。对货物透气系统和液货舱及其周围处所、货物管路上压力释放系统,指出每个液货舱必须设置两个及以上压力释放阀,压力释放阀的排气应与透气系统相连,而透气系统的排放必须在走道上方 1/3 船宽或 6 米以上的高度。特别规定了液货舱上压力释放阀的容量应按照发生火灾时液货舱完全被火吞没时的热量输入来计算,也就是说此时压力释放阀必须能释放该条件下产生的蒸发气。液货舱顶部必须有一定容积的蒸发气空间,以便火灾时蒸发气排放,一般情况下充装极限为 98%。但在装货后特别是发生火灾时液货舱温度会升高,液货容量会增大,所以这一充装极限可以按计算减少。液化天然气船特殊的优势是还可以将货物作燃料,因此规定了 LNG 用作燃料的条件。规定了将 LNG 蒸发气安全输送到机舱所需的管路、阀件、气体检测设备及要求,以及确保无危险气体积累的必要通风系统。

与一般船舶电气装置要求不同，IGC规则特别规定了危险处所要求的电气设备(包括仪表)的形式，特别是在货物压缩机室、压缩机驱动电机室，原则是在危险处所尽量少安装电气设备和电缆，以尽量减少因电火花引起的火灾，如一定需要，必须安装符合防火防爆要求的电气设备。所以防火与灭火也是该规则的重中之重。IGC规则也给出了结构防火标准，货物操作处所的防火系统及设备，液货舱区域的海水灭火系统和水雾系统；要求配置干粉灭火系统，以防止小规模易燃气体火灾；规定了扑灭液化气火灾的原则，以及消防员的防护装备要求。

IGC规则在最后一章中列出了液化气船可装载的各种货品，列出了它们的主要的物理化学特性，将货品分为高、中、低三类危险性，把货品危险性与液化气船的设计，即船型和舱型联系起来。高危险性货品，它对人体的生命构成很大威胁，即使在低浓度时也不能承受；或者拥有不一般的易燃特性，易燃范围很广且具有低的易燃极限，有爆炸分解的倾向，或自身反应及自燃，或具有强烈的氧化可能；或是这些特性的组合。这类高危险性货品要求1G船型和C型独立式液货舱。中等危险性的货要求用2G/2PG船型，低危险性的货品要求用3G船型。

此外IGC规则对货物区舱室的机械通风，对货物系统中液货舱液面指示，对货物蒸气监测，对人员各项保护急救，对液化气船从装货准备到卸货结束操作方法等，都有特殊的规定和设计要求。

IGC规则包含了从设计建造到货物装卸操作的全部过程，首次把对操作的要求写入了规范。内容有液货品种特性，液货特性与液货舱的关系，也有液货舱内货品舱与船舶相互位置的要求；液货舱的设计计算和结构材料要求，液货舱内温度压力的控制要求；对液货系统设计建造的安全要求，对液化气船防火灭火与探测要求。以上要求为液化气船的设计建造及管理的安全起到了保驾护航的作用。

船舶的设计必须考虑到液化气船的危险因素，在设计时，应有技术措施消除这些危险；一旦危险发生，应有设备可消除这些危害。在设计中还必须考虑提供足够的办法和措施来处理这些潜在危险，并尽可能地节省预算费用。

四、液化气船的保护神

自 1975 年 11 月政府间海事协商组织(以下简称"海协")①第九次全会通过《散装运输液化气体船舶构造与设备规则》(GC)等规则问世以后,经过修改成为《国际散装运输液化气体船舶构造与设备规则》(IGC)。从此世界液化气船有了统一的执行规则,其安全性进一步提高。根据 LNG 船的航行记录公报,到1982 年,全世界的 LNG 船航行了 6 865 个航次,1 250 万海里,运送了 3.9 亿立方米的天然气。其中,有两起严重的搁浅事故,造成双层底内部结构和船壳板的严重损坏,但对液货舱,一艘液货舱完整无损,另一艘 LNG 的液货舱有少许变形,尽管有少量液货溢到甲板上,亦迅速气化而飘散未酿成事故。两起事故都未发生燃烧爆炸和沉船,也没有人身事故,更没有对周围环境造成严重影响,这都是贯彻 IGC 规则的结果。

IGC 规则自 1986 年生效后,1986 年 7 月 1 日以后建造的液化气体船舶都按此执行,其内容丰富、确有实效。IGC 规则还是联合国的国际海事组织《国际海上人命安全公约》中的一部分,所以是一个强制性文件,各缔约国都将其列为本国应遵守的法律。由于上述规则对设计、建造和营运管理的规定,液化气船的安全又提高了一步,这是对长期营运实践中令人满意的安全记录形成的一致看法。在液化气船运输行业,IGC 规则被称为液化气船保护神。

第二节　研究促进液化气船发展的关键技术

液化气船的设计宗旨是在安全建造和安全运输的前提下,用一定的投资,建造出载运更多货品的液化气船,为船舶所有人带来最大利润,为社会带来更多清洁能源。因此,"在安全前提下的高效率"是设计建造液化气船不断追求的

---

① 1982 年改名国际海事组织。

目标,这就涉及到多项关键技术,如提高单船的装载量、提高运输效率、加快建造速度、降低建造成本、增加产业利润等各方面。

要载运更多液化气,研发新型的货物围护系统以及燃用液货舱蒸发气的机舱推进系统设备是关键,其中货物围护系统最为复杂,技术难度也最高。我国科研单位、建造厂围绕液化气船的设计建造开展了大量研发工作。

一、防泄漏货物围护系统的研究

泄漏是最容易引发安全事故的因素,根据 IGC 规则,不同的液货舱型,采取不同的防泄漏措施。

薄膜型液货舱应设置与主屏壁功能完全相同的完整的次屏壁。该型液货舱舱壁像薄膜一样,且有大量的焊缝,加工焊接时稍有不慎和运行时的意外损伤都可能隐藏了潜在的泄漏风险。

独立式 A、B、C 型液货舱都必须经过严格的强度计算和有限元分析等。

(1) A 型独立式液货舱要求具有独立的次屏壁。在温度不低于 —55 摄氏度时,船体可作为次屏壁。例如,江南造船制造的 VLGC,其设计温度为 —52 摄氏度;当低于 —55 摄氏度时,则船体不再允许充当次屏壁,需设置单独的次屏壁,例如近年来问世的 LNT A‑BOX 产品,如图 4‑1 及图 4‑2 所示。独立式液货舱内装载 —163 摄氏度 的 LNG,利用铺设于船体内壳表面的绝热层充当次屏壁。如图 4‑1 所示的 LNT A‑BOX 的主屏壁为 A 型独立自持式液货舱,次屏壁由一种基于聚氨酯泡沫板的液密绝热层来承担,屏壁间处所设置有检修通道,人员可易于到达,液货舱顶部设有止摇装置,底部设置有独立支撑结构。

(2) B 型独立式液货舱具有局部的次屏壁。设计时,对 B 型独立式液货舱的结构进行较准确的强度裂缝计算,可靠性较高,所以允许仅设置局部的次屏壁,并要求与小泄漏保护系统一起使用,满足相应等级的安全要求,例如莫斯球罐型液货舱和 SPB 棱柱形液货舱。

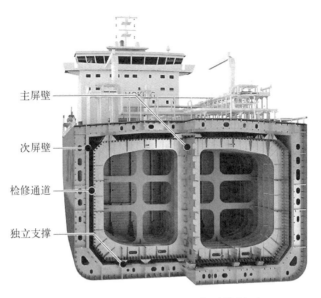

主屏壁

次屏壁

检修通道

独立支撑

图 4-1　LNT A-BOX 典型横剖面

图 4-2　LNT A-BOX 液货舱整体吊装

（3）C 型独立式液货舱可不设置次屏壁。液货舱的设计满足压力容器的要求，保证其不会发生泄漏。C 型独立式液货舱应用相当广泛，从小型全压式 LPG 船到中、大型半冷半压式 LPG、LEG 和 LNG 船均有应用实例。

对液货舱的分析计算和采取的技术措施都是为了液货舱的安全，并防止发生泄漏事故。

二、液货舱的支撑形式研究

不同形式货物围护系统的液货舱，除了次屏壁要求不同外，其内部结构和支撑固定方式也不同。

薄膜型液货舱是非自持式结构，能充分利用船舶的货舱容积，但舱壁薄，不能受力，所以液货舱的自重和液体的重量以及液体晃荡冲击力，必须通过薄膜传到不同的绝缘结构，如绝缘箱，再传到船体结构上。因此除确保绝缘箱与薄膜贴合面的平整度外，绝缘箱本身的结构设计和如何安装固定到船体结构上，是保证营运安全、提高单舱装载容积的重要因素。

自持式的独立式液货舱，不论是 A 型和 B 型棱柱形多面体型，还是 C 型圆柱体或多圆柱体形独立式液货舱，其舱壁较厚，液货舱能承受自重和液体的重量以及液体晃荡冲击力。所以需通过货舱底部支撑块与船体基座结构连接，顶部均设有止浮装置和止摇块以防止船舱进水时液货舱上浮，或在波浪中摇晃。为保证安装稳固，每个液货舱设置两个鞍座，其中一个鞍座为固定鞍座，另外一个鞍座为滑动鞍座。在独立式液货舱上下，左右也设有可滑动的结构，以确保液货舱能够随温度变化而自由伸缩。B 型球罐型独立式液货舱，通过其赤道位置的"h"型结构与一个筒裙形基座与船体基座相连固定。这一支撑方式，也是为了解决液货舱整体的热胀冷缩移位和固定问题。

对独立式圆筒形液货舱的基座/鞍座（因基座的两头高、中间低，形似马鞍而得名），需进行受力分析，分析支座与船体间可能发生的脱离，这就需采用能考虑一种非连续状态的分析方法。例如，采用间隙单元模拟层压木，或采用接触单元模拟层压木与结构间的连接状态等。

三、不同货物围护系统液货舱的舱型研究

液货舱是货物围护系统的主要部件,不同的舱型决定了它对货舱容积的有效利用率,也决定了液货舱的建造成本,所以直接影响了货物围护系统的先进程度。对已有液货舱型的研究,也为研发新型的液货舱奠定了基础。

1）薄膜型液货舱

目前,液化气船几乎所有的薄膜型液货舱均采用法国 GTT 公司的产品,分为 No.96 型、Mark Ⅲ型和 CS1 三种,其中 No.96 型和 Mark Ⅲ型应用较广泛,近年韩国也开发了自己的薄膜围护系统产品,但还有待时间的考验。薄膜型液货舱及保温层典型横剖面示意如图 4-3 所示,薄膜型液货舱与船体结构是黏胶固定在一起的一个整体,船体的变形必然引起薄膜型液货舱的变形。为控制变形和疲劳,薄膜围护系统通常对船体结构的应力水平有所限制,在船体结构的设计与验证中需要满足应力水平的要求。

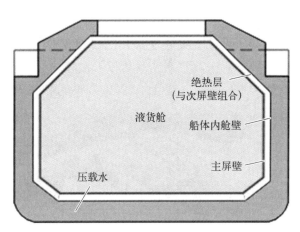

图 4-3　薄膜型液货舱及保温层典型横剖面示意

薄膜型货物围护系统液货舱一般设计成与船体结构相适应的棱柱型。货舱一般采用双底、双壳、双甲板的形式,内舱壁表面光洁,无冗余结构。棱柱型液货舱可充分利用船体货舱容积,也便于铺设绝缘结构,但导致货舱区横舱壁

附近的折角角隅处应力较高,容易发生疲劳损坏。结构通常需要通过精确的模型分析以满足强度和疲劳寿命的要求。

No.96 薄膜型液货舱货物围护系统使用 36％铁/镍合金,被称为殷瓦钢。这种材料具有极低的膨胀系数,使用平板薄膜结构,有利于焊接操作。该围护系统包括两层绝热层,第一层位于主、次屏壁之间,第二层位于次屏壁和船体内壳之间。绝热层由一系列填充珍珠岩粉的夹板箱组成。由于波浪运动造成的冲击和货物压力,为了使得密封的薄膜跟随船体伸缩,薄膜和绝热层的分界面允许两者可以相互独立运动。No.96 薄膜型液货舱结构如图 4-4 所示,整个围护系统由液货舱的 10 面体构成,安装就绪的 No.96 薄膜型液货舱舱内如图 4-5所示。每个面由主、次两层屏壁层构成,每个屏壁层都由殷瓦合金钢薄膜及填充有珍珠岩或刚性绝缘的绝缘箱组成。液货舱两个面交界处由殷瓦管或复合梁连接,三个面的交界处由殷瓦三面体连接。每个液货舱的屏壁层由殷瓦钢板、不锈钢板条、绝缘箱、三面体、殷瓦钢管、刚性和柔性绝热材料、连接螺栓、温度传感器等零件组成。主、次屏壁为 0.7 毫米厚的殷瓦钢,绝热材料为珍珠岩和夹板,绝缘箱每平方米质量为 138 千克,绝缘箱厚度为 530 毫米厚时的日蒸发率为 0.15％。

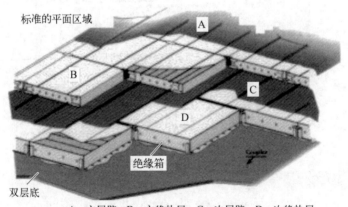

A—主屏壁;B—主绝热层;C—次屏壁;D—次绝热层

图 4-4　No.96 薄膜型液货舱结构

图 4－5　No.96 薄膜型液货舱舱内

　　Mark Ⅲ薄膜型液货舱采用含碳量非常低的双向波纹形不锈钢作为主屏壁。次屏壁采用三层的合成结构（两层玻璃纤维之间夹一层铝薄片）。Mark Ⅲ薄膜型液货舱主屏壁为 1.2 毫米厚的波形不锈钢板，绝热材料为强化聚氨酯泡沫，绝缘箱面积密度为 73 千克/平方米，绝缘箱 270 毫米厚时的日蒸发率为 0.15％。Mark Ⅲ货物围护系统的设计理念是高度标准化，减少零部件的多样性；车间高度预制化，拿来即用；货舱安装自动化、减少人工操作。图 4－6 所示为 Mark Ⅲ薄膜型液货舱内部表面及其结构组成，安装就绪的 Mark Ⅲ薄膜型液货舱舱内如图 4－7 所示。

　　Mark Ⅲ薄膜型液货舱的主要优点是主屏壁的不锈钢厚度相对较厚，304L 不锈钢的焊接要求较低，同时，不锈钢板价格相对 36％镍钢（殷瓦钢）便宜。缺点是不锈钢热膨胀系数相对较大，主屏壁需要采用纵、横双向槽形结构，加工较为复杂，自动化焊接程度较低。

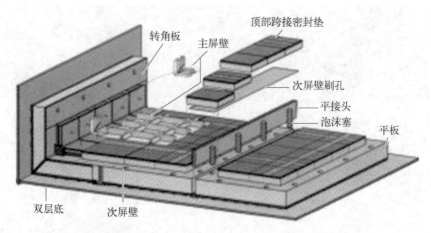

图 4-6 Mark Ⅲ 薄膜型液货舱内部表面及其结构组成

图 4-7 安装就绪的 Mark Ⅲ 薄膜型液货舱舱内

2) CS1 薄膜型液货舱

CS1 薄膜型液货舱是 Mark Ⅲ 薄膜型液货舱和 No.96 薄膜型液货舱的结合物。

CS1 薄膜型液货舱的绝热层和次屏壁与 Mark Ⅲ 薄膜型液货舱相似,而其主屏壁与 No.96 薄膜型液货舱相似。这是一种新的薄膜型液货舱系统,目前仅在分别于 2006 年和 2007 年交付使用的 15.35 万立方米电力推进的"普劳瓦尔斯(Provalys)"号和"伽斯莱斯(Gaselys)"号 LNG 船上应用。根据 GTT 公司报道,CS1 薄膜型液货舱在理论上要比 Mark Ⅲ 或 No.96 薄膜型液货舱节省 15％的费用。

3) A、B 型独立式液货舱

如图 4-8 和图 4-9 分别为典型 A 型独立式棱柱形液货舱实物图和横剖面。A 型独立式液货舱的形状大多为棱柱形结构,内部设有纵舱壁,以降低自由液面对液货舱的影响。

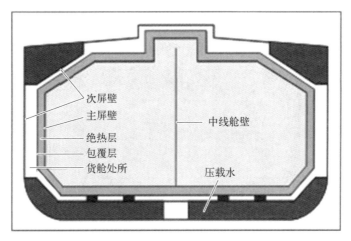

图 4-8　典型 A 型独立式棱柱形液货舱横剖面

除了独立式液货舱本身的材料需满足货品低温条件外,次屏壁也应采用满足货品设计温度的材料。LPG 船的液货舱和船体内壳充当次屏壁的,一般采用 F 级钢(低温高强度钢)。

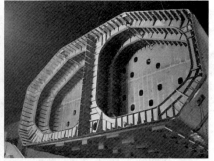

图 4-9　典型 A 型独立式棱柱形液货舱实物图

A 型独立式液货舱依靠底部和顶部的支撑与限位装置固定于船体上，以抵御热胀冷缩、船舶的横摇、纵摇甚至破舱之后的起浮运动。这些装置通常承受较大的载荷，需要进行有限元模型的强度和疲劳强度分析。

图 4-10 所示为棱柱形 B 型独立式液货舱(SPB 型)的横剖面，其包含有主屏壁、次屏壁、绝热层和独立支撑等。

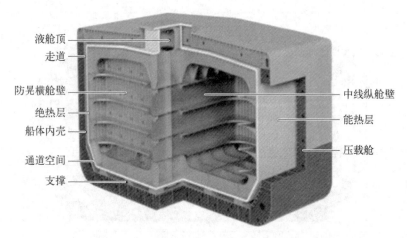

图 4-10　棱柱形 B 型独立式液货舱(SPB 型)的横剖面

B 型球罐型独立式液货舱(莫斯球罐型)横剖面如图 4-11 所示。莫斯球罐型液货舱是一个内径 30～40 米的铝合金球罐型液货舱，舱中无加强筋，由圆筒形的裙板支撑，一艘船上设 4～5 个舱。铝合金板厚度在半球部为 30～60 毫米，在赤道部最厚处可达 200 毫米。铝合金厚板的加工、装配、焊接和探伤是此型 LNG 船建造中的关键。采用莫斯球罐型液货舱,货舱各部位的受力比较均匀,不会出现应力集中,安全性好,不受晃动的影响,对装载量无限制。

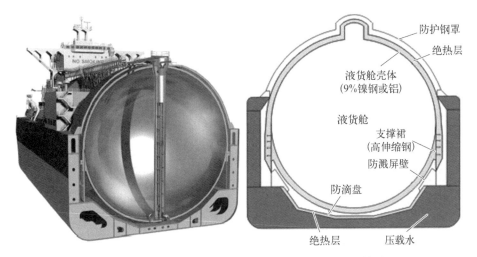

防护钢罩
绝热层
液货舱壳体
(9%镍钢或铝)
液货舱
支撑裙
(高伸缩钢)
防溅屏壁
防滴盘
绝热层　压载水

图 4-11　B 型球罐型独立式液货舱(莫斯球罐型)横剖面

B 型球罐型独立式液货舱在 21 世纪前是 LNG 船的主流舱型,B 型棱柱型液货舱(SPB 型)是日本公司开发的新舱型,等待市场和船舶所有人认可。

4）C 型独立式液货舱

C 型独立式液货舱几乎可以适用所有 LPG、LNG 货品类型和储运方式,只是使用材料不同而已。C 型独立式液货舱无专利保护,可按压力容器的要求来进行强度设计计算,一般用于中、小型的液化气运输船上。

C 型独立式液货舱从最初的单圆筒型逐渐演变出双体型和三体型,使得单舱舱容和货舱容积利用率显著提高。双体型和三体型 C 型独立式液货舱的设计重点在于圆筒与圆筒的相交处,即 Y 型接头。需要通过有限元方法验证该处的强度和疲劳强度。

表 4-2 列出了三种常见形状的 C 型独立式液货舱液化气船的典型横剖面,以及每种舱型的应用范围及其典型特性。

表 4-2　C 型独立式液货舱不同舱型比较

舱型	布　置　示　意	单舱容积/立方米	典　型　特　性
单圆筒	货物机械处所 空舱 货罐 结构吃水 压载舱　压载舱 双层底空舱	<7 000	单舱单泵,无备用泵。 单气室,设箱盖甲板。 货舱区双壳(非强制), 改善稳性。 L 型边压载舱。 双底非必需。 可设单底降低重心,改善稳性。 全压式货舱露天布置,舱顶设步桥
双体罐	No.2 货罐(左)　No.2 货罐(右)	<12 000	每舱双泵,互不备用。 双气室,气相联通。 平甲板。 左右液货舱水密分隔。 货舱区单壳。 顶边舱,底边舱。 货舱区设双底
三体罐		<30 000	每舱双泵,有限备用。 单气室,双泵座。 设箱盖甲板。 三个筒体间为非水密分隔。 货舱区单壳。 顶边舱,底边舱。 货舱区设双底

对于 C 型独立式液货舱,液货舱强度并不是制约单舱舱容的主要因素。制约单舱舱容的主要因素为:

(1) 船体主尺度和性能要求(如船长、船宽、重心、稳性等)。

(2) 经济性要求,按照 IGC 规则 C 型独立式液货舱的最低设计蒸气压力 P_0 的计算结果,选定合理的舱长,舱宽及舱高组合(单圆筒/双体式/三体式),以节省耗材并减小液货舱表面积及绝热层用量,降低液货舱蒸发率。

(3) 液货舱舱高直接影响气室接管处低温位移量,液货舱越高,气室接管处冷缩位移量越大,气室接管处的应力就越大。

(4) 建造成本,单圆筒液货舱单舱可仅设置一台液货泵,而双体式液货舱及三体式液货舱必须设置最少两台液货泵,且相关接管及监测设备也会增多。

四、液货舱金属材料的研究

液化气船的液货舱的金属材料特性,即其强度特性和耐低温特性,以及热膨胀特性,可焊接特性对液货舱是至关重要的。对金属材料的研究,除更好地掌控引进液货舱专利的建造外,更为研发国产液货舱材料做好铺垫。

1) 强度特性和耐低温特性

液货舱在内部液货蒸气压力、液货重量、液货舱自重及液货晃荡冲击力的作用下,液货舱舱壁内局部位置会产生径向、周向和轴向应力,这些应力的综合应力必须小于金属材料的许用应力,否则就会导致液货舱舱壁破损泄漏或爆裂,产生事故。材料的强度就是材料的极限抗拉强度或屈服强度,许用应力就是材料强度加上一定的安全系数。液货舱内的压力越大,舱壁内的应力也越大。对于一定的压力,液货舱的尺寸越大,舱壁内的应力也越大。强度校核就是选择舱壁内发生最大应力的位置,计算出综合应力,来与许用应力比较,综合应力必须小于许用应力。根据不同的应力状态,选择极限抗拉强度或屈服强度计算出许用应力,来进行校核。换言之,材料的强度越高,舱壁的厚度就可薄些,或容积做得大些。对于薄膜型液货舱,因内部压力较小,且液货舱自重和液货重量由薄膜背部的结构承担,上述压力和重量对薄膜的强度影响较小,主要是液货舱内液体在波浪作用下,周期性晃荡冲击,这会造成对液货舱角隅处结构和泵塔等设备的冲击损坏,疲劳损坏,因此需要进行冲击力和疲劳计算。

金属材料的强度会随温度的下降而降低,对于液化气船,液货舱舱内的温度可能低达−50摄氏度、−104摄氏度,甚至低达−163摄氏度,所选用的金属材料强度必须与货品的装载及运输温度相适应,即金属材料必须具有一定的耐低温特性。

2)材料的热膨胀特性和焊接性能

所有的金属材料,大都具有热胀冷缩的特性。一般钢材的线膨胀系数约11.7×10^{-6}/(摄氏度),即温度每下降1摄氏度,40米长的金属材料会缩短0.468毫米,若降温50摄氏度,相应缩短23.4毫米;若是温度降低200摄氏度,就会缩短约100毫米。这样的收缩量足以使液货舱出现裂纹或损坏,所以在设计圆筒形或棱柱形液货舱时,必须考虑其三维方向的缩短位移,可采用线膨胀系数较小的金属材料或在结构上采取措施,防止液货舱舱壁损坏。对薄膜型液货舱,现在No.96型液货舱采用的是线膨胀系数几乎为0的殷瓦钢,而Mark Ⅲ液货舱采用双向波纹的不锈钢薄板。

对于独立式液货舱舱壁金属材料,一般需要用许多不同形状和厚度的金属材料焊接而成,金属材料的焊接性能好坏直接影响液货舱的施工难度和重量,而且焊接性能的好坏与金属材料的成分有关。要使焊缝重量达标,必须要与焊条及焊接的工艺相对应。

3)对找液货舱适用的材料作了大量研究

在研制世界第一艘LNG船"甲烷先锋"号开始前,项目主持人设计了一艘试验驳船,对于能耐−163摄氏度低温液货舱的材料进行了调查研究,可供选择的有不锈钢、铝、铝青铜、黄铜、某些含银的贵重金属和含镍的碳钢等。20世纪50年代中期最新发展的9%镍钢只应用在陆上,对低温的脆性破坏还一无所知;在大型的结构中铝的使用还缺乏经验,且铝的焊接难度也较大;当时在低温工业中使用较广泛的是不锈钢,所以液货舱的材料只能用不锈钢。而到设计模拟适用于海上使用的 75 立方米试验舱时，又考虑到当时不锈钢的价格太昂贵，9％的镍钢还未能充分证实，而铝的低温性能也不令人满意，大尺寸的工件焊接技术还尚未过关，在 LNG 低温情况下的热膨胀系数还不清楚，因此对铝和 9％镍钢都进行了大量的试验（包括焊接试验），结果表明两者的低温性能都能满足要求；在试验舱制成后，又做了 18 个铝制液货舱，铝的牌号为 5083－0，将这 18 个铝制液货舱每 6 个一组放到改装的油船货舱中，在美国的波士顿进行试验。因在铝合金焊接时容易出现气孔，所以对 18 个舱建立了严格的质量控制程序，焊接后进行 100％的 X 光探伤、水压和气压试验。在"甲烷先锋"号 LNG 船上，液货舱也采用铝合金制造，这个液货舱外表面基本是平整的，内表面用型材加强，相当于是一个独立式液货舱，其横摇和纵摇由凋键固定，置于每个舱的底部和顶部。底键设在绝热材料的槽口内，顶键固定在甲板下纵桁上的不锈钢键槽内。这些键起到了固定作用，使液货舱可沿键槽方向滑动，解决了独立式液货舱的热胀冷缩问题。在后来的球罐型液货舱 LNG 船上，液货舱的金属壳壁就采用了 5083－0 铝合金或 9％镍钢，这种球罐型舱的支撑采用一种围裙结构，球罐型的赤道环做成"h"形，围裙就支撑在球罐型液货舱的赤道环"h"形结构的一条腿上，这样球罐可以自由胀缩。历史上这些对金属材料的研究成果现在还广泛用于现代的液货舱上，它的研究方法对研发新的金属材料还是一种借鉴。

4）打破国外对技术垄断的殷瓦钢

殷瓦钢由瑞士籍法国物理学家 C. E. Guialme 发明。1896 年他发现了铁镍合金反常的热胀现象，在 220 摄氏度以下的温度范围内，这种合金材料的尺寸几乎不随温度而变化，在镍含量 36％时，热胀系数达到最低值。试验表明，镍含量在 32％～36％时，平均热膨胀系数为 1.5×10^{-6}/（摄氏度），而在镍含量为 36％时，热膨胀系数为 1.8×10^{-8}/（摄氏度），40 米长的殷瓦钢材，在降温 200 摄氏度时，缩短约 0.14 mm，它能在－163 摄氏度以下保持极小的变形。他将这种合金称为殷瓦钢，意思是"不变的"。殷瓦钢的这种反常的热膨胀效应称为殷瓦效应。

除了热膨胀系数几乎为 0 这一特点以外，殷瓦钢还具有良好的抗拉强度

（517 兆帕）和屈服强度（276 兆帕），相当于常温下的 35 号碳钢，还可以通过冷加工方法提高其强度。另外一个特点是导热系数低［0.026～0.032 千卡/（厘米·秒·摄氏度）］，仅为 45 号碳钢的 1/4～1/3，其塑性和冲击韧性也较理想。

因此，C. E. Guialme 于 1920 年获得了世界诺贝尔物理学奖，也是第一位因材料科学成果获此殊荣的科学家。

由于殷瓦钢的这些特性，1965 年世界上 No.型薄膜型液货舱使用了殷瓦钢作为制造液货舱舱壁材料，0.7 毫米厚的殷瓦平面钢板，整个液货舱做成棱柱型，使船体货舱的容积利用率大大提高，将 LNG 船的发展向前推进了一大步。但 0.7 毫米的殷瓦钢薄板，焊接起来确有一定的困难，这就需要通过培养高水平的焊工来解决。

Mark 型液货舱另辟蹊径，采用了厚度约 1.2 毫米的不锈钢，在不锈钢板上压出了纵向和横向的方格波纹，以吸收热膨胀，一张张波纹钢板由专业厂生产。Mark 型液货舱的次屏壁采用铝箔纤维加强板以此节省费用。虽然 1.2 毫米厚的不锈钢比殷瓦钢价格便宜，但双向波纹钢板的焊接无疑比 0.7 毫米厚的殷瓦钢困难。

殷瓦钢板优点突出，具有优良的低温特性和几乎不变形的热膨胀特性，但制造难度却很大，要求很高，钢材的成分要精确控制，钢材表面质量和力学性能要求都很严格。对钢铁厂的设备能力和工艺精准性都比普通钢材要高很多，可以说是一种挑战。殷瓦钢的炼制生产要经过电弧炉冶炼/真空感应熔炼、真空电弧重熔/真空氧化脱碳等十几道工序流程，每道工序除了要保证化学成分和力学性能外，还需要克服表面硬度低、容易造成轧制缺陷的困难。因此，自1965 年开始用于薄膜型液货舱材料后，50 多年来仅有一家法国钢厂可以提供合格的船用殷瓦钢板。因此，殷瓦钢板的价格要比普通船板钢材贵 20 倍左右，以一艘 14.7 万立方米 LNG 船为例，每艘船需要 0.7 毫米厚的殷瓦钢板 450 吨左右，总价大于 5 000 万元。

我国于 2013 年启动了"殷瓦钢冶炼和绝热材料胶合板应用研究"的课题，完成了工业试制，打破了国外的技术封锁，在－196 摄氏度下，具有稳定的物理性能和良好的强度和韧性,获得了薄膜型液货舱专利公司 GTT 的两轮严格认证,也获得了中国船级社的认可,正式成为可以生产合格的 LNG 船殷瓦钢板的国家。

五、绝热材料的开发应用研究

绝热材料的研究与液货舱舱壁材料的选择同等重要,要控制液货舱内的 LNG 蒸发量,防止液货舱内蒸气压力升高超过设定值引发事故;防止液货舱内的冷量向四周传递,导致外侧船体结构钢板过冷,就需要具有较高隔热性能的绝热材料。对于薄膜型液货舱,绝热材料或绝热结构还要能承受液货舱内液体的重量和晃荡冲击力。在液化气船的发展过程中,绝热材料和绝热层结构也是在不断地发展更新。

1) LNG 船早期的绝热材料

在研制世界第一艘 LNG 船"甲烷先锋"号开始前,项目主持人在选用试验驳船液货舱的绝热材料时,绝热材料只能选择木材,但绝热层的安放位置却考虑了两种方法,一种是将绝热层放置在金属液货舱的外面,用以防止液货舱内的超低温货液的冷量传递到船体构件上,防止发生冷脆损坏,也起到减少液货蒸发的效果。另一种是放置在金属液货舱的内部,用来隔离液货舱金属壳体与低温货品的直接接触,这就称为内绝热层。这种方法的好处是金属液货舱壳体的耐低温要求可降低,但要求绝热层在船舶的使用寿命期间保持液密有一定的技术难度。考虑到当时对低温金属材料的焊接技术尚未过关,只能采用内绝热层的办法。当时,用作内绝热层的木材容易购货,使用当时的机械加工技术,通过合理的公差配合对圆柱形和球罐型的液货舱也可以达到液密的效果,也找到了一种名为"巴尔沙"的木材,耐低温特性和承压能力都满足要求,当时就在美国英格拉斯船厂制作了 5 个垂直圆柱形液货舱,外面是双层船壳。在进一步做 75 立方米的试验舱时,也对"巴尔沙木"和玻璃纤维作为绝热材料时的性能进行了研究,在该试验中,"巴尔沙木"置于液货舱的外面的底,前后两面和一侧面上,玻璃纤维置于顶部和另一侧面上,在经过舱内注入 610 毫米深的液氮的低温试验,用起重机吊起放下液货舱的振动试验后,再将整个舱侧放,将整个边结构全部浸在液氮中进行试验,最后再将液氮倒入隔层保温(冷)空间,来检验巴尔沙木长期盛装液氮时的密封性,在 6 小时试验中,液氮气化了,但没有发现液体通过"巴尔沙木"泄漏出来,确认了巴尔沙木也具有良好的次屏壁作用和绝热效果。这种结构形式就是早期的薄膜型液货舱。1958 年改建的"甲烷先锋"号 LNG船设置了 5 个铝制液货舱,置于改装货舱的船内壳壁中。绝热材料主要还是用"巴尔沙木",制成板块状,其表面使用枫木和橡木层压板,预先装配。板块安放在船底板、内船壳板和前后舱壁上,这些板壁上涂上胶黏剂并抹平,再用螺栓固定;顶部还是用多层玻璃纤维。

对于球罐型液货舱,其绝热材料采用聚氨酯泡沫。

2) 现代薄膜型液货舱绝热材料和结构

LNG 液货舱发展到全冷薄膜型时,对绝热材料选择和绝热层的设计又开发了新的形式。No.型将绝热材料做成一个个箱子,称为绝缘箱。箱子板壁由层压板加工制成,要求有一定的强度和很高的精度。箱内充填珍珠岩粉或颗粒,成千上万个绝缘箱拼装在一起,成为棱柱形液货舱的一个个平面,上面敷设仅 0.7 毫米厚的殷瓦钢板,所以绝缘箱平整度的要求非常高,在角落处还得采用特殊的结构,而且还需设置主、次两层绝热层,以防主屏壁泄漏,所以 No.型液货舱的绝缘箱制作是一个高难度的有专利要求的技术活。

我国对绝缘箱的研究起步虽晚,但成果显著。上海交通大学材料学院焊接与激光制造团队,设计了具有独立自主知识产权的全新聚氨酯绝缘箱机器人自动生产线,从下料、物流、打钉和填充,实现了绝缘箱的高精度制造,合格率达100%。且绝缘箱的生产线适用性高,可适应不同容积的使用该绝缘箱的液货舱船型的绝缘箱制造,经测试,使用该绝缘箱的液货舱的日蒸发率可降至 0.1%,达到了国际先进水平。这为我国争取后续的 LNG 船订单奠定了坚实的基础。

Mark 型液货舱,这类液货舱也是双层绝热,两层绝热材料均为聚氨酯。相比之下,在相同的绝热效果情况下(即液货舱的日蒸发率相同),Mark 型液货舱的绝热层厚度要比 No.型液货舱的绝热层厚度薄一半左右,但两者的结构都比较复杂,建造难度都相当高。而且新的绝热材料也是在不断地开发创新的,绝热材料品种性能和液货舱绝热方式还在不断地改进,如内绝热的方式在LPG 船上已有采用,但在 LNG 船上还需新的绝热材料出现,如果实现,液货舱舱壁的材料要求将大大降低,昂贵的金属材料费用将会大幅度降低。

3) 绝热材料的关键特性和传热系数

绝热材料的种类繁多,如上述的木材、层压板、玻璃纤维、珍珠岩或珍珠岩粉、聚氨酯泡沫等。绝热材料的一个关键特性是其导热率比金属小,金属的导热率约在 16～383 瓦/(米·开度),绝热材料的导热率为 0.03～0.075 瓦/(米·开氏度),两者相差数百至数千倍。导热率系指在材料两侧表面的温差为 1 度(开氏度或摄氏度)时,通过 1 米厚绝热材料,在 1 平方米面积上所传递的热量(瓦)。不同材料的导热率是可以通过试验测定的。不同温度条件下,导热率的数值会有些变化。

但对于实物,传热系数与导热率有关,也与圆柱体(包括绝缘材料)外的介质的导热,对流和热辐射有关。根据传热系数能计算出通过整个表面每小时传递出去的冷量或输入的热量,也就可以计算出液货舱内液体的平均温升以及液货的日蒸发量。当然液货舱内的温度也是不均匀的,对流、热辐射计算是复杂的,再加上航行时,液货舱内液体在不断地晃动,整个计算是颇费周折的,现有计算程序可以计算出液货舱的日蒸发量,但最终还是需要不断修正的。

目前常用的绝热材料如表 4 - 3 所示。

表 4 - 3　目前常用的绝热材料

绝 热 材 料	相对密度	导热率 /[瓦/(米·开氏度)]	安全使用温度 /摄氏度
泡沫聚苯乙烯	21～35	0.024～0.038	70
聚氨酯泡沫	27～52	0.027	120
泡沫玻璃	170～180	0.042～0.052	450
玻璃纤维	8～120	0.028～0.032	300
石绒	67～200	0.032～0.036	400
轻木	118～186	0.034～0.039	130

绝热材料不断出现新品种,绝热层的结构也各不相同,有粘贴在舱壁上的,有做成一个个绝缘箱支撑在液货舱壳外面的。材料不同,结构不同都会使传热系数和日蒸发率发生变化,现 No.96 和 Mark Ⅲ 型的改进型日蒸发率从 0.15% 降到 0.075% 左右,就是因为主/次绝热层的材料,厚度和形式不同,所以对绝热材料的研究,是改进货物围护系统的重要一环。

六、液化气货品的物理化学性能研究

1) 液化气的压力-温度特性决定了该货品的储运方式

石油气和天然气在常温常压下都是气体,要提高运输效率,就要将其转变成液体后运输,但各货品的沸点(液化点)不同,有的温度较高,有的温度较低;所以有的只要常温下加一定压力就可液化;但有的在较低温度下再加压才能变成液体;还有的货品,临界温度很低,要将其液化,温度要低于临界温度,压力要高于临界压力才能液化,所以有的气体可以用全压式液货舱来运输;有的需要用半冷半压式液货舱来运输;有的临界温度很低,要在较高的压力条件下才能液化,技术难度较大,所以一般采用全冷式的液货舱来运输。例如,正因为掌握了丙烷的沸点温度随压力变化的特点,才能在常温下对其施加一定的压力,让其转变成液体,采用压力式液货舱来运输;也正是掌握了丙烷的沸点温度,在较低的温度下再施加比压力式液货舱最高压力要低得多的压力也能转变为液体,采用半冷半压式液货舱来运输。正是掌握了乙烷、乙烯,甲烷(天然气)在大气压下的沸点温度,在制冷能力足够的情况下,采用全冷式来运输液货舱。

2) 液化气的物理化学特性与配套设备的经济性有关

石油气和天然气,在压力和温度变化时,会吸收或放出热量,同一质量有的吸收或放出的热量多,有的少,这些与其液态比热容和气态比热容有关。在气-液变化的过程中,它内含的能量——热焓也在变化。所以在配置液货舱内的蒸发气再液化装置时,就要考虑这一特性,对比热容大且沸点温度低的货品,再液

化装置需要花较多的能量才能将蒸发气再液化,这是在选用再液化装置时,必须了解和掌握货品的这些特性。

　　3) 灵活运用液化气特性,创造新的运输方式

　　现在 LNG 大都装在全冷式的薄膜型液货舱中运输,也有一些装在莫斯球罐型液货舱内运输,只有少量装在中小型的 C 型独立式液货舱中进行运输。但国际上有一家公司却与众不同,创造了一种冷压式的 LNG 运输方式,称为 PLNG,原理就是按压力-温度特性,将全冷薄膜型载运时的温度压力−163 摄氏度和大气压改变成较高压力和较高温度(只是比−163 摄氏度高),例如−100 摄氏度,2.7 兆帕或−90 摄氏度,3.7 兆帕的组合,此时将 LNG 装在一个个管状的压力容器中,紧密排列在一起,提高船的装载量,这些设备也可以在岸上加工,然后吊入船上。这种方式的建造费用比薄膜型液货舱省很多,因为储运温度升高了 60~70 摄氏度,与环境的温差减小了,在其他条件相同时液货舱内的液化气日蒸发量也会减少,从而整个造船费用降低,造船周期也缩短,缺点就是相同容积的船舶,总的装载量会比薄膜型液货舱少一些,但世界上已有这种船型在营运。

　　液化气还有许多特性,都与液化气船的设计、建造液化气船的设备配套和经济价值和建造周期有关。因此,只有掌握和灵活地运用这些特性,进行综合分析比较,才可设计制造各种各样的性能优越的液货舱和船舶,满足船舶所有人不同的需求。

七、再液化装置的技术研究

　　再液化装置是将液货舱内不断产生的蒸发气抽出加以液化,并返回液货舱,以防止液货舱压力超过设定值。设计选用再液化装置应满足如下要求:

　　(1) 掌握再液化装置的各种流程和原理,结合实船情况经济合理地加以运用。

　　(2) 再液化技术也是不断发展的,制冷方式或装置在不断创新,应将这些

新技术运用到液化气船上。例如船上的再液化装置中的节流膨胀阀,它在流程中将货物压缩机压缩升温且温度稍低的气态天然气或石油气在通过它以后膨胀,压力下降,温度也降低,使其凝结为液体,新技术将膨胀阀改为涡轮机型。

我国陆用的再液化装置已是一项成熟技术,将陆用技术船用化,应是船上再液化装置研制的一条捷径。

八、LNG 液货舱超薄钢板的焊接研究

无论是 No.96 型液货舱,还是 Mark 型液货舱,其密封屏壁都是由超薄的钢材焊接而成,这一焊接是一项特殊的建造技术。下面以 No.96 型液货舱的殷瓦钢为例来探讨这一焊接的特殊性。

1)掌握殷瓦钢板焊接技术

(1)主、次屏壁的殷瓦钢板焊接是保证 LNG 不泄漏的关键。货物围护系统的一个关键部件是 0.7 毫米厚的殷瓦钢板,它覆盖在绝缘箱的内表面,这是保证液货舱密封不泄漏的第一道屏障,也就称为主屏壁。对于 No.96 型薄膜型液货舱,设有两道屏壁,即主屏壁和次屏壁。一艘 17.4 万立方米的 LNG 船,一个液货舱的每道屏壁约有 1.5 万平方米,这就需要将一块块殷瓦钢板焊接起来,平整地紧贴在绝缘箱上,外侧绝缘箱用黏胶和机械方法固定在船体货舱空间船体内壳板绝缘箱上,形成了完整的液货舱内膜(主屏壁)和次膜(次屏壁),主绝热层和次绝热层,它们是液货舱的主要构成。

(2)殷瓦钢性能好,但焊接难度高。殷瓦钢有两个优点:一是热膨胀系数几乎为零,对于长 40～50 米、高和宽 30～40 米的液货舱来说,这是一个得天独厚的优点。二是金属温度变化时的性能非常稳定,直接与 −163 摄氏度的 LNG 接触不会产生变形、开裂。但它又非常娇贵,常温下接触到水或油,8 小时以内就会生锈,一旦生锈,整张板都将报废;再加上殷瓦钢板厚度仅 0.7 毫米,焊接难度非常高。如此薄,又如此娇贵,焊接工人不能有一滴汗水落到上面,也不能留下手印,更不能有丝毫的损伤。国外专家形容,在薄如蝉

翼的殷瓦钢上焊接,就像是在钢板上绣花,在刀尖上起舞,虽然专利资料上有采用什么成分的焊条、什么焊接方法的说明,但如果没有高超的技艺,连一寸焊缝都无法完成,更不用说整艘 LNG 船了。因此殷瓦钢薄板的焊接是液货舱建造的难点。

我国的殷瓦钢部件加工按法国 GTT 公司的专利,制造合格后须取得他们的认可证书,才能将产品在实船上安装。

(3) 培养高水平焊工,掌握世界高难度的焊接技术。为了保证零泄漏,必须培养具有高超水平的殷瓦钢(G 证)焊工。殷瓦钢手工焊接几乎是世界上难度最高的焊接技术,能够在 LNG 船上进行全位置殷瓦钢手工焊接的焊工,必须经过货物围护系统专利公司法国 GTT 公司的严格考核,取得代表焊工最高水平的 G 证(焊工中最高级别证书),才能上岗作业。法国 GTT 公司的 G 证考核内容包括平、仰、立各个姿势,以及平对接、角对接和搭接,焊接质量要求波纹整齐,成型美观。评判标准要通过严格的切片,又经过显微镜的镜像试验观察来确定。在造船行业培养一名普通焊工需花费数千元,但培养一名合格的具有殷瓦钢 G 证的焊接工人则需要花费近 20 万元,而建造一艘 LNG 船需要近百名这样的焊工。工人每天上船施工前,都要检查身体和环境条件:心跳快,不能施工;血压高,不能施工;情绪不好,不能施工;没戴橡胶手套,不能施工;如果有伤,就更不能施工;没有除湿功能的空调,不能施工……这就是建造 LNG 船对技术工人和施工环境提出的苛刻要求,也是保证焊接重量的必需条件。

2) 130 千米长的焊缝零泄漏

为了确保液货舱所有殷瓦钢板焊缝密封不漏,对全船 130 千米左右长度的焊缝,无论是机器自动焊接,还是人工焊接都要进行 100% 的探伤、100% 的检验,这是焊接工作的一部分。发现一点泄漏,相关钢板都要更换,造成的损失是原来材料价格的几十倍,所以要求一次到位,所有的焊缝零泄漏,这个难度可想而知。沪东中华的殷瓦钢焊工,可以做到一个液货舱完成只有几个漏点,甚至没有漏点,达到和超过了国外同类焊工的水平。

3）密性试验是最后一道关

（1）密性试验细致入微。全部焊缝探伤、检验合格后，还需进行氦气分子的穿透性试验来检测焊缝泄漏点，这是液货舱建造最后一道工序，也是验证货物围护系统成败的关键工作，更是交付客户前保证成品船营运寿命的"关卡"工序。氦气嗅探仪就是利用氦气分子的穿透性来检验检测的一项高灵敏的检测试验工具，可测出极细小漏孔。它是一种非常精密的仪器，价格昂贵，对工作环境的要求十分苛严，如果不注意被检殷瓦钢板焊缝的清洁，表面残留有灰尘、油污、着色探伤或渗透探伤的显示剂、铁屑等污染物，就有可能堵塞那些较为细小的漏孔，影响试验结果的准确性。所以在使用该仪器时，测试人员应严格按照规范进行操作，尤其是控制检测的参数和检测速度，保证测试结果的可靠性。平时要注意保养，每次试验结束都要对所有仪器进行清洁、加油、校准，每一步都需要细致入微，否则灵敏度会下降。虽然仪器有问题的概率很低，但密性试验本身就是对小概率事件进行检查的工作，稍有疏忽就会酿成大祸。

（2）克服疲劳，谨慎操作。这个试验过程极其乏味，数十小时的监测、单一的操作、仪器的噪声，让人昏昏欲睡，难以集中精神。但试验人员必须对仪器的灵敏性和仪器的运行速度每 2 小时进行一次校准。这种手工检测对试验人员的责任心要求非常高，无论手举着设备有多累和测试的区域多么狭小，都必须保持手法准确和速度标准，还要关注仪器的运行状态。有些较小的泄漏，仪器对它们的反应不太明显，思想稍不集中就会造成漏检。而对于货物围护系统这个精密的容器来说，每一个漏点都可能是致命的。因此，试验人员将每个区域的测试情况和结束时间和检测人员等信息，直接记录在测试区表示殷瓦钢板焊缝的图纸上，并建立相互监督机制。

温度传感器用于测量液货舱内、外部各个位置的温度。温度是影响压力变化的重要因素，也是不可或缺的一个参数。在试验时，可用温度来测算出各舱的真空衰减率。如果因传感器线路被损坏而造成数据缺失，就会直接影响试验结果的准确性，严重的话，将导致整个试验的返工。因此，气密试验小组需每天早、中、晚都要巡视船上铺设的管路、线缆是否完好，全船试验期间更是每小时都要巡视。测试时，检验人员在脚手架上一步步地挪动，在斜面、顶面不停地安装、卸下几十斤重的检测设备，眼睛盯着仪表，耳朵不放过一丝一毫的异常，在设备正常运转的"嘟-嘟"声中，用"雷达"似的耳朵时刻搜索是否夹有轻微的、局促的、类似轻轻敲门声的报警声，从中发现任何微小泄漏点。这种警觉反应，来自一种责任，也来自艰苦的日常高度严格的职业技术训练。

九、控制货舱变形对接管的研究

由于货舱热胀冷缩、货物装载、船体变形等因素引起的货舱变形对货舱接管的影响是不可忽略但极易被忽略的。C 型独立式液货舱的解决方案是在液货舱接管处的液货舱气室上设置管系支架固定点，确保接管处外部管系与液货舱同步变形，在外部管线设柔性元件来吸收液货舱变形对外部接管造成的接口松弛，产生泄漏等影响。管系布置及支架位置和形式需经过管系应力计算反复比较后确定。

为避免一定数量的接管在液货舱上直接开孔给液货舱强度带来的不利影响，同时考虑到液货舱安全释放阀需安装在液货舱的最高位置，避免温度升高液体膨胀时或是船体摇晃倾斜时安全阀进口被液货淹没或充满，在 C 型独立式液货舱的最顶端位置设置了一个小的气体空间，即气室。液货系统的液货舱外部接管与液货舱内部接管连接的管路，如液货注入管、气相管、液货舱测量装置的开孔接管，以及深井泵座、人孔等所有与液货舱连接的管路及附件均布置在气室上。气室接管的综合布置图如图 4 - 12 所示。图 4 - 13 则显示了在气室上的支架支撑结构，确保气室上的接口及管路能与气室同步沉降来解决管口应力过大的问题。表 4 - 4 为某项目中管口变形量数据，内外管路接口必须能承受这些变形。

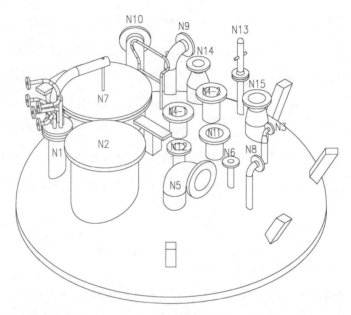

图 4 - 12　气室接管的综合布置图

图 4 - 13　气室处管路支撑

表 4-4　某项目中管口变形量数据

初温/摄氏度	末温/摄氏度	9%Ni钢线性膨胀系数（均值）	温差/摄氏度	单位长度变形量	自由状态变形量				约束状态变形量		
					周向/毫米	变形后当量直径/米	径向/毫米	长度方向/毫米	周向/毫米	变形后当量直径/米	径向/毫米
−164	45	0.000 008 8	209	0.001 839 2	92.45	15.97	29.43	74.12	51.36	15.98	16.35
−164	45	0.000 009 9	209	0.002 069 1	104.00	15.97	33.11	83.38	57.78	15.98	18.39
−164	45	0.000 010 6	209	0.002 215 4	111.36	15.96	35.45	89.28	61.87	15.98	19.69
−164	45	0.000 011 2	209	0.002 340 8	117.66	15.96	37.45	94.33	65.37	15.98	20.81

十、低温管路应力的研究

材料在低温条件下，强度会下降，严重时会产生冷脆破坏，所以规范已明确规定设计温度为−110摄氏度或更低时，对管系的每一分支应提交一份考虑到由于管子的重量、内部流体冲击（特别在转角处）、内部压力、冷收缩以及船体中拱和中垂引起的载荷等所产生的所有应力的完整的应力分析资料。

对于再液化系统，液货舱内的蒸发气被压缩机抽出，压缩后转变成低温的高压气体，该管系温度较低、但压力比其他低温管路高，应特别注意应力分析，以确保其具有足够的结构强度。

应力分析的目的在于计算管系的一次应力、二次应力和偶然应力，确认其在标准范围内，以预防管道因压力过高导致破裂，因过载导致垮塌，因加载次数过多导致疲劳破坏。

应根据应力计算需要选择不同类型（滑动、导向、固定、限位等）和不同尺寸的管路支架，示例的管支架选型如表4-5所示。

低温管路的应力计算分析是比较复杂的，需要根据实际管路的布置和支架位置，在应力计算软件中建模，并设定边界条件。如果初步定义支架位置及类型计算不通过时，需要调整支架位置和形式来重新计算，直到计算通过为止。

表 4 – 5 管支架选型

(a) 材料数据

管道尺寸			主要参数/毫米								管夹宽度	厚度/毫米				螺栓尺寸/毫米
NPS/英寸	DN/毫米	OD/毫米	H_1	(X)	B_1	L_1	ϕD	E	C	s_1	L_2	T_1	T_2	T_3	T_4	
3	80	88.9	114	86	115	180	42	35	10	—	90	10	8	8	6	M10
4	100	114.3	127	113	115	180	42	40	15	—	90	10	8	8	8	M12
6	150	168.3	154	109	175	150	—	40	15	38	160	10	8	8	8	M12
8	200	219.1	180	127	175	150	—	40	15	28	160	10	8	8	8	M12

(b) 管托受力数据

管道尺寸			$F_{轴向}$/千牛	$F_{径向}$/千牛	$F_{垂向}$/千牛	$M_{弯矩}$/千牛·米
NPS/英寸	DN/毫米	OD/毫米				
3	80	88.9	1.0	1.0	5.0	—
4	100	114.3	3.0	3.0	10.0	—
6	150	168.3	3.0	3.0	10.0	—
8	200	219.1	6.0	6.0	20.0	—

图 4-14 为某项目液货管系应力计算模型,图 4-15 为局部管系应力分析结果,颜色越深表明应力值越大。图 4-16 为高压燃气双壁管路应力计算模型,图 4-17 为保冷管路上的低温管路支架安装形式。

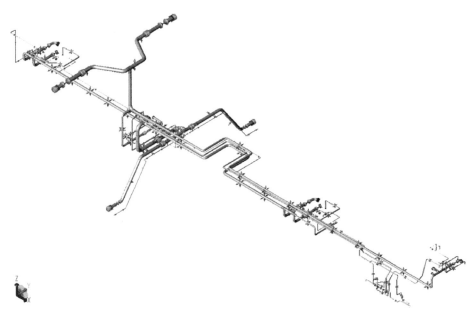

图 4-14　某项目液货管系应力计算模型

图 4-15　局部管系应力计算结果

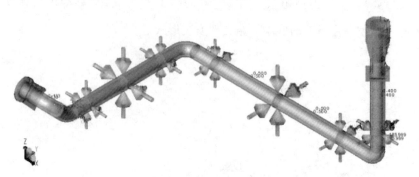

图 4-16　高压燃气双壁管路应力计算模型

图 4-17　保冷管路上的低温支架安装形式

对低温管路的应力研究,一是要求现有的材料能承受应力计算的结果;二是设计缓冲变形、减小应力的结构,寻找最佳的管路支架布置位置和形式。

十一、防止危险气体扩散的措施研究

液化气船设计及建造时,应该设定好气体危险区,严防危险气体进入安全区引发事故,同时需根据不同等级的危险区,选择等级合适的电气设备。危险区的设置是有关安全的设计问题,也是管理问题。

1)气体危险区的划分原则和预防措施

液化气船上的 LPG 和 LNG 可能存在并可能产生危险的区域称为危险区。IGC 规则基于 IEC60092 - 502(国际电工标准-船舶电气设施第 502 部分),将气体危险区分为 3 类。

(1)0 区系指持续存在或长时间存在爆炸性气体环境的区域。

(2)1 区系指在正常操作情况下可能出现爆炸性气体环境的区域。

(3)2 区系指在正常操作情况下不大可能出现爆炸性气体环境的区域,即使出现,也可能仅偶然发生并且存在时间短。

对于存在危险性的船舶,在设计时需考虑如下几方面:

(1)防止危险气体从危险级别高的区域流向危险级别低的区域,特别是不能流向危险区域以外的有热的物体表面或机械火花的区域。

(2)在危险区需防止出现明火或电火花。

(3)对有关的危险区域要进行危险气体含量探测,发现超标时或人员进入进行维修作业前,要有驱除措施。

设置三类危险区根本目的就是杜绝危险气体从危险级别高的区域进入级别低的区域,如生活居住区的门窗不能正对危险区域,且要离开危险区域一定距离;防止危险气体进入允许有明火作业或有电火花产生的安全区域,如机舱、船员居住区域;在危险区域严禁烟火,机械、电气设备不能产生电火花等。在液化气船加注或航行时,一般需防止其他船舶或危险物品进入距加注口 25 米范围的危险区域。

对于这些可能存在危险气体的危险区域,应有相应的安全防范措施,如设置监测报警设备。人员进入有或可能有危险气体的地方,进入前必须进行驱气通风,直至测得危险气体含量已达安全界限为止。

不同等级危险区内电气设备的防爆等级要求不一,表 4-6 表示了毗邻不同等级危险区处所的危险区域等级划分原则,表 4-7 简单地列举了不同形式液货舱的危险区域划分原则。

表 4-6 毗邻不同等级危险区处所的危险区域等级划分原则

毗邻处所	内部有释放源		内部无释放源	
	有通风	无通风	有通风	无通风
0 区	1 区, 如货舱泵	0 区, 如安装带有法兰的货物管系的隔离空舱	2 区, 如毗邻货舱的压载泵舱	1 区, 如隔离空舱,留空处所
1 区	2 区, 如安装带有法兰的货物管的舱室	1 区, 如安装带有法兰的货物管系的舱室	非危险区	非危险区
2 区	2 区, 如安装带有法兰的货物管的舱室	1 区, 如安装带有法兰的货物管系的舱室	非危险区	非危险区

表 4-7 不同形式液货舱的危险区域划分原则

A 型独立舱(全冷式液化气船)的货舱处所是 0 区	B 型独立舱(MOSS 型以及 SPB 型 LNG 船)的货舱处所是 0 区	需要次屏壁的 A 型、B 型独立舱与货舱处所相邻的压载舱是 1 区

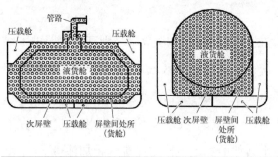

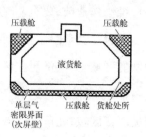

对于 C 型独立式液货舱液化气船,IGC 规则认为 C 型独立式液货舱是不会发生贯穿裂缝,所以不考虑发生液化气泄漏,因此不需要设置次屏壁。相关液货舱的属性分别为:液货舱内部为 0 区;货舱处所由于不考虑液货舱发生泄漏,因此没有释放源,仅人员进入检查时有通风,所以是 1 区;与货舱处所相邻的压载舱、空舱、隔离舱等由于没有通风保护,即使与属于 1 区的货舱处所的隔舱壁发生单一损坏,但由于货舱处所没有释放源,所以是非危险区。

对于薄膜型液货舱液化气船,屏壁间处所内外两层殷瓦钢之间的胶合板箱、内底板、边舱壁和舱顶甲板之间,它们与次屏壁间的空间是 1 区,而双层底舱和边压载舱则是非危险区。

图 4-18 为某 C 型独立式液货舱液化气船危险区域划分图,颗粒状填充处为 0 区,网格状填充处为 1 区,斜线填充处为 2 区。

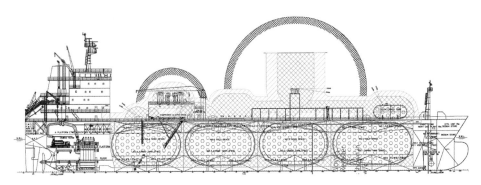

图 4-18　某 C 型独立式液货舱液化气船典型危险区域划分图

2) 气体危险区划分的一些特殊要求

值得注意的是 C 型独立式液货舱船型的压载舱,危险级别存在争议,从前述货舱处所的角度看,应划分为安全区。但从甲板面危险区的角度看,将压载舱空气管升高至甲板面 2.4 米以上也只能避开部分危险区。由于释放阀排气管出口的特别要求,即液货舱压力释放阀排气管出口布置成使其与最近的通向起居处所、服务处所和控制站或其他气体安全处所空气进口或开口之间的距离至少为船宽 B 或 25 米,取其小者。因此,大部分压载舱的空气管无法避开危险区,从而导致压载舱衍生为危险区。

同为液货船,与油船、化学品船不同,液化气船的压载处所(包括用作压载水管路的湿箱形龙骨)、燃油舱和气体安全处所的相关管路可与机器处所内的泵相连接。压载水管通过的干箱形龙骨可与机器处所内的泵相连接,条件是连接管直接同泵连接,并从泵直接排出舷外;从箱形龙骨至气体安全处所(机舱)的每一连接管不装设阀门或分配阀箱。泵的透气管的开口不应通向机器处所。其原因是油船和化学品船货舱区的压载水及燃油舱管路在舱壁破损,混有大量低闪点液体进入机舱时,会危及机舱安全。而液化气船如有液货混入压载水或燃油管路中将迅速气化,因此,只需注意相应输送泵的透气口不终止在机舱即可。

第三节　液化气船的设计及特殊计算

液化气船的设计与常规船舶不同,本节所述为液化气船设计的特殊部分及特殊计算。虽然我国的液化气船设计建造起步较晚,但我国的液化气船设计和建造,无论是 LPG 船还是 LNG 船从一开始就是立足于自力更生,而不是纯然购买先进国家的设计,依样画葫芦。在设计建造过程中,尽力利用自己掌握的技术,消化吸收国外先进技术,融入设计中,并变为具有中国特色的设计。

一、液化气船的设计流程

液化气船的设计和建造最终是为了满足船舶所有人指定货品的要求以及载运能力(货舱舱容)的需求,如果是多种货品的多功能液化气船,应指定按某一种货品进行优化设计,如满舱载重量、货物围护系统的设计密度、液货泵流体的设计密度、货舱的日蒸发率以及货物处理系统的能力等。对于其他货品虽能载运,但相关配套的设备运行点虽不在最佳效率点上,但亦应尽量提高运行效率。另外,在装载其他货品时,因为货品密度的差异,液货舱就会出现满舱但未达到设计载重量,或者会出现货舱未装满而载重量却超限的情况,此时液货舱应是部分装载,晃荡加剧,液货舱就会承受晃荡带来的额外载荷,同时也带来了液货舱疲劳破坏的问题。因此,液化气船的设计,不但要满足常规船舶的设计要求,还要满足在设计装载工况下的各种性能和安全要求,也要校核其他装载工况下的性能和安全要求。因此,液化气船的设计比一般船舶更加复杂,需增加很多分析计算来确保货物围护系统及货物处理系统的安全性及可靠性。

液化气船的设计依据及流程是基于 IGC 规则的。液化气船设计流程简图如图 4-19 所示。

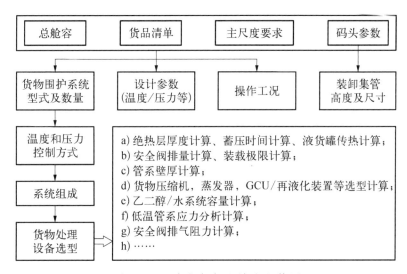

图 4-19 液化气船设计流程简图

从流程图中可以看出,设计液化气船首先要明确总舱容、货品清单、主尺度要求、码头参数。总舱容决定了液货舱的总容量,主尺度要求是船舶所有人对该船主要尺寸的要求或限制。例如,江南造船在设计建造 3.75 万立方米 LEG 船时,船舶所有人要求总长不能大于 180 米,设计就要在这个基础上考虑货舱和机舱的划分。因此,方案设计时就对货舱区长度设置进行分析:以往类似的液化气船都是 4 个液货舱,现要求总长不大于 180 米,原先的 4 舱设计就满足不了要求,就必须要加大船宽,改为 3 舱设计,并将单圆筒液货舱改为双圆筒液货舱来实现这个要求。另一个例子,在江南造船 1.65 万立方米 LPG 船设计中,船舶所有人要求总长不能大于预期停靠码头的长度,但宽度又受到船厂船台宽度的限制。方案设计时,首先尽可能缩短机舱长度,在吃水、方形系数、线型等参数上综合调整,并采用蝶形封头使单个液货舱容积最大化来满足这一要求。码头的参数:与液化气船进出集管相配的码头装卸集管高度与尺寸要求,在设计液化气船时,决定了液化气船装卸集管接口的高度和尺寸,一定程度上也决定了液化气船的上甲板高度,即型深。

从流程图中也可以看出货品清单是对设计影响最大的一项,它决定了货物围护系统形式及数量,设计的温度和压力,操作的流程和要求等。例如,在上述 3.75 万立方米 LEG 船设计时,考虑到装运的是乙烷、乙烯、丙烷、丙烯等 10 余种货品,船舶所有人又要求快速装运乙烷和乙烯,因此,半冷半压式的 C 型液货舱成为最佳的选择。在设计温度和压力一项中,货品的不同决定了液货舱温度和压力的不同,而温度和压力不同,又决定了绝热材料品种和厚度的不同;压力的不同还决定了液货舱舱壁的设计厚度等。

图 4-20 对货品表/舱容需求对设计的影响作了进一步细化,可以看出,液化气船的设计不是一蹴而就的,其中一些参数可能要做多次调整,多次设计计算后才能满足基本的任务要求。

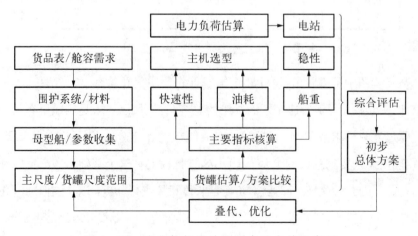

图 4-20 液化气船设计流程中重点关注事项

二、货物围护系统的设计

液化气船的设计首先是要确定货物围护系统;货物围护系统的设计,主要是确定液货舱的形式,每个液货舱的容量,以及液货舱的数量。

1) 货品特性是液化气船的设计起点

液货舱的设计内容和流程如图 4 - 21 所示。

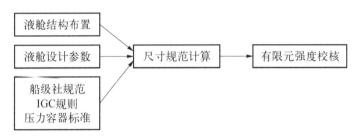

图 4 - 21　液货舱设计内容和流程

货物围护系统的技术难度与其所载运货品的物理、化学特性等有密切的关系。与船舶常规的燃油、滑油、冷却水等液体系统不同,液化气船上需把常温下处于气态的石油气或天然气变成低温和超低温的液态后再运输,因此在运输过程中,由于内外温差,部分液化气的蒸发,积聚到液货舱的顶部空间,会引起舱内压力升高,产生危险。所以设计、建造液化气船时,首先要掌握该液化气船载运的货品的物理化学特性、沸点(也就是液化点)温度、沸点温度与压力的关系、液体和气体以及气化潜热及其危险性和污染特性。除大型专用液化气运输船外,一般中、小型液化气运输船均设计为适装多种货品的液化气,所以需掌握所有可能在该船上载运的货品的特性。只有掌握了所有货品的物理、化学特性,才能分析研究采用哪种储运方式、哪种液货舱、哪种船型,以及确定液货系统的各项设备,才能进行经济技术分析和设计出安全高效的液化气船。

2) 压力-温度特性是确定货物围护系统的基础

不同液化气货品有着不同的压力-温度特性曲线。如图 4 - 22 所示,图中纵坐标为饱和蒸气压力,横坐标为温度坐标,图中一根根由左下向右上的曲线就是货品的压力(绝对压力)-温度特性曲线。某货品特性曲线与等压水平线的交点,对应的压力就是该货品的饱和蒸气压力;垂直向下与横坐标的交点就是该饱和蒸气压力下的沸点温度;该货品曲线与横坐标的交点就是该货品在大气压下的沸点。从该图中可以看出,液化气的沸点温度随着压力的增大而升高。图上部的虚线为临界温度/临界压力线,某一货品的压力-温度曲线,与临界温度/临界压力线的交点,横坐标上对应的是该货品的临界温度,纵坐标上对应的是该货品的临界压力。一种货品只有在低于临界温度时,才能通过加压的措施将其液化。除甲烷的临界温度约为−85摄氏度外,其余都大于0摄氏度。例如,乙烯约为8.2摄氏度,乙烷约为34摄氏度,它们都可以在0摄氏度以上用加压或者降温加压,或者直接降温的方法将其液化。

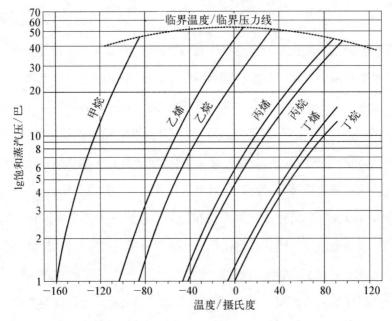

图 4-22　不同液化气货品的物理特性

货品的这些特性均与货物围护系统、货物处理系统以及货物输送系统的设计息息相关。即使是同一货品,在不同压力和温度条件下,货品的饱和蒸气压力、密度、热焓值等物理特性也都不同。因此,掌握液化气各货品在不同温度和压力条件的特性是液化气船设计,尤其是货物围护系统、货物处理系统以及货物输送系统设计及设备选型的基础。

　　表4-8列出了LNG和常见的LPG货品在大气压下的沸点以及在45摄氏度时的饱和蒸气压力,也就是45摄氏度时货品由液态转变为气态时相应饱和蒸气压力。沸点是液态和气态的转化点,大气压下的沸点低于0摄氏度就意味着该货品在常温常压下为气态,通常需要通过加压或降温,或加压加降温的方式将其液化。全压式液化气船液货舱设计最高温度为45摄氏度,从该表可看出丙烯的饱和蒸气压力最高1.85兆帕($A^①$)。因此,当液化气货品在45摄氏度时的饱和蒸气压力不大于1.85兆帕(A)。当然也可以用半冷半压式及全冷式储运方式,如果货物处理系统中配置有再液化设备,适装货品将更为广泛与灵活。

表4-8　LNG和常见的LPG在大气压下的沸点和在45摄氏度下的饱和蒸气压力

名　　称	常压沸点/ 摄氏度	45摄氏度饱和 蒸气压力/兆帕	可用液化方式
丁烷	−0.5	0.45	
丁二烯	−4.5	0.50	
丁烯	−6.26	0.53	全压式
氯乙烯	−14	0.68	半冷式
氨	−33	1.82	全冷式
丙烷	−42.8	1.50	
丙烯	−48	1.85	
乙烷	−88.6	在临界温度以下 加压才能液化	半冷式 全冷式
乙烯	−104	在临界温度以下 加压才能液化	半冷式 全冷式
甲烷	−163	在临界温度以下 加压才能液化	半冷式 全冷式

　　从图4-22可以查出甲烷、乙烷、乙烯的临界温度和临界压力。因它们的临界温度都小于45摄氏度,所以只能半冷半压或全冷条件下将其液化。从

---

①　A表示绝对压力。

表4-8可以看到丁烷、丁烯、氯、氨、丙烷、丙烯等货品的沸点,45摄氏度时的饱和蒸气压力及可用的液化方式。

3) 货品的特性和装载量决定了液货舱的类型

根据船舶所有人对货品需求确定设计温度和舱容规模,选择适合的货物围护系统和船型。当运载货品在45摄氏度时的饱和蒸气压力不大于1.85兆帕时,且总舱容不大时优先采用价格低廉、系统简单的全压式液货舱储运;一般情况下,当单一航次的储运量超过6 500立方米时,往往采用半冷半压式或全冷式储运以增加储运货品的灵活性。而当货舱总容积超过3.5万立方米时,船舶的大型化将更追求舱容利用率,传统的全压式以及半冷半压式将难以满足,且随着船舶大型化后全压式以及半冷半压式的建造成本以及液货舱运输成本将会成倍增加。因此,3.5万立方米以上的液化气运输船一般会采用全冷式液货舱储运。

总之,货品特性及载货量决定了液货舱类型,液货舱类型一旦确定,总布置图中的货舱甲板大致布局就已基本确定。小型液化气船如果采用全冷式液货舱会增加货物系统的复杂性,直接导致船舶建造成本大幅度增加,而大型液化气船如果采用全压或半冷半压式液货舱会导致液货舱压力过高,液货舱板厚和重量大幅度增加,直接导致船舶的经济性差,并且全压或半冷半压式均为C型独立式液货舱,对于大型液化气船来讲,舱容利用率也会直接影响船舶的经济性,所以大型液化气船货舱一般会选用全冷式液货舱。

4) 液化气船布置方面的主要要求

(1) 所有液货舱的气室都应凸出于露天甲板之上。液货泵和货物压缩机间都应位于露天甲板上方,并处在货物区域内,货物管系都应位于露天甲板上方的货物区域内,且不通过气体安全处所,并与其他管系物理隔断。

(2) 货舱处所(包括独立式液货舱)、留空处所及认为有危险气体的其他处所,在布置时都应设置规定的通道,以便允许穿着保护服、佩戴呼吸器的人员进入检查这些处所,并在发生事故时,能将受伤或昏迷人员从该处所内救出。

(3) 货舱处所应独立于其他处所。货舱处所一般应位于A类机器处所的前方。

（4）对于薄膜型液货舱、A 型独立式液货舱和 B 型独立式液货舱液化气船，液货舱与机器处所、起居处所、服务处所、控制站等处所之间，或与其下面或外侧存在点火源或火灾危险的处所之间，应用隔离舱或燃油舱予以分隔。如果相邻处所内不存在点火源或火灾危险，则可接受气密 A－0 级分隔[①]。当货物温度低于－10 摄氏度时，货物处所与海水之间应设置双层底；当货物温度低于－55 摄氏度时，货物处所还须设置构成边舱的纵舱壁。

（5）对于 C 型独立式液货舱液化气船，液货舱与机器处所、起居处所、服务处所、控制站等处所之间可用隔离舱、燃油舱或形成 A－60 级分隔的全焊接结构的单层气密舱壁予以分隔。如果相邻处所内不存在点火源或火灾危险，则可接受气密 A－0 级分隔。

（6）露天甲板上为货物围护系统所设开口处应设有密封装置。

（7）起居处所、服务处所、机器处所和控制站的入口、空气进口和开口不应面向货物区域，它们应设置在不面向货物区域的端壁上，或设置在上层建筑或甲板室的外侧壁上，这些开口离面向货物区域上层建筑或甲板室的端壁之间的距离至少为船长的 4％，且不小于 3 米，但不必超过 5 米。

（8）面向货物区域和在上述距离内的上层建筑或甲板室两外侧壁上的窗和舷窗应是固定（非开启）型的。驾驶室的窗可以为非固定型的，而门可位于上述范围内，只要它们设计成能确保迅速而有效的气密即可。

5）液货舱安全布置

液化气船的液货舱除考虑容积和形式外，还需要关注其形状和位置，确保其与船体线型匹配的同时，还应保证与船体结构的间距、检修通道等要求满足船级社以及 IGC 的规定。

液货舱应布置于舷内距船侧外板不小于规定的最小距离，以防止船舶在与

---

①　舱壁与甲板所组成的分隔以钢或其他等效的材料制造，有适当的防挠加强，并用经认可的不燃材料隔热，A－0 及 A－60 级分隔分别系指在 0 分钟和 60 分钟内，其背火一面的平均温度较原始温度增加不超过 140 摄氏度，且在包括任何接头在内的任何一点的温度较原温度增高不超过 180 摄氏度。

码头、拖船等触碰产生较小破损,船体外板破损时,或在碰撞或搁浅时,船舶能在假定浸水条件下残存,避免引起液货舱破坏,以保护船舶和环境。对破损的假定和液货舱与船舶外板间的距离均取决于所载运货品的危险程度。

　　液货舱的布置位置在 IGC 规则已有明确要求。液货舱绝热层检验通道的要求如表 4-9 所示。某 3 500 立方米全压式 LPG 船总布置图如图 4-23 所示。

表 4-9　液货舱绝热层检验通道的要求

需要检验人员通过(有结构构件)

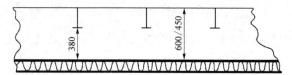

待检验表面与结构构件自由端之间距离,至少 380 毫米;
货舱为曲面,则与结构构件所在面之间距离,至少 450 毫米;
货舱为平面,则与结构构件所在面之间距离,至少 600 毫米

不需要检验人员通过(有结构构件)

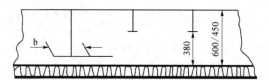

待检验(目视检查)表面与结构构件自由端之间距离,至少 50 毫米或面板宽度的一半,取其大者

检验曲面(另一表面无结构构件)

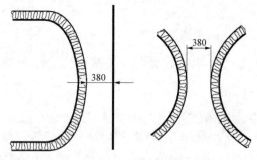

需要检验人员通过时,两个表面之间距离至少 380 毫米;
不需要检验人员通过时,根据曲面形状可接收距离小于 380 毫米

（续表）

检验平面,需通过近似平行的平面(无结构构件)

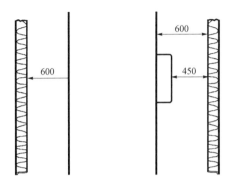

表面之间的距离应至少为 600 毫米。如设有固定通道梯子,应设有至少 450 毫米的间隙供人员进入

检查液货舱集液槽和吸口井

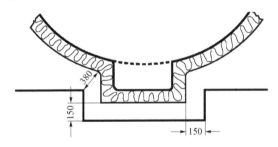

集液槽平面和吸井之间的距离最小为 150 毫米,内底板与吸井的垂直边之间的边缘以及球罐型或圆形表面与液货舱集液槽之间的接合点之间的间隙至少为 380 毫米。
如无吸口井,液货舱集液槽与内底之间的距离应不小于 50 毫米

液货舱气室与甲板结构间距离

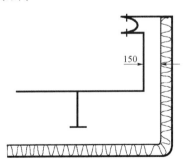

液货舱气室与甲板结构之间的距离应不小于 150 毫米

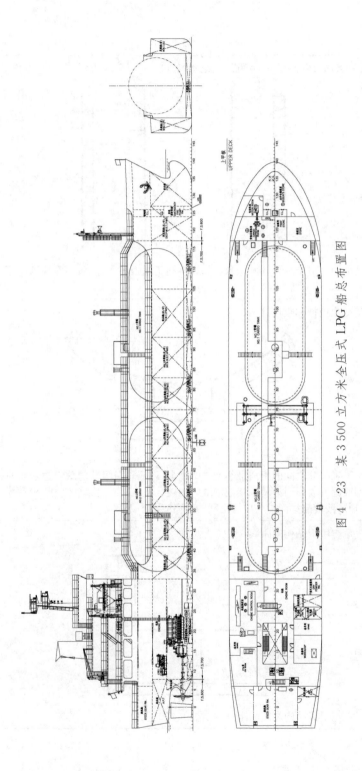

图 4 - 23 某 3 500 立方米全压式 LPG 船总布置图

三、主尺度及船型的选择

1）主尺度应与码头设施及航线匹配

液化气船主尺度的选择除船长及船宽的选择要考虑码头及航线限制外，主要应考虑水动力性能因素，船舶的型深还需兼顾国际气体船及终端营运者协会/石油公司国际航运论坛对不同尺度船型的集管区高度的要求，并根据已知航线中的码头设施进行匹配核查，与满载吃水、空载吃水综合考虑。对于有进内河需求的液化气船来讲，还需考虑到内河的季节性水深和桥梁高度的限制。在吨位的选择上应考虑到码头的限制以及收费区间等因素。

2）不同载货量的舱型选择

对于小型全压式液化气船，如图 4－23 所示的某 3 500 立方米全压式 LPG 船总布置图，因液货舱设计温度为环境温度，故不设凸形箱盖甲板，液货舱的上半部分直接裸露在大气环境下，货舱顶部设气室，人行步桥从上层建筑的艉楼甲板处沿货舱顶部直达船首。

对于液货舱总容积 1.4 万立方米以下的半冷半压式液化气船，一般采用两个图 4－24 所示的单圆筒 C 型独立式液货舱，这种单圆筒液货舱船型一般设

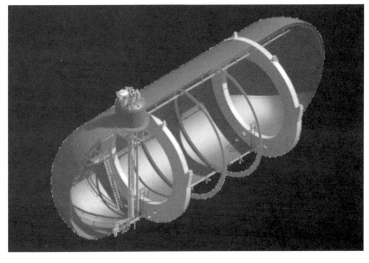

图 4－24　单圆筒 C 型独立式液货舱

置有凸形箱盖甲板,可以阻隔外界热量传入液货舱及防止阳光直射。C 型独立式液货舱为压力容器,其设计制造无专利保护,制作容易且成本较低,载货时无须额外的次屏壁保护,安装在干燥空气或惰气保护的货舱处所内,较为安全。

图 4-25 所示的某 6 500 立方米 LEG 运输船采用了两个单圆筒 C 型独立式液货舱,并带凸形箱盖甲板。

对于相对灵活的支线 LNG 运输船,C 型独立式液货舱中小型 LNG 运输船因其液货舱为自持式液货舱且可蓄压载运,已经作为一种新兴的 LNG 运输船越来越多地进入各大油气公司或航运公司的视野,随着 LNG 码头及相关产业链配套设施的建设完成,C 型独立式液货舱小型 LNG 运输船将会作为沿海及长江等内河沿线 LNG 运输的主流船型。为实现一船多用,C 型独立式液货舱中小型 LNG 运输船的货物围护系统及液货系统往往设计成能兼装 LNG 及部分 LPG 货品的多功能系统,这类船舶即称为中小型多功能 LNG 运输船,其以"多货品,大站装货,小站卸货"为典型特征。

图 4-26 所示的某 1.4 万立方米小型多功能 LNG 运输船总布置图,也设置了凸形箱盖甲板。

对于货舱总容积 1.4 万立方米以上的半冷半压式液化气船,液货舱中一般采用图 4-27 所示的双体式 C 型独立式液货舱,以更多地利用船舱容积。这种双体式液货舱船型一般不设凸形箱盖甲板,主甲板为平甲板设计,液货舱全部在主甲板之下。图 4-28 所示为某 2.2 万立方米 LEG 运输船总布置图,主甲板为平甲板设计。

双体式 C 型独立式液货舱舱内中间设一道水密纵舱壁,两个气室通过气相平衡管联通,双体式 C 型独立式液货舱因其特殊的底部形状,左右为各自独立的液货舱,每个半舱均设置有一套液货泵、液位测量系统、取样系统、高位报警系统、注入管系、货舱梯、人孔等,因此建造成本也较单圆筒 C 型独立式液货舱的船型有较大的提升。

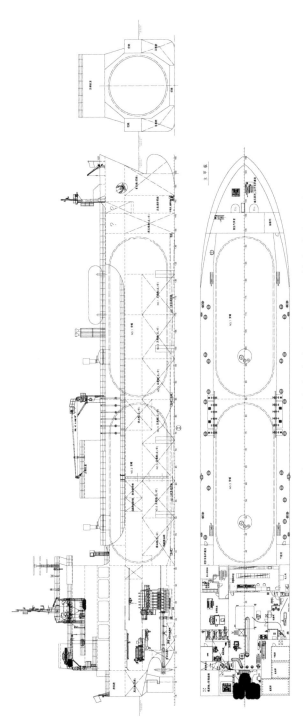

图 4 – 25　某 6 500 立方米半冷半压式 LEG 运输船总布置图

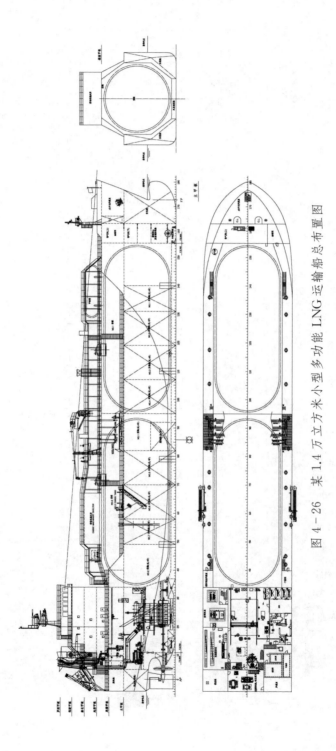

图 4 - 26　某 1.4 万立方米小型多功能 LNG 运输船总布置图

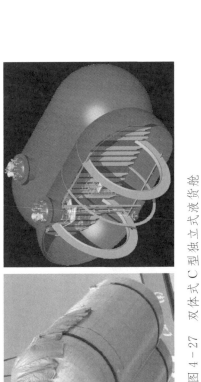

图 4 - 27　双体式 C 型独立立式液货舱

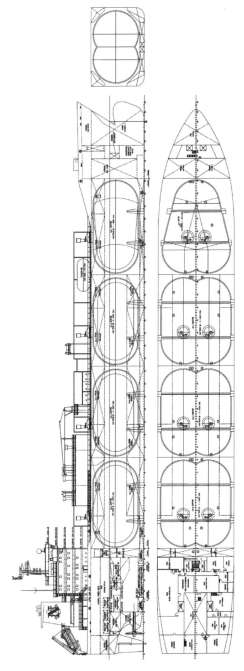

图 4 - 28　某 2.2 万立方米半冷半压式 LEG 运输船总布置图

对于非主流的超大型半冷半压式液化气船,因液货舱采用如图4-29所示的三体式C型独立式液货舱,也设置有凸形箱盖甲板,将液货舱包容在船舱之内,所以超大型半冷半压式液化气船的货物甲板设计与小型半冷半压式液化气船的货物甲板设计类似。图4-30所示为某3.6万立方米超大多功能半冷半压LEG运输船总布置图,使用了三体式C型独立式液货舱,增大了液货舱容积利用率,货舱甲板随液货舱顶部的高度变化而变化。

图4-29　三体式C型独立式液货舱

对于大型全冷式液化气船,如VLGC、VLEC船以及大型薄膜型液货舱LNG运输船,其主甲板形状与液货舱形状相匹配,如采用A型独立式液货舱的VLGC及采用B型独立式液货舱的VLEC船,一般为平甲板设计,如图4-31所示的某8.4万立方米VLGC总布置图所示。

对于采用薄膜型液货舱的大型LNG船,一般设置有凸形箱盖甲板来匹配液货舱的形状,如图4-32所示的某17.5万立方米LNG船总布置图所示,其设置有凸形箱盖甲板。

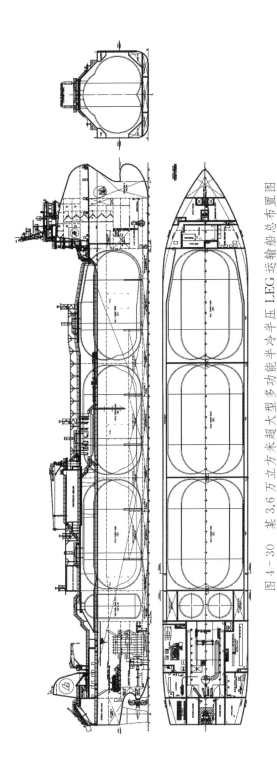

图 4 - 30　某 3.6 万立方米超大型多功能半冷半压 LEG 运输船总布置图

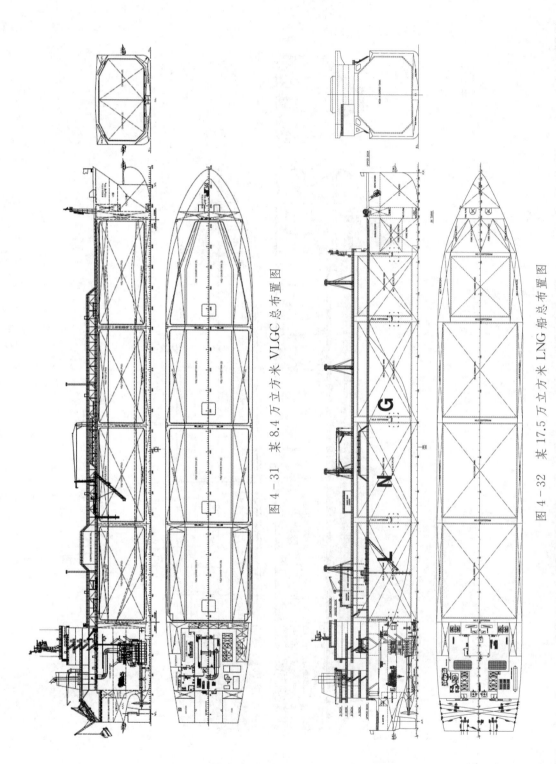

图 4-31　某 8.4 万立方米 VLGC 总布置图

图 4-32　某 17.5 万立方米 LNG 船总布置图

液化气船不同载货量的舱型选择和单舱容量的确定，以及一艘船设置几个液货舱都是随着技术的发展而变化的。上述舱型选择和确定，可以说反映了液化气船的一段发展历史。

四、液化气船的一般布置

1）机舱、货舱和甲板面布置

为追求液货舱舱容最大化，液化气船一般采用艉机型布置，在机舱空间允许的情况下主机尽量靠艉布置，以使机舱最短化，从而控制船舶总长。

液化气船机舱前的货舱区主要为液货舱。货舱区的甲板上除布置常规的消防管路、蒸汽/凝水管路、压缩空气管路、电缆等外，主要为液货系统管系。通常主甲板上设有货物机械处所或独立的压缩机室和电机室、干粉站室等。

2）压载舱及货舱处所舱底水系统

（1）不同舱型的舱底水排泄要求。对于薄膜型液货舱、A 型独立式液货舱和 B 型独立式液货舱液化气船，应配备适当的排泄装置，用于处理通过相邻船体结构漏入货物处所或绝热处所的泄漏，且不应由机器处所内的泵抽吸。还应设有能探测此类泄漏的装置。对于 A 型独立式液货舱，该排泄系统还应设置能将漏出的液货返回到液货舱的管路。

对于 C 型独立式液货舱，货舱处所内应配备独立于机器处所合适的排泄装置，还应设有探测任何泄漏的装置。舱底水排泄装置通常能从露天甲板以上操作。

（2）液化气船压载舱排放要求。与常规液货船（油船、化学品船）不同，液化气船的压载舱虽然定义为危险区，但在下属情况下，压载泵可以布置在机舱内。

① 确保压载舱的管路直接与压载泵连接，并将压载水直接从压载泵排出舷外。

② 从压载舱出来的压载管和压载泵的排出管不与服务于非危险处所的管路连接。

③ 压载泵的透气管开口不通向机器处所。

3) 空气闸

(1) 空气闸的作用。空气闸是位于露天甲板的气体危险区中进入气体安全区前的缓冲区,设置空气闸的目的是防止危险气体进入气体安全区。空气闸及被保护的气体安全区受正压通风保护,一般设计通风的正压值为 50～60 帕。空气闸空间设有两扇气密自闭钢质门(无背扣),间距不小于 1.5 米,但不必大于 2.5 米,处所两端设视觉和听觉报警,当多于一扇门开启时报警被触发启动。被保护的气体安全区舱室内电气设备可为常规的非防爆型,当该舱室正压状态消失时,应能自动切断该舱室的供电以确保船舶安全。应注意的是,位于空气闸处所内用于操纵、锚泊和系泊以及应急消防泵的电气设备应为合格防爆型,且舱室内应设置可燃气体探测装置。

(2) 气体安全区设置目的及配置要求。液化气船甲板上设置的气体安全区一般是为了布置货物处理装置的驱动电机,配电板以及货物系统控制箱等,其主要目的是避免使用防爆电机而降低建造成本,同时减小货物控制系统电气箱柜占用货控室、集控室或上层建筑内的其他舱室,以及减少货物处理及输送设备与电气箱柜间特殊电缆的长度。

如图 4-33 所示,驱动电机通过传动轴以及气密的隔舱填料函驱动压缩机室内的货物压缩机,在轴穿过舱壁或甲板的部位应设置带有效润滑的确保永久性的气密装置或其他装置,其中压缩机室设计为气体危险区,为负压通风,电机室设计为气体安全区,与空气闸一起为正压通风。

五、液化气船的特种计算

分析计算是液化气船设计的基础,在液化气船总布置初步完成后,就应对液货舱的结构强度、液货舱内液体的晃荡冲击力,液货舱的温度场及对外热传

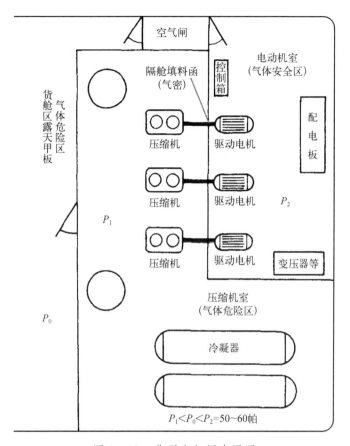

图 4-33　典型空气闸布置图

导,以及整艘船的破舱稳性进行计算,以确保液化气船的安全。如果某一计算不能满足 IGC 规则或有关船级社规范的要求,就必须分析原因,修改设计后重新进行计算。

1）液货舱和基座结构有限元分析

液货舱是液化气船上最大也是最重要的组成部分,一般通过基座固定在船体结构上,液货舱在低温或超低温的情况下,受到液货舱自身和货品重力、内部压力、船体变形以及温差应力的作用,所以对液货舱及基(鞍)座结构(对独立式液货舱)进行有限元强度计算与分析,是确保液货舱强度与安全的必要工作。部分工作内容如图 4-34～图 4-37 所示。

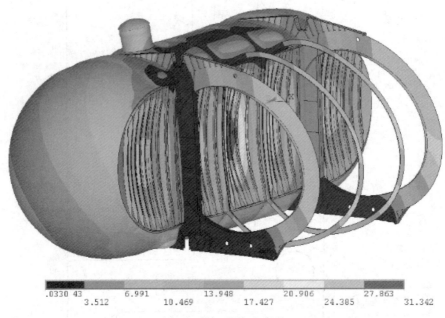

.0330 43		6.991		13.948		20.906		27.863	
	3.512		10.469		17.427		24.385		31.342

图 4 - 34　双体液货舱

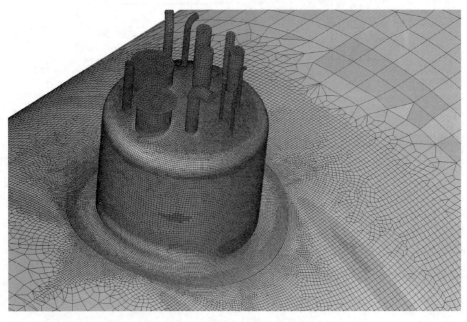

图 4 - 35　气室处的细网格计算

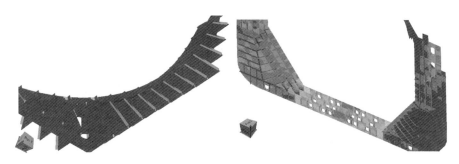

图 4 - 36　鞍座结构细网格计算

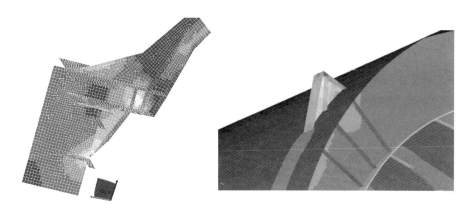

图 4 - 37　止浮装置结构细网格计算

液货舱的压力、温度和形式,内部液货的重量和液货舱自重对液货舱影响较大。

2）晃荡分析

液货舱内的液货,在航行时受到风和波浪的影响,在液货舱内晃荡,产生了对液货舱和泵塔的冲击,产生的热量会加快液货的蒸发,增加蒸发气量,所以利用相关计算模拟软件,对晃荡载荷下对液货舱结构强度进行分析,对 LNG 泵塔结构疲劳寿命分析也是必不可少的。

中国船舶及海洋工程设计研究院所针对不同等级的晃荡载荷研究,采用了不同复杂程度的分析方法,例如经验公式计算、数值计算等。通过晃荡分析计算,决定液货舱内是否需要设置制荡舱壁。IMO C 型独立式液货舱内的制荡舱壁如图 4 - 38 所示。

图 4-38 C 型独立式液货舱内制荡舱壁

为降低晃荡冲击力的影响,A 型独立式棱柱形多面体型液货舱、B 型独立式棱柱形多面体型液货舱和 C 型独立式多圆柱体形液货舱,都设有中纵舱壁,减少了货舱内的自由液面,降低了液货晃荡对液货舱产生的附加载荷;薄膜型液货舱的自由液面较大,晃荡的冲击力也大,对液货舱舱壁和泵塔会产生冲击。因此,必须进行冲击力计算和分析;周期性的晃荡冲击载荷将使泵塔产生弯曲疲劳以及零部件松动,所以必须对泵塔进行疲劳强度分析。薄膜型液货舱内的泵塔结构如图 4-39 所示。

图 4-39 薄膜型液货舱内的泵塔结构

3）温度场分析计算

对于液化气船来讲，一般情况下液货舱处所结构设计流程如图 4-40 所示。

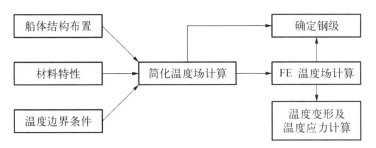

图 4-40 温度场计算流程

一般液货舱内货品温度较低，特别是 LNG 船，液货舱内温度低达 -163 摄氏度，与外界环境温度相差近 200 摄氏度，所以低温货品会通过液货舱壁及基座处，通过传热和热对流向周围传递热量（冷量）。对于半冷半压式和全冷式液货舱，外部都敷有绝热材料，热传导较慢，绝热层外表面的温度视绝热材料的导热率和绝热层的厚度而定，一般比液货温度要高，但对于有基座结构的液货舱，因全部都是金属结构或无隔热性能的绝热垫层，传热系数比舱壁处绝热材料大数百倍，液货舱内的低温极易通过基座传递到船体结构上，再加上液货舱表面与周围空间的对流传热的影响，所以船体结构钢材等级需适合相应的低温条件。因此需通过温度场分析计算来确定液货舱周围的温度分布，以此为依据选取相应的钢材等级，这就是温度场分析的目的。除此以外，与液货舱相邻的压载水舱，其舱壁温度低于 0 摄氏度，内部压载水就会结冰，冰层膨胀会影响结构强度，所以应避免温度低于 0 摄氏度或采取措施防止舱内结冰。

热量的传递除有热传导、对流传热外，还有辐射传热。对于较小的温差，辐射传热的影响不大。通过温度场的分析计算，可以得到液货舱每天的蒸发气量、液货舱周边舱壁的温度等。

温度场分析主要是通过对热传导、对流传热、辐射传热的综合分析，通过它

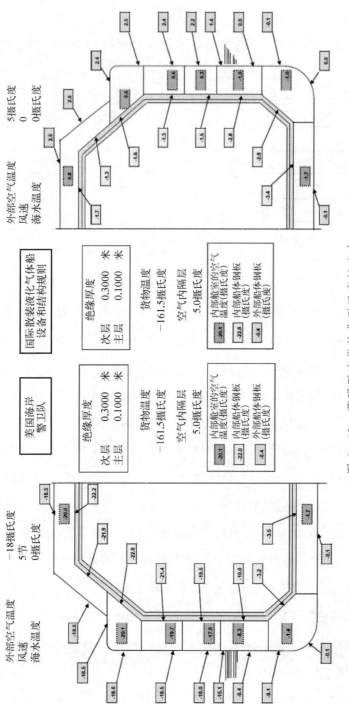

图 4 - 41　薄膜型液货舱典型温度场分布

198

们的传热方程,利用迭代方法来解决复杂的热流平衡问题,其分析的意义在于根据温度场不同位置的温度来确定船体结构钢级,并确定周围空间是否需要加热,以及明确低温场内接管及系统的设计温度。对C型独立式液货舱而言,根据温度场分布的结果,可进一步计算液货舱的收缩变形,为气室外部接管应力分析提供变形数据。图4-41和图4-42分别表示薄膜型液货舱典型温度场分布和C型独立式液货舱典型温度场分布。从图中可以看出部分工况下,液货舱周围温度值的分布情况。

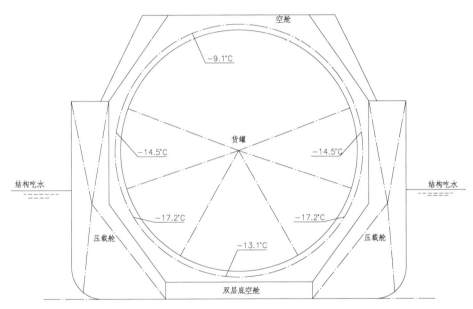

图4-42 C型独立式液货舱典型温度场分布

薄膜型液货舱的温度场分析计算需考虑主屏壁破损情况下温度场,核查在选定钢级的前提下,两个液货舱间的横隔舱是否需要加热以确保船体结构的安全。

4)破舱稳性计算等其他分析计算

破舱稳性计算是确保液化气船在破舱情况下船舶安全的重要一环。对于液化气船来说,一是每一液货舱的装载量大但货品的密度要比外界海水小得多,所以浸水后液货舱的重量大大增加。二是液货舱多,特别是 LPG 船货品多、装载工况就多,对双体液货舱又分左右两舱,两舱内货品容量可能不一样,所以计算的工作量非常大,对计算结果的分析处理工作量也大,一点不能马虎。

除上述分析计算外,设计时还需利用管应力计算软件对高低温管路及高压燃气管路的受力情况进行分析,并用 HYSYS 软件对控制流程进行模拟,为实船设计打下牢固基础。

第四节　液化气船自主设计

作为新中国最早成立的船舶设计单位,中国船舶及海洋工程设计研究院早在 20 世纪 80 年代,已经开展了多型液化气船的预先研究工作,如 550 立方米全压式 LPG 船、1 570 立方米全压式 LPG 船、2 000 立方米全压式 LPG 船、3 000 立方米全压式 LPG 船等多型液化气船船型的研究开发,主要船舶性能参数及主要设备配置,为后续争取国内首艘 3 000 立方米全压式 LPG 船的设计夺标提供了强有力的技术储备与数据支撑。1990 年起与江南造船厂合作设计建成了 4 200 立方米乙烯船,1995 年 8 月起又与江南造船合作设计建成了 1.65 万立方米 LPG 船,1997 年 10 月至 1998 年 12 月,结合 1.65 万立方米半冷半压式 LPG 船设计,中国船舶及海洋工程设计研究院完成了"九五"国家重点科技(攻关)项目液化气船船型论证和综合性能优化研究专题,内容包括 1.65 万立方米液化气船主尺度优化及总体综合技术研究;1.65 万立方米型线优化及水动力性能研究;液罐的主要参数对液化气船的主尺度及总体布置影响研究;2.8 万立方米液化气船线型优化及水动力性能研究等;并完成了当时世界上最大的 2.8 万立方米液化气船方案设计,还对世界上仅处于研究阶段的三联型液罐设计作出探讨。之后又完成了 2.2 万立方米

LEG 船、8 200 立方米半冷半压式 LPG 船（液货温度 −104 摄氏度，可装乙烯）、2 000 立方米全压式液化气船等船舶的设计和建造。

经过多年与江南造船的合作开发，中国船舶及海洋工程设计研究院对全压式和半冷半压式液化气船，对 C 型独立式液货舱的设计建造积累了大量的资料和丰富的经验。

在 2.2 万立方米 LEG 船建成后，江南造船结合 LPG 船的建造进行深入研究，自主创新，建造了具有自主知识产权的 3.75 万立方米 LEG 船、8.4 万立方米 VLGC，引领了中国高新 LPG 船的设计、建造，迈入了世界先进行列。在 LNG 船的设计建造领域，沪东中华为实现中国造船强国梦作贡献，拿下了我国第一艘大型薄膜舱 LNG 船订单，成为我国大型薄膜舱 LNG 船设计建造的领军者。

国内也有一些船厂建造过 LPG 船或小型的 LNG 船，但多数是依靠向国外设备厂购买设备和技术来进行设计、建造的。因此，目前液化气船的我国设计者主要就是中国船舶及海洋工程设计研究院、江南造船和沪东中华，长江船舶设计院参与了大量内河液化气船的设计。

在中国船舶总公司的领导下，中国船舶及海洋工程设计研究院参与了多项液化气船的研究课题，通过预研上述 550 立方米全压式 LPG 船等，还制订了这些 LPG 船的设计方案。1987 年，正当预研工作进行到一定程度，迫切需要结合实船的设计进入下一步研究时，中国船舶及海洋工程设计研究院得知广东省石油化工燃料供销公司要在国内招标设计建造一艘 LPG 船的信息，中国船舶及海洋工程设计研究院抱着志在必得的思想参加投标。设计团队认真学习研究《国际散装运输液化气体船舶构造与设备规则》（IGC 规则），积极开展与国外厂商、船级社的交流。总设计师还专程去广州，走访广东省石油化工燃料供销公司，了解广东省石油化工物资供销公司的需求，并向他们介绍中国船舶及海洋工程设计研究院对 LPG 船的研究成果，促成了船舶所有人国船国造的决心。

在几家竞争对手中,中国船舶及海洋工程设计研究院以技术优势获得了设计合同。这就是中国船舶及海洋工程设计研究院首次设计的 3 000 立方米 LPG 船,也是我国第一次设计和建造 LPG 船。

一、第一艘研发设计的 LPG 船

1986 年,根据中国船舶总公司的要求,中国船舶及海洋工程设计研究院编写了《高技术高附加值船型研发立项报告》。中船总公司科技局下达了《液化气船型研发》课题。通过研究,了解并掌握了液化气船的设计关键技术,同时培养了一批液化气船的设计骨干。

1987 年,广东省石油化工燃料供销公司提出在国内建造液化气船的意向。1988 年 3 月召开设计方案招标会。中国船舶及海洋工程设计研究院提出的方案得到了与会评审专家的首肯。船舶所有人决定中国船舶及海洋工程设计研究院作为 3 000 立方米液化气船的设计单位,并签订了设计合同。该船是我国研发设计建造的第一艘 LPG 船,取名"华粤"号。

由于液化气船在国内尚属空白,无任何技术资料可供借鉴,而国外资料又十分缺乏,设计团队只能通过与日本、德国、英国等液化气设备公司、船级社座谈获取零星资料,结合我国陆上液化气站情况进行分析比较和消化。在 3 000 立方米液化气运输船研发设计过程中,设计团队发扬知难而上、团结协作的精神,解决了一个个难题。各专业遇到的技术难题,首先由所在专业提出解决方案;影响到全局或其他专业的,则召开专业联系人会议,有关专业讨论研究互相配合解决。

该船因受船台尺寸限制,船宽较小,这给满足稳性和破舱稳性的要求增加了很大的难度。设计团队为了满足规范要求,不得不将货舱区双层底改为单底,以降低船的重心高度。采用单底后,同时设倾斜底边舱及舷侧抗扭箱的横剖面形式,使船体具有足够的抗扭强度,并有利于支撑液罐。但这样就给"鞍座"设计带来了困难,设计人员决定采用新计算法核算"鞍座"的强度,计算结果

表明,原设计符合强度要求,并最终获得中国船级社的认可。

按规范要求,该船的残存能力需满足一舱不沉。因机舱和货舱均较长,而干舷仅为 1.6 米,故满足一舱不沉难度较大。设计团队采用长艏楼和长艉楼,并将艏楼高度增加到 3.2 米来解决,此外,为避免不对称进水,对部分边舱设连通管。

设计团队根据载货量计算,决定采用两个 1 500 立方米的 C 型独立舱——卧式圆筒形带半球形封头的液化气罐,用于在常温下运输 C3、C4 类液化气,这样,除在总布置上考虑安全措施外,还涉及许多专业,设计团队各专业密切配合,针对难题,合力攻关。

(1) 液罐及其附件的结构设计。按 IGC 规则,结构专业通过编制计算程序确定由于船舶运动产生的在液罐各点的附加动压力,再根据货品的设计蒸气压力叠加后作为设计压力,用规范规定的公式确定不同压力点处的液罐构件尺寸,以及附件如气室、集液槽等处的构件尺寸。在此基础上再用有限元校核液罐的强度及在试水压力下的液罐强度。在液罐强度分析、材料研究、焊接工艺及支承构件设计诸方面都有较深的理解。在支承构件设计方面,由于无经典强度分析方法可应用,只能通过直接计算法。经多方案比较,精确计算,终于获得理想结果,顺利获得船检认可。

(2) 液货系统安全阀的配置。按 IGC 规则,设置了两只设定值为 1.75 兆帕的安全阀。考虑到本船经常运输 C3 和 C4 的混合物,为提高船舶的装卸能力,轮机专业特别增设了两只设定值为 1.1 兆帕的安全阀。为确定安全阀的大小,还进行了火灾波及所产生的蒸发气量的计算。

(3) 液化气装卸系统。它是该船区别于其他船舶的特殊系统,又是第一次设计。为保证该船运行安全可靠,设计时均选用国外先进的设备(国内尚无同类产品),因此在调试运行阶段都很顺利。

(4) 液货装置的控制和监测报警系统。它是电气专业负责设计的最重要的系统。设计之前,设计人员根据 IGC 规则等确定了装置的控制要求和监测报警点,并完成了系统设计。

(5)液压甲板机械研制。为满足和确保该船的安全,舾装专业设计人员经多次论证,甲板机械确定采用由我国设计研制的电动液压驱动方式,在控制上亦作了相应的安全防爆措施,最后获得成功。

(6)空调通风系统噪声控制。为了提高该船的舒适性,空调通风冷藏设计的安全防火及舱室噪声也是特别重要的。空调通风专业设计人员通过风量平衡及风管系统阻力平衡计算和系统设计,以及制冷系统设计,达到了预计要求,空调通风冷藏系统使用效果良好。

"华粤"号液化气船,如图4-43所示,采用了全压式运输方式,在常温下运输 C3、C4 类液化气,可与当时国内液化气生产、陆上储运和使用方式相衔接。船上设有两只卧式圆筒形液化气储罐,每只容积为 1 500 立方米,罐的直径为9.2 米,设计压力 1.75 兆帕,储罐材料采用抗拉强度为 700 兆帕的高强度细晶粒碳锰钢,设有两台深井泵和一台压缩机,供液化气的装卸,并设有完备的监控报警、消防安全设施。

图 4-43 "华粤"号全压式 LPG 船

　　"华粤"号设计兼容了日本全压式液化气船的船型特点和设计技术，以及欧洲半冷半压式船在液罐支撑、安全监控等方面的先进技术，同时还结合我国液化气陆上贮运特点精心研制，使该船不仅具有中国特色，而且达到当时同类型船的国际水平。

　　该船在国内属首创，达到或超过了日本同期建造的同类船的水平；在液化气储罐的制造技术上较国内陆上同类型储罐的制造技术有了较大的提高。

　　"华粤"号投入营运后，在气源充足的情况下每年可从东北运输约 34 万吨液化气到广东，改善了沿海城市的燃料结构、减少城市污染、避免煤气制造过程中原煤运输、烟尘污染、废渣处理等问题，实现绿色环保的同时也为船舶所有人带来较好的经济效益。

　　"华粤"号液化气船的成功设计和建造，引起了国内外船舶所有人的密切关注，"华粤"号液化气船建成不久，江南造船就获得了为德国建造二艘设计温度为 -104 摄氏度的 4 200 立方米半冷半压式液化气船合同，该船由江南厂与中国船舶及海洋工程设计研究院联合设计。另外，菲律宾、比利时和新加坡等国家的船舶所有人也纷纷前来询价，国内船舶所有人也提出了建造液化气船的意向。至 2013 年，中国船舶及海洋工程设计研究院先后为国内外船舶所有人设计了 2 000 立方米以上的液化气船 6 型，液化气船已成为中国船舶及海洋工程设计研究院的特色产品。

　　"华粤"号荣获 1991 年上海市重大科技新产品奖、1992 年中船总公司科技进步一等奖、1993 年国家科技进步三等奖。

二、第一艘设计建造的出口 LPG 船

　　1995—1998 年中国船舶及海洋工程设计研究院自主设计了两艘半冷半压式 1.65 万立方米多用途液化气运输船，由江南造船建造，可载运氯乙烯单体、丙烷、丁烷等 19 种 LPG 和部分化学品，液罐最大设计压力 0.6 兆帕，最低液货温度 -48 摄氏度，入 GL 级，出口德国，这是我国第一艘自主设计的半冷半压

式 LPG 出口船,也是我国建造的第三型 LPG 船。该船每航次能同时装运三种不同的货品。其液货系统采用德国技术,液货舱容量和外形尺寸是当时世界上最大的半冷半压式液货舱;每个液货舱的一个单体配有一台排量为 250 立方米/时的深井泵,全船配有两台排量为 450 立方米/时的增压泵;同时还配有两套再液化装置(包括 3 台货物压缩机)以控制液货舱内部压力。

主机采用引进专利国内生产的 Sulzer 6RTA52U,合同最大持续功率(CMCR)为 9 360 千瓦×135 转/分,在 90% CMCR,10%海上裕度和 9.8 米吃水条件下,服务航速 16 节。船上还配有 3 台 800 千瓦中速柴油发电机和 1 台当时最先进的低速柴油机直接驱动的 1 080 千瓦低速变频轴带发电机,机舱控制满足德国船级社(GL)规范 24 小时无人机舱要求。

在该船的设计过程中克服了多重困难:

突破尺度限制进行技术创新,既满足装载要求,又能保证船舶航速。由于该船的长度受船舶预期停靠码头尺度的限制,船宽受船厂船台宽度的限制,这对保证航速和载重量造成了极大的困难。因此中国船舶及海洋工程设计研究院将"液化气船船型论证和综合性能优化"作为攻关课题,对船舶的线型与水动力性能,液货舱主要参数对船舶主尺度和总布置的影响等进行了精心设计,通过船模试验选择最优的线型、艏艉结构,并进行合理分舱,控制船体重量,保证了载重量和快速性的要求;在设计过程中还开发破舱稳性计算软件,进行多方案比较,满足完整稳性和破舱稳性要求,消除了隐患。

在结构强度方面,由于独立式液货舱一般是在船舶下水后吊入船舱安装,所以船舶的上甲板留有很大的开口,这对下水时的船体强度安全产生了很大的危险。中国船舶及海洋工程设计研究院创新了一套计算方法,对下水时需要加强的结构进行补强,获得了船级社的认可,保证了下水安全。

船上配置了一台主机驱动的 1 080 千瓦轴带发电机,因主机是低速且是变转速的,所以发出的电力频率是低频且还是变化的,因此就不能与船上的电网直接并网运行。设计中采用了变频技术,先将轴带发电机发出的电力变成直流电,再在受控的条件下转变成与船上电网电压频率一致的交流电实施并网。设备厂商声称这种新型的轴带发电机能与世界上任何柴油发电机组并网运行,但必须彻底消化吸收这一新技术,设计人员精心研究,最后掌握了这一技术。

为预防火灾,保证液货安全,在甲板上设置水喷淋系统。对液货舱外露部分和液货总管等区域,设置水喷淋管路及喷嘴。水喷淋设备和水力计算由设备厂商提供。后在核对中发现计算中出现错误,通过及时与设备厂商联系改正后,消除了安全隐患。

进行破舱稳性计算,解决船舶破舱安全。该船有三个液货舱,每个液货舱又分左右两个;该船能装 19 种货品,每种货品有不同的密度;该船每个航次最多可运三种货品,按上述条件,考虑到每舱左右可能有一半是空舱或半舱,这样组合起来就有 2 000 多种工况要计算,计算工作量大,但设计团队还是通过自己编制计算程序完成了计算,并按计算的结果再调整了有关空气管出口高度,解决了破舱后的安全问题。

三、液化气船研制领域的硕果累累

国内的科研院所和造船厂携手合作,继研制建造成功大、中、小型 LPG 船后,又紧盯市场热点,对液化气船船型和综合性能优化同期开展了大量的论证和研究,从小型到大型,从全压到全冷,从 LPG 船到 LNG 船,各领域各战线捷报频传,喜讯连连。

1)中国船舶及海洋工程设计研究院加强 LPG 船研究,进军 LNG 船设计

自 1997 年 10 月至 1998 年 12 月,完成了"九五"国家重点科技(攻关)项目——液化气船船型论证和综合性能优化研究专题后,1998—1999 年还自行立题对全冷式 7.8 万立方米 LPG 船进行了初步探讨,并紧跟市场,积极储备,为塞浦路斯船舶所有人设计了 5 000 立方米全压式 LPG 船。

2005 年 12 月,3 500 立方米全压式 LPG 船由中国船舶及海洋工程设计研

究院设计,渤海船厂建造,船舶所有人为南京长江油运公司和大连石油化工有限公司。第一艘于 2007 年 8 月交船,这是一艘全新的自主设计建造的液化气船。

为了做到真正的独立自主设计和建造 LPG 船,3 500 立方米全压式 LPG 船走了一条独立自主设计的新路。中国船舶及海洋工程设计研究院设计人员利用以往 3 000 立方米全压式 LPG 船液罐设计计算的经验,自主设计了货物围护系统,包括液货罐的设计,这也是国内首次完成液化气船货物围护系统的设计,完成了整套液货系统的设计送审和相关技术协调工作,各项性能指标均达到了预期目标。

中国船舶及海洋工程设计研究院通过该船液货系统的自主设计,改变了过去液货系统设计依赖国外专业厂商的历史,加深了对 IGC 规则的认识。这一型液化气船液货系统的自主设计成功除取得了较好的经济效益外,也消化吸收了全压式 LPG 船的全部关键技术,为以后设计研究温度更低的半冷半压式 LPG 船及全冷式 LNG 船奠定了基础。

渤海船厂为了建造液货罐,成立了由技术、生产、管理人员组成的专题组研究组,统筹制订建造方案,固化建造要求,对船体结构,特别是液货罐有关的结构、液货罐的制造工艺等进行了全面细致的研究,编制了液货罐装配焊接建造工艺等,液货罐与主船体分开建造,液货罐建成后,整体吊装。到建造第三艘 LPG 船时,渤海船厂建造 LPG 船已游刃有余,不仅攻克了技术难关,生产周期也大大缩短,第三艘 LPG 船的船台周期仅 64 天,比第一艘 LPG 船缩短了一半。

3 500 立方米全压式 LPG 船的设计建造成功,并投入营运,除创造了较好的经济价值外,提升了中国船舶及海洋工程设计研究院在液化气船设计领域的知名度,也带动了国内其他设计单位和船厂建造全压式 LPG 船的能力,提高了 LPG 船的国产化率,降低了制造成本,推进全压式 LPG 船在国内的建造和使用。

21 世纪初,中国船舶及海洋工程设计研究院又设计了 14 000 立方米 LNG

船"华祥 8"号,如图 4 - 44 所示,该船开创了自主设计 C 型独立式液货舱 LNG 船的先例。船舶所有人为浙江温州华祥海运有限公司。

图 4 - 44　"华祥 8"号 LNG 运输船

1.4 万立方米 LNG 船设计满足无限航区的要求,可载运包括 LNG 在内的多种货品,全长 126 米,宽 23 米,设计吃水 6.5 米。船舱内设有两个呈纵向一字布置的 C 型独立式单圆筒型液货舱,单个液货舱容积为 7 000 立方米,是当时同类型产品中采用的最大尺度。该船使用全球首台 5RT - flex50DF 大型双燃料低速柴油机作为推进主机,并首次为该船定制了气体燃烧装置以在应急状态下处理过量的自然蒸发气。该船为满足"大站装货,小站卸货",开创性地设置了双层集管。上层集管布置在较高位置,管径和高度位置与大型 LNG 运输船相当,实现了小船靠泊大码头的装货要求,下层集管则满足常规 LPG 船的要求,满足到小码头卸货与岸基设备对接的要求。

"华祥 8"号是一艘具有完全自主知识产权的小型多功能 LNG 运输船,并配备了未来改装为 LNG 加注船的主要系统及设备,是国内自主设计的第一艘含低温液货系统及燃气供应系统的小型多功能 LNG 支线运输船,该船由启东丰顺船厂建造,中国船舶及海洋工程设计研究院完成详细设计,包含 LNG 液货系统、燃气供应和处理系统、液罐等,整船设备的国产化率高达 98%。

该船在科研设计人员齐心协力,共同攻关下,成功完成了低温货物围护系统、货物输送及处理系统、燃气及双壁管通风系统等的设计,并取得船级社的认可。在 2017 年 4 月进行了液氮预冷试验,液货系统管系及货物围护系统经受了-163 摄氏度超低温的考验。

2020 年 9 月 18 日,"华祥 8"号 LNG 船在舟山某船厂经过加装再气化模块并进行预冷后,开往印度尼西亚,在印度尼西亚北苏拉威西省 Amurang 地区作为 FSRU 使用,经过连续近 70 小时的操作,顺利完成了船舶管路和液货舱的驱气、预冷、装货、设备气试、与天然气发电厂联调联试等工作,调试工作非常顺利,发电厂的发电机组已满负荷稳定运转,同时并网发电。调试现场由"华祥 8"号船员操作,有 CCS 验船师、印尼政府主管部门有关人员、租船方、货主等各技术代表在场监督和见证,调试结果得到他们的充分肯定。

从自主设计中国第一艘全压式 LPG 船开始至今已 40 年余,中国船舶及海洋工程设计研究院对液化气船全方位全领域的设计与开发从未停止,永远在路上。

2) 江南造船深耕超大型 LPG 船,进军 LNG 领域

经过多年的技术积累和建造经验,江南造船也已成功自主研发设计并建造了多型 LPG 船,从 3 000 立方米级到 10 万立方米级形成了完整的产品系列型谱,并能自主设计制造 A 型、B 型及 C 型独立式液货舱,同时还具备了 GTT Mark Ⅲ 薄膜型液货舱的生产制造能力。

江南造船自主研发的多系列液化气船,从尺度上来分,包括小型、灵便型、灵便最大型和超大型;从货物的品种来分,包括 LPG、LEG 和 LNG;从货物围护系统形式来分,包括 C 型压力式舱、A 型全冷式舱、B 型全冷式舱和薄膜型舱;再加上传统的推进方式和双燃料推进方式以及上述液化气船型的衍生船型,如 LNG 加注船、C 型压力式舱 FSRU 等。上述系列船型的组合形成了"江

南液化气船"全系列的船型家族型谱,这些船型家族型谱的建立不仅在国际知名液化气船船舶所有人心目中赢得了良好的信誉和口碑,而且为江南造船在市场营销过程中有了"技术上的底气"和"反应上的速度"。

2021 年 3 月 28 日,江南造船为西南海运有限公司建造的全球首艘 8.6 万立方米双燃料 VLGC "Gas Venus"号举行命名仪式。该船总长 230 米,设计吃水 11.4 米,型宽 36.6 米,结构吃水 12 米,型深 22.2 米,挂新加坡旗,入级英国劳氏船级社,满足 IMO 最新 Tier III 和 SO$_x$ 排放要求,新版的国际散装运输液化气体船舶构造与设备规则。

这是江南造船第四代 VLGC,也是全球第一次采用 LPG 作为主动力燃料,同时应用抱轴式轴带发电机的 VLGC 新造船,新船型产品以"绿色环保低排放"为指引,遵循"高效、环保、安全"的设计生产建造理念,在运营的经济性、可靠性、环境友好性等方面相比以往船舶有巨大优势,在助力世界经济贸易复苏的同时,也将助力国家"碳达峰、碳中和"承诺,并为国际航运业"碳效率"作出积极贡献。

其中抱轴式轴带发电机和 LPG 燃料系统都是在 VLGC 船型上首次应用,在无经验可借鉴的情况下,设备安装调试人员仔细分析施工图纸、吃透工艺,并查阅相关资料,通过远程与国外服务商交流、沟通,最终轴带发电机动车参数完全符合设计指标,燃料系统自主调试率超过 75%,并为后续 86 000 立方米、93 000 立方米 VLGC 等超大型双燃料船的建造储备了技术,积累了经验。

2021 年 5 月江南造船设计建造的巨大型 99 000 立方米 ULGC 液化气船顺利交船,江南造船又登上了世界的 LPG 船建造的制高点。

3)沪东中华自主开发设计创新不断

沪东中华以 LNG 储运装备制造为核心战略,走出一条从引进、消化、吸收,到自主研发、自主创新,完全自主设计建造大型 LNG 船的不凡道路,已经形成了能够同时建造 No.96、Mark III 两种液货舱 LNG 船型的能力,并将产品线拓宽至 LNG 加注船、LNG - FSRU、LNG 动力船舶等领域,率先成为我国唯一能够建造 No.96 系列和 Mark Ⅲ 系列两种薄膜型液货舱 LNG 船,并具备 LNG 全产业链装备拓展能力的造船企业。

2018 年 9 月,沪东中华最新开发的 Mark Ⅲ FLEX 型 17.4 万立方米 LNG 船获得美国船级社(ABS)颁发的"原则认可证书"(AIP)。该船是沪东中华在形成 Mark Ⅲ 型薄膜舱工程化经验的基础上结合当今 LNG 贸易模式多元化的特点,针对船舶所有人对不同航线、不同运营操控特性的要求,自主开发的方案,旨在与已有的 17.4 万立方米 LNG 船 No.96 L03+型液货舱方案形成互补,优化产品型谱,可以为各类 LNG 运输船项目提供最适宜的解决方案。该船型采用新一代液货舱围护系统 GTT Mark Ⅲ flex,货舱蒸发率为 0.085%,配合先进的 WinGD XDF 双燃料发动机,能获得较宽范围的油气平衡,为船舶所有人提供了非常灵活的低耗高效的运输模式,增强了航运公司市场竞争力;配备了先进的环保装置,不论燃气还是燃油模式运行,均能满足最为严格的 Tier Ⅲ 排放标准,船舶能效 EEDI 能够低于参考线 40% 以上;该型船兼具优异的船岸兼容能力,能够达到全球 100 多个岸站。

2020 年 9 月 15 日,沪东中华下属的子公司华润大东船务工程有限公司,为挪威 GoIar LNG 公司改装的国内首例 LNG-FSRU(LNG 浮式存储及再气化装置)项目完工交付。这是我国船企首次进入全球高难度大型 LNG 海工装备改装领域,标志着沪东中华在构建 LNG 全产业链进程中迈出具有里程碑意义的一步,成为从海上到陆地、从研发建造到修理改装的我国 LNG 产业第一家。

该项目是将一艘有 14 年船龄的 14 万立方米蒸汽透平动力推进 Mark Ⅲ 薄膜型 LNG 船,改装成一艘新型的 LNG-FSRU 特种运输船舶。技术难度极高,被称为"改装领域的超级工程"。历经 6 个月,经过一系列繁杂的技术改造和设备结构改装,沪东中华为原船成功升级配置了艏部区域大型海水加热系统、艏部甲板再气化模块、艉部双燃料电站及过量 BOG 处理系统、中部燃气供给系统及货物区域液货总管五大系统,新建艉部一套由 3 台发电机和 1 台 GCU(废气燃烧器)组成的重达 1 400 吨的模块,完成新老机舱整合,安装 2 套艏艉 6.6 千伏的中压配电板等,使其彻底地实现了脱胎换骨,成为一艘崭新的高质量的集 LNG 接收、存储、转运、再气化外输等多种功能于一体的 LNG - FSRU 特种运输船,赢得了高度赞誉。

在中国船舶集团有限公司高质量发展战略纲要引领下,沪东中华坚持科技创新和转型升级,不断深耕、探索研制新产品,拓展国外市场,竞争力持续增强,进一步巩固了其在世界 LNG 领域的领先地位。

第五章
中国液化气船的发展

第一节　艰　难　历　程

科技兴则民族兴,科技强则国家强。新中国成立后,党中央就始终牢牢把握我国船舶研制创新的正确方向,在船舶研制发展的每个节点都作过战略部署,提出明确的要求,把船舶研制作为推动国民经济发展的支柱产业,多渠道多形式支持船舶研制的创新驱动发展。1978年,党的十一届三中全会后,我国船舶工业众多企业开始走出国门,引进国外先进造船技术和设备,主动与国际标准和规范接轨,船舶工业迎来了大好的发展时期。特别是加入世界贸易组织后,我国经济加入国际循环,市场和资源"两头在外",我国的经济以每年10%以上的速度高速发展,逐步形成了较为完整的产业链。"两头在外"的政策对船舶工业而言,就是向国外购买设备材料建造船舶,在国内将船舶建成后又卖到国外,使造船工业获得了快速发展,一大批新型的现代化船厂拔地而起,一些老旧船厂得到了现代化改造,造船技术和造船能力迅猛增长。

在能源方面,国家推行"节约、清洁、安全"的能源战略,国家工业的发展,促进了对能源的需求,需要进口大量的石油气和天然气,因此,必须建造一批液化气船来开辟海上运输之路。前期的发展为建造高新技术的船舶打下了坚实的基础,国外的市场需求可转化成我国船厂的船舶订单;价廉质好的中国造船舶又吸引了更多的订单,这促进了我国造船技术水平的进一步提高使我国造船工业进入了高质量发展和良性可持续发展的阶段。再看液化气船市场,20世纪90年代,世界上有实力建造液化气船的船企并不多。国家抓住这一机遇,我国造船工业开始向更高的目标进军,促使造船工业高速高质量发展。

我国的液化气船设计建造历程,正是迎着改革开放的春风,伴随时代发展的脉搏,带着丰硕的成果,走过了不平凡的30年,技术从无到有,产品从"制造"到"创造",再到"智造"。

在"十二五"和"十三五"规划期间(2011—2020年),中国造船工业又紧紧围绕习近平总书记关于"推动中国制造向中国创造转变、中国速度向中国质量转变、中国产品向中国品牌转变"的重要指示,精益求精,创新超越,持续在液化气船的研发建造领域铸品牌立口碑。

截至2020年,除各类小型多功能的LPG船、LEG船和LNG船外,我国船企还能建造近10万立方米级的超大型LPG船、全球最先进第四代17.4万立方米LNG船以及全球最大的LNG加注船,形成多样化、系列化和批量化的格局。LPG船的设计和建造水平不仅步入世界先进行列,江南造船的明星国宝级"熊猫船型"更是成为行业的典范。LNG船形成了从2万立方米到27万立方米的完整型谱,沪东中华是当前世界上唯一能同时建造No.96和Mark Ⅲ两型薄膜型液货舱LNG船的船企,并推出了LNG发电船、极地破冰型LNG船、LNG动力船等装备制造产业链部署规划。

21世纪,国家加大了环境保护力度,在民生领域清洁高效的液化气广泛应用在运输、制造、化工、冶炼等各生产行业,我国已经成为全球LPG和LNG最大需求国。与此同时,国际市场上对液化气船的需求持续看好,2019年,卡塔尔石油公司启动LNG行业有史以来规模最大的造船项目"百艘LNG船计划",引起世界轰动。最终,我国率先拿下第一单,再一次彰显液化气船建造领域的中国力量。

从液化气船的发展可以看出社会的需求是我国液化气船发展的动力。在改革开放的形势和国家规划下,我国广东和东南沿海经济快速发展,孕育了众多工业部门和民用对液化气的需求,像城市烧煤球炉的人希望能烧煤气一样,需要液化气这一清洁高效的能源;面对液化气的需求,对我们国家来说,就要有液化气船来运输,因而就需要建造液化气运输船,这就促进了液化气船的建造和发展我们能以 30 年左右的时间追上西方国家近百年达到的水平,就不能不说是我们社会主义制度能集中力量办大事的优势,在液化气船发展的过程中,看到了核心技术是买不来的现实,从而也看到了我国造船行业和相关部门的领导和科技人员为实现中华民族的复兴表现出的拼搏精神。

一、改革开放　带动需求　拉动发展

改革开放后,我国造船工业进入快速发展的新时期。在"八五"和"九五"(1991—2000 年)规划期间,国家实施了一批与船舶制造息息相关的重点科技攻关项目,有力地推动了船舶工业进入高技术、高附加值领域,攻关成果更是依托高端产品的建造,得到了广泛应用。我国船舶工业在此基础上,基本形成了设计开发、建造总装、设备配套、修理改装等门类齐全且有规模的产业体系,船舶工业已成为国家机电行业中的出口支柱产业和少数几个具有国际竞争力的产业之一。

改革开放后邓小平提出"船舶工业要积极引进国外先进技术,中国船舶要出口,要打进国际市场",当时领导国家造船行业的第六机械工业部认真贯彻落实邓小平的指示。

这一时期,造船行业引进了一批国外先进制造技术和重要的船用机电设备,开始涉足大型低速柴油机、中高速发电机、增压器、可调螺距螺旋桨等船舶重要设备的生产制造。同时国家还允许境外人士在国内开设贸易机构,造船厂可以通过他们购买出口船上所需的进口机电设备。中船总公司一方面有选择地购买国外最先进、最亟须的高端设备,另一方面大力发展船舶配套设备生产,长期困扰造船行业的配套问题得以解决,造船厂很快摆脱了连通用件、标准件

都要自己加工生产的局面,造船质量和效率开始提升。

此时,我国广东沿海地区的工业迅猛发展,液化气燃料需求增加。由于国内当时还没有一艘LPG船,只能购买国外二手的LPG船来运输LPG,既存在安全隐患,价格也不菲,因此,国内相关部门提出建造国产LPG船的建议。20世纪80年代末,广东省石化部门提出了要建造一艘3 000立方米全压式LPG船的设想,有关科研单位和船厂参加竞标,专家对三个设计方案进行评审,最后中国船舶及海洋工程设计研究院因预先开展相关课题研究,所提方案接近当时的国际同类水平,并且建造周期短、投资省,被推荐为液化气船设计单位;江南造船以其雄厚的技术实力夺标成为建造厂。该船1989年10月开工,于1991年交船,由此开启了我国建造液化气船的征程。

1995年底,国家计划委员会委托中国海洋石油集团有限总公司牵头组织进口LNG项目的技术经济研究工作,1997年东南沿海地区利用LNG项目规划报告完成。该规划报告提出在21世纪前10年内,在我国珠江三角洲、长江三角洲和闽东南地区建成若干LNG接收站。

1997年,中国船舶工业贸易有限公司向中国船舶工业集团有限公司领导呈送一份简报中指出,由于中国经济的飞速发展,中国能源结构性短缺的矛盾日益凸显,有关部门有意从国外引进LNG,拟在南方建造LNG气站,满足中国日益增长的能源需求。而从海外引进LNG,就需要LNG船运输,也就有了LNG船市场需求。船舶行业有关部门领导察觉到,国家要引进LNG,是中国能源战略调整的一个重大决策,对中国造船工业的发展也必将是一个重大的机遇。

1999年12月17日,国务院同意广东LNG试点工程总体项目一期工程立项,标志中国第一个进口LNG的试点项目正式启动。该项目一期规划年进口LNG 300万吨,由澳大利亚威斯内尔湾丹皮尔港进口气源,运输至广东深圳大鹏湾。与此同时长江三角洲和闽东南的项目也将进入研究和立项阶段,一个初期规模年进口LNG 300万吨的LNG站,需要大型LNG船(13.5万立方米)2~4艘,如果扩建到年进口LNG气体600万吨,则需要4~8艘该级别的大型

LNG 船,这就是中国船厂的机遇。

从海外引进清洁、高效的天然气,调整我国能源结构,弥补我国能源结构性短缺矛盾,满足我国日益加快的国民经济发展对于新兴能源的需求,并通过引进新兴能源,推动沿海地区经济快速发展,在党和国家的正确决策下,我国能源战略的实施迈出了跨时代的关键一步。1999 年下半年,沪东中华向中国船舶工业集团有限公司呈送《沪东造船厂建造液化天然气船的初步对策》;1999 年底,沪东中华又提出《13.5 万立方米液化天然气船开发与研制项目的立项建议书》。该建议书指出:"国家启动第一个进口液化气大型基站项目建设,为中国造船业再上新台阶提供了极为难得的机遇。因为离开了国内进口天然气的历史背景,中国造船工业要跻身当时世界只有少数造船强国才能生产液化天然气船的建造行列,近阶段是不可能实现的,如果沪东造船厂此时无动于衷,也就是放弃了实现企业发展上新台阶的历史机遇。"这句话表达了"沪东造船人"的紧跟国家战略,抓住市场机遇,建造世界上技术含量最高的 LNG 船的决心。在这历史大潮中,沪东中华既要做有准备的人,更要做勇于竞争的人。

二、攻克关键技术　预研先行

2018 年 5 月 28 日,习近平总书记在中国科学院第十九次院士大会、中国工程院第十四次院士大会上指出:"实践反复告诉我们,关键核心技术是要不来、买不来、讨不来的。只有把关键核心技术掌握在自己手中,才能从根本上保障国家经济安全、国防安全和其他安全。要增强四个自信,以关键共性技术、前沿引领技术、现代工程技术、颠覆性技术创新为突破口,敢于走前人没走过的路,努力实现关键核心技术自主可控,把创新主动权、发展主动权牢牢掌握在自己手中。"

近年来,我国综合创新能力持续提升,一些前沿领域开始进入并跑、领跑阶段,但一些关键核心技术仍存在受制于人的情况,中国液化气船发展较发达国家滞后,技术和配套设备上与发达国家尚存差距,中国的液化气船如果要发展和创新,只有将关键核心技术掌握在自己手中才不会被"卡脖子",国产液化气船的研发是从加强预研开始，步入预研一代、成熟一代、开发一代、再预研一代的良好循环模式。

面对市场对液化气船的需求，1983年起，中船总公司就组织所属科研单位和船厂对液化气船的液货舱用的材料和工艺开展了研究。组织中国船舶及海洋工程设计研究院等船舶设计研究单位对液货舱的结构应力、疲劳以及总体性能进行了研究。国家经济贸易委员会也积极支持和布置液化气船的开发研究，中船总公司还成立了以中国船舶及海洋工程设计研究院为组长，科研、设计、工艺、工厂有关人员参加的开发研究小组。1986年国家派遣了包括国家经济贸易委员会、交通部的有关单位人员赴挪威、法国，对液化气运输船进行考察。结合国内外的情况，研究小组认为我国液化气运输船自主设计和建造基本上已具备条件，提出了我国液化气船发展应：先LPG船，后LNG船；在发展石油气船时，先小型，后中型；对缺乏经验的某些环节可以和国外进行技术合作，对一些国内还不能生产的设备可以向国外购买的发展思路。

在"九五"计划期间，国家下达的"关于大型液化气船等研究开发项目可行性研究报告"的批复中，就提出《1.65万立方米半冷半压式液化气船研究开发可行性研究课题》，该课题包括"液化气船综合技术经济分析""船型论证和综合性能优化""液化气船破舱稳性研究""船体结构设计研究""独立式液货舱设计研究""船舶综合节能技术研究""液货系统与自动化研究""材料和制造工艺研究"，每个课题下还有若干子课题。该课题由江南造船、中国船舶及海洋工程设计研究院等单位共同承担，在中船总公司攻关领导小组指导下，成立各专项课题组。依托正在建造的出口德国的两艘1.65万立方米半冷半压式LPG船进行研究，通过该课题的攻关研究，使我国对该系列大型液化气船的设计建造技术达到了当时国际发达国家的水平。

2001年1月，在北京，国务院领导会见澳大利亚总理时说："中国完全有能力建造液化天然气船"。这一讲话，既长了中国造船人的志气，同时也为中国造船人立了一道"军令状"。为此，加快研发LNG船，实现LNG船的技术转化和掌握,努力实现中国第一艘 LNG 船的国内建造,已经箭在弦上。在党和国家领导人的关心下,国家相关部委对于中国船舶集团有限公司投入研发 LNG 船给予了大力支持,推动了 LNG 船的研发不断突破难关。

为了尽早完全掌握大型液化天然气船等高新技术、高附加值船舶产品的建造关键技术,国家启动了国家科技攻关计划。当时科学技术部(以下简称"科技部")下达了《"十五"国家科技攻关计划课题》,重点选择了当时市场需求量大、需求紧迫的四型船,液化天然气船(预研)是其中之一。

《大型液化天然气船(预研)关键技术研究》课题由沪东中华和大连新船重工共同承担,课题研究的起止年限是 2001 年 1 月至 2003 年 12 月。2001 年 7 月,该课题可行性研究报告提前完成。报告在分析开展大型液化天然气船关键技术预研的目的和意义时指出:通过对 LNG 船的预先研究,力争在"十五"前三年(2001—2003 年)完成攻关任务,掌握液化天然气运输船关键技术,为"十五"末承接该类型船打下基础,填补中国船舶工业的高技术、高附加值产品开发方面的空白,为船舶工业在激烈的国际竞争中提供更为坚实的技术支持。

报告在分析 LNG 船建造技术研究的重点和难点时指出:由于 LNG 船运输的是易燃、易爆和超低温的液化天然气,危险性大,其设计及建造技术难度要比任何其他运输船难得多,属"三高"船舶。当时,13.5 万立方米的 LNG 船价高达 2 亿美元。对船舶工业而言,由于其产品复杂、系统性强,开发投入大,技术风险高,因此如果预先投入大量资金进行项目预研的企业未承接到相应的订单,项目后续的技术开发就难以为继。为此,船舶工业以多年来一直遵循的以市场为导向,以实船产品为依托,产学研结合的技术发展原则,选择承担单位。在此基础上,由中船总公司联合组成项目管理组,以项目承担单位为主,同时吸收高等院校和研究院所,共同组成攻关小组,在科技部领导下进行攻关。

在"十五"期间,沪东中华、大连新船重工、江南造船、中国船舶及海洋工程设计研究院等单位,通过技术考察和资料收集,对 LNG 船的设计技术进行跟踪,并结合"十五"能源需求的特点和深圳大鹏湾 LNG 终端接收站的建设,与招商局、中国远洋运输集团公司和中国海洋石油总公司等用户,就国内建造 LNG 船方案进行了探讨。

沪东中华从 1999 年起就开始跟踪大型 LNG 船,并将其列入预研开发的重点。结合我国广东深圳大鹏湾天然气接收站项目的启动和进展,成立了专门项目组,对 LNG 船的设计、建造技术进行跟踪和预研。同年 9 月与芬兰玛萨船厂、法国大西洋船厂和 GTT 公司正式签署了整体货舱技术的援助和许可证协议,在生产设施和技术装备上也进行了相应改造,从而为广东 LNG 项目中 LNG 船的投标打下了坚实基础。

大连新船重工也是国内大型造船企业之一,在高难度建造技术和工程项目管理方面也积累了丰富的经验。也于 2001 年 3 月 16 日与克瓦纳集团芬兰玛萨船厂签订了非排他性合作协议;3 月 21 日与法国 GTT 薄膜专利公司签订了许可证协议,并定于同年 5 月初在大连与挪威莫斯海事(MOSS Maritime)公司签订 MOSS 型液货舱制造许可证协议。

这些技术合作协议详细规定了在投标、技术商务谈判、设计、设备采购、建造等各个阶段所提供设计图纸的规范及技术培训、专家来厂指导的内容和时间安排,这些协议的签订为大连新船重工建造 LNG 船奠定了基础。

科技部、国家发改委[①]、国防科工委[②]以及中船集团公司等高度重视 LNG 船的建造,在科研开发和技术改造上给予了沪东中华和大连新船重工极大的支持。自 2001 年沪东中华与大连新船重工合力完成《大型液化天然气船(预研)船关键技术研究》后,2004 年国家发改委又下达了《LNG 船关键技术研究》项目,2005 年国防科工委下达了《大型薄膜型 LNG 船关键制造技术研究》项目,并先后下拨了科研经费。2008 年国家发改委又下达了《LNG 船建造配套技术项目》和《LNG 船建造专用技术装备项目》两个 LNG 船技术改造项目,沪东中华组织科研人员,经过几年的努力,出色地完成了国家下达这 4 个科研开发项

---

① 国家发展和改革委员会。
② 国防科学技术工业委员会。

目,实现了对法国 GTT 公司 LNG 船液货舱专利技术的引进、消化、吸收和再创新,对大西洋船厂提供的 2 000 多份详细设计图纸和工艺文件进行了审核和中国化工作,转化了企业标准 68 份,攻克了货舱区绝缘箱和殷瓦钢板的安装和焊接技术、装卸系统技术、锅炉-蒸汽透平推进系统技术 3 大关键技术,初步掌握了薄膜型液货舱 LNG 船建造的关键技术。

在 LNG 船首船建造过程中,沪东中华独立完成了 12 个专项国家重大科研课题研究,分别是:2003 年的《结构设计分析技术开发》《超低温系统等重要系统的设计技术开发》《船体建造技术开发》《超低温货物操纵系统工艺技术开发》《特殊主推进系统开发》5 个课题的研究;2005 年的《LNG 船船体建造工艺研究》《LNG 船蒸汽动力装置的安装工艺研究》《动力管系设计、制造和安装研究》《货物围护系统的现场管理、安装、试验及焊接工艺等研究》《绝缘箱制造和绝缘材料国产化研究》《液货系统的制造、安装工艺和调试技术研究》《液货舱专用脚手架制造、安装和拆除工艺研究》7 个课题。

为了追赶 LNG 船的世界先进水平,2004—2009 年,结合国家能源战略中的石油气和天然气资源开发,国家相继又下达了《3.9 万立方米全冷式 LPG 的研究专题》《大型液化天然气船工程开发——总体设计开发》《15 万立方米液化天然气(LNG)船自主开发项目研究任务》等系列研究课题。

《3.9 万立方米全冷式 LPG 的研究专题》由江南造船和中国船舶及海洋工程设计研究院共同承担,目的是解决 2.2 万立方米以上中型 LPG 船的关键技术。该课题研究于 2004 年完成。

《大型液化天然气船工程开发——总体设计开发》课题由中国船舶及海洋工程设计研究院牵头、沪东中华和沪东重机参加。课题以 20 万立方米级 LNG 船为目标船型进行自主研发设计,完成了船型设计,主要图纸通过了船级社的审查。通过项目的实施,使我国在 LNG 船领域具备了全面自主设计的能力,实现了自主创新的重大突破,也培养了一支 LNG 船设计领域的核心技术队伍。该课题于 2007 年 12 月通过了国家组织的评审。

《15万立方米液化天然气(LNG)船自主开发项目研究任务》课题,完成了该船的投标设计,并得到了美国船级社等四家国外船级社的认可;首次自主完成了15万立方米级LNG船的基本设计和LNG船晃荡载荷预报;首次将双燃料柴油机电力推进引入了设计;首次实现了15万立方米级LNG船型的自主开发,形成设计方案;首次掌握了LNG船特有的货物围护系统的部件制作,船上安装、焊接工艺和现场管理等。该课题由中国船舶及海洋工程设计研究院、沪东中华和江南造船承担,于2009年5月通过验收。

综上所述,中国液化气船的研发设计和建造,都是在党中央、国务院各部委的直接领导和支持下进行的。有关厂、科研院所加强预研,掌握关键技术,为中国液化气船的设计建造奠定了坚实的基础。

三、适应市场发展 企业有担当

1991年,江南造船建造了中国第一艘3 000立方米全压式LPG船,在其后又建造了多型LPG和LEG船,积累了丰富的经验。2012年,江南造船又实施产品转型升级战略,其自主研发的8.3万立方米VLGC一问世,就受到市场的欢迎与船舶所有人的青睐。当年8.3万VLGC就成功承接2+2+2艘订单,至2020年底,已成功建造8.3万立方米、8.4万立方米、8.6万立方米VLGC 20多艘,仅2020年一年,尽管在新冠疫情影响下,也交付8艘VLGC,占全球21艘VLGC交船量的38.1%,手持液化气船订单6型25艘。沪东中华自2008年建成交付第一艘14.7万立方米LNG船至今,已交付大型LNG船20余艘,已研发建成第四代全球最先进LNG船,并初步形成由海向陆的LNG产业链。中国造船业在液化气船领域的奋力进取,不仅打破国外一些企业在液化气船建造市场的垄断,也提升了中国制造在全球的竞争地位,VLGC因此也成为我国船船工业转型升级的标志性船舶之一。

建造液化气船的特点和难点是初始的投入很大。从接单报价开始,到最后签字交船,其中成百上千个关键节点,任何一个闪失对企业来讲都会带来巨大损失。一批国企当家人，他们想国家所想，把企业有限资金运用到液化气船的研发上，既有战略眼光，又有使命担当。

江南造船的领导在 20 世纪 80 年代就提出：江南造船地处黄浦江的中游，大船出海要经过几座浦江大桥阻拦，所以不能靠建造大型船舶谋求企业的发展。为了江南造船的发展，我们必须建造具有高附加值的高技术难度的船舶，液化气船就是最好的选择，于是未雨绸缪，20 世纪 80 年代始就多次组织人员出国调研考察当时的国际建造市场行情，为江南造船拿下国内和国际 LPG 船第一单打下基础。

20 世纪 90 年代中期，沪东中华到日本、韩国、法国、挪威、西班牙等建造 LNG 船较先进的国家、造船厂和具有 LNG 专利的公司进行考察调研，洽谈合作的可能和方式。经过考察，沪东中华的领导下定决心，一定要建造中国第一艘 LNG 船。时任领导表示："LNG 船如果拿不下来，我们将无颜面见江东父老，我们几个老骨头再拼一把，到 2008 年把 LNG 船造出来，我们也就有所交代。""希望在我们这一代人身上就能实现造船强国梦，造出 LNG 船，向造船强国迈出实质性的一大步，因此我们必须尽全力做好建造 LNG 船的各项工作。当我们退休时，看到中国造的 LNG 船投入运营，心里就不会有遗憾了。"决心下定了，沪东中华就自筹资金，依据法国 GTT 公司技术，依靠自身的努力，先期建造了一个薄膜型 LNG 船液货舱的模拟舱，以全面了解在建造过程中可能碰到的技术及工艺难题，因为只有实战才可以检验出自身缺陷。此举获得了船舶所有人的信任，2001 年 9 月，这个投入资金 500 多万元，历经 7 个月制造的模拟舱建成，从此沪东中华踏上了国内唯一能建造大型薄膜型液货舱 LNG 船的拼搏进取之路。

2001 年 9 月，国家发展计划委员会在北京召开的 LNG 运输项目国产化研讨会上，沪东中华拿出了"以引进法国 GTT 专利技术，以建造出获得国际各大船级社认可的薄膜型液货舱 LNG 船模拟舱为切入点，来建造 LNG 船的具体实施方案"以及建造 LNG 所需的硬件设备：大型船坞、大吨位龙门吊、涂装车间、分段装焊车间和管子车间建设等，让在座的船舶所有人和船级社的代表感到,沪东中华为 LNG 船的承接做了大量的精心准备,前期工作扎实。

2002 年 2 月 25 日,广东 LNG 造船项目在北京举行公开招标。考虑到船舶所有人对选择球罐型液货舱还是薄膜型液货舱尚未确定,沪东中华决定,同时拿出建造球罐型液货舱和薄膜型液货舱 LNG 船两套方案。并投资 20 万欧元,向挪威克瓦纳·莫斯船厂购买球罐型液货舱 LNG 船项目图纸资料作为第二投标方案。专家组对应标文件经过审阅比较后,一致认为沪东中华的资料翔实,方案具体,在竞标评分中,获得了专家给予的高分,被确定为第一中标厂。2002 年 3 月 16 日,国家计委确定:"既然沪东中华各方面均占优势,时间又紧张,就不要再搞第二轮了。确定沪东中华为第一中标人,两艘船都在国内造。"

终于,沪东中华以勇于担当的精神和背水一战的央企担当,通过稳重扎实的工作夺得了我国第一艘薄膜型 LNG 船建造任务,实现了国轮国造,向掌握薄膜型液货舱 LNG 船的关键核心技术迈出了坚实的第一步。

四、打破国外垄断 自主研发建造

自力更生是中华民族立于世界民族之林的奋斗基点,自主创新是我们攀登科技研制高峰的必由之路。党的十九大以来,党中央全面分析国际科技创新竞争态势,深入研判国内外形势,针对我国科技事业面临的突出问题和挑战,坚持把科技创新摆在国家发展全局的核心位置,全面谋划科技创新工作。坚持党对科技事业的全面领导,观大势、谋全局、抓根本,形成高效的组织动员体系和统筹协调的科技资源配置模式。国家牢牢把握建设世界科技强国的战略目标,以只争朝夕的使命感、责任感、紧迫感,抢抓全球科技发展先机,在基础前沿领域奋勇争先。国家充分发挥科技创新的引领带动作用,努力在原始创新上取得新突破,在重要科技领域实现跨越发展,推动关键核心技术自主可控,加强创新链产业链融合。国家全面部署科技创新体制改革,出台一系列重大改革举措,提升国家新体系整体效能。国家着力实施人才强国战略,聚天下英才而用之,充分激发广大科技人员积极性、主动性、创造性。国家扩大科技领域开

放合作,主动融入全球科技创新网络,积极参与解决人类面临的重大挑战,努力推动科技创新成果惠及更多国家和人民。习近平总书记在 2020 年 5 月 28 日召开的中国科学院第二十次院士大会、中国工程院第十五次院士大会、中国科协第十次全国代表大会上讲话,在中国液化气船建造发展史上,具有重要指导意义。

20 世纪 80 年代初能够建造液化气船的船厂凤毛麟角,原因是液货罐和货物围护系统的核心技术基本被国外几家船厂掌握,且建造难度非常高。我国在研发液化气船过程中深深体会到关键产业受制于人的窘迫与无奈,要走出僵局和困局,就必须走自主研发建造这条路。为此江南造船在 2.2 万立方米液化气船设计建造过程中,对液货系统进行了如下自主研究:

(1) 开发了 C 型液货舱的设计研究及软件,并在强度计算和校核中加以应用,满足当时国际通用规则规范和 IGC 规则,填补了国内空白。

(2) 攻克了低温液货舱材料选用、液货舱制造工艺和流程,为国内首家取得国外船级社认可,可从事超低温(−104 摄氏度)钢焊接和高强度、高镍合金钢液货舱焊接的大型企业。

(3) 攻克了液货系统设计和调试技术等难题。

上述技术难题就是 LPG 船的关键技术,这标志着江南造船在液化气船设计建造上开始进入自主设计阶段。接着在出口国外的半冷半压式 1.3 万立方米 LPG 船上,江南造船又自主研发建造了 3 个独立双体式液货舱和 3 套再液化系统的 LPG 船。

2013 年开始建造的全球首制 3.75 万立方米 LEG 运输船,是当时世界最大容量的半冷半压式液化气体船。江南造船抓住市场机遇,面对无母型船可供参考,"提前介入船型设计""用最小的船体装最大的液货舱"和"建造全世界绝无仅有,首次建造的超大型 C 型液货舱的 LEG 运输船"的理念,向世界展现中国造船敢为人先的精神。

为满足乙烷、乙烯快速装卸的要求,3.75 万立方米 LEG 船只能采用能承受较高压力的 C 型液货舱,这就意味着必须放弃已经成熟的 A 型液货舱。舱型决定后,首先要考虑的是如何将船舶总长控制在 180 米之内。按以往的经验,船舶的总长主要取决于液货舱的数量和长度,而类似容量的 LPG 船都是采用4 个液货舱,这就难以达到船舶总长小于 180 米的要求,因此只能自主研发设计。有人提出了用 3 个液货舱替代 4 个液货舱,适当加大船宽,采用双体圆筒形液货舱以充分利用船舶货舱容积的方案。对于 3.75 万立方米的总容量,这就意味着 3 个液货舱的单舱容量就要超过 1.2 万立方米,而当时全球最大的单舱容量是原先江南造船曾经建造过的约 6 000 立方米 C 型液货舱,容积足足增加了一倍,需要计算设计新的液货舱。江南造船虽然在建造 2.2 万立方米 LEG运输船曾进行过研究,并编制过计算程序,但实际使用还是第一次,而且这么大的容器如何加工建造,如何起吊安装,这些都是需要考虑解决的关键技术。江南人不畏艰难,迎难而上,利用大数据信息将新旧液货舱进行了对比分析,找到了最佳施工方案,经过半年多的可行性研究论证和船型开发,终于在 2013 年5 月获得了船舶所有人的认可,半年后,与租船方正式签订了设计建造合同。2016 年 8 月第一艘船正式交船,2017 年 5 月该型的第四艘船也顺利交付给船舶所有人。该船的一些设计建造技术在后来建造的 2.1 万立方米 LEG 船和新2.2 万立方米 LEG 船上都得到了较好的应用。

货物围护系统是整艘 LNG 船最特殊的系统设计,且建造难度最大。为此,沪东中华于 2004 年专门组建特殊部门——第二造船事业部货物围护系统管理科和安装车间。该系统建造工程浩瀚繁复,虽然有现成的外国专利,但由于国外专利船型与中国实际建造船型不同,原理设计千差万别,必须依靠自力更生,走自主创新之路。面对艰巨的任务,货物围护系统的技术人员从理解专利技术入手,查阅资料,赴国外学习,开展模拟试验,逐项逐项地编制施工工艺。仅用一年多时间,就实现了四大填补国内技术空白的技术创新:编制完成了我国第一套完整的 LNG 船货物围护系统建造工艺技术文件;培训了我国第一批世界顶尖水平的殷瓦钢焊工;自主设计了一套达到了国外同类产品先进水平的

LNG 船货物围护系统安装平台制造工艺;建造了 3 个获得法国 GTT 专利公司认证的模拟舱分段。

货物围护系统安装平台,是为满足该系统安装在液货舱内而搭建的一种结构复杂,规模庞大的轻质脚手架。技术人员首先是对国外公司提供的图纸进行审核和设计改进。通过审图发现,由于国外公司对沪东中华建造的 14.7 万立方米 LNG 船液货舱形式不熟悉,提供的图纸有很多偏差,不少结构在强度上存在瑕疵,如果进行修改,就得自己承担责任。沪东中华的技术人员凭着对国家和工厂负责的精神,不怕"承担责任",先后共审出图纸错误 890 多处,修改图纸 290 多份,并进行了许多工艺设计上的改进,如 T 型框架连接套管结构设计改进、M 型伸缩梁支架结构设计改进,然后一一对应进行了生产工艺设计。最终,自行设计与制造的 715 个模架,确保了安装平台全部构件的制造精度要求。从 2003 年 7 月到 2006 年 3 月,沪东中华用了不到 3 年的时间,实现了安装平台制造的国产化。

历史告诉我们一个真理:一个国家是否强大不能单就经济总量大小而定,一个民族是否强盛也不能单凭人口规模、领土幅员多寡而定,唯有打破国外垄断走自主研发之路,才能赢得发展,才会开创未来。中国造船人正是在实践—认识—再实践-再认识的基础上,深刻感受到在液化气船建造过程中被"卡脖子"的无奈与憋屈,但最终依靠自力更生、艰苦奋斗、不屈不挠勇攀科技高峰的精神闯出一片新天地。我国液化气船建造技术只用了短短 30 年就跨过发达国家 100 年走过的历程,某种程度上或许还要感谢那些对技术和设备垄断的对手们,是他们让中国企业领悟到:核心技术是要不来、买不来、讨不来的,必须依靠自己,就算再苦再难,必须走出一条自力更生自主研发的创新之路。

五、创新超越 不断突破自我

党的十八大以来,以习近平同志为核心的党中央着眼全局,面向未来,就作出"必须把创新作为引领发展的第一动力"的重大战略抉择,实施创新发展战略,加快建设创新型国家。中船集团积极贯彻落实党中央的部署号召,有计划、有节奏吹响"必须加快液化气船研发建造的质量变革,加快攻克关键共性技术,快速打造成技术先进、建造高效、质量优良、有较高信誉的国际知名品牌"的集结号。

经过不断的探索与创新,江南造船成功开发出第二代 8.4 万立方米 VLGC (Panda 84P),满足国际海事组织(IMO) Tier Ⅲ 排放要求,新 IGC Code 规则和美国 USCG 相关规定的升级版船型 8.4 万立方米 VLGC(Panda 84P 2.0)。此外,江南造船还新开发了"SFONE"技术,并申请了国家发明专利,额外的 1% 装载率(SFONE)是一项针对液化气船装载的特殊技术,可使低温菱形液货舱的装载率比船级社和 IGC 规则要求的限制多装载 1%。借助该项专利技术,气体运输营运商每次运输可装载更多货物,以常规 VLGC 为例可多装载约 800 立方米。SFONE 技术不仅可以应用于新造船,而且可以应用到现有 VLGC 的改造上。

目前,江南造船自主研发的全系列大、中、小型液化气船等系列产品,已在市场经营上形成熊猫(Panda)品牌效应,订单纷至沓来。Panda 系列超大型液化气船成为江南造船主打长线产品,已先后研发出了 Panda 83P/84P/86P 系列的 VLGC 船型。

江南造船还推出了新一代 VLGC(Panda 91T),已获得三家著名船级社的 AiP 证书,标志着江南造船设计研发的新一代 VLGC 已经正式推向市场。除了沿用 LPG 双燃料动力总成架构、VS‐BOW 2.0 水动力技术等通用设计平台外,采用了江南最新的 BrilliancE 技术成果,在依旧保持严苛的全球 VLGC 适港前提下,突破了传统 VLGC 货舱/燃料舱的限制,舱容轻松地超过 9.1 万立方米;同时通过气泡润滑系统的加持,能耗指标达到 EEDI 第三阶段的要求。

2020 年 8 月,江南造船又与日本船舶所有人签订 1 艘 4 万立方米中型全冷式 LPG 船(MGC)建造意向书,这是继 VLGC 液化气船品牌江南 Panda 的 83P/84P/86P 系列后,自主研发的全新 MGC(40P)。该船型设有 3 个 A 型独立式液货舱,除 LPG 外,还可运输无水氨和氯乙烯单体(VCM)等更多的石化产品,其显著特点是配置了 1 台绿色环保的 LPG 双燃料主机,配合轴带发电机在 LPG 燃气模式下,硫氧化物(SO_x)的排放可以降为"零"。该船型的燃气/油经济性指标达到国际领先水平,该船型的建造填补了国内中型液化气船(MGC)细分市场的空白,也是江南熊猫(Panda)品牌液化气船第一次走进日本市场,意义深远。

2021 年 1 月,江南造船联合中船贸易与东华石油(长江)有限公司签订了两艘 9.3 万立方米超大型全冷式液化气船(VLGC)建造合同。9.3 万立方米 VLGC 是江南造船秉承"节能、环保、智能"的设计理念自主研发设计的第四代 VLGC 精品船型(Panda93P)。该船型设有 4 个 A 型独立式液货舱,采用江南造船高效的线型专利技术(VS-Bow),配合"LPG 双燃料主机＋轴带发电机的推进系统",可使船舶未来营运过程中的硫氧化物(SO_x)和颗粒物(PM)排放降为"零"、碳排放指标超前满足 EEDI 第三阶段的要求、氮氧化物(NO_x)排放降低 80%。因而 Panda93P 具有良好的经济性、兼容性、可靠性和环境友好性的特点,堪称"未来型"的绿色船舶。9.3 万立方米 VLGC 是目前世界上效率最高的双燃料 VLGC 之一,其航速和油耗等综合经济技术性能指标处于行业领先水平。

在 LNG 船建造领域,沪东中华坚持自主研发,科技创新,高端制造宗旨,在"中国制造"向"中国创造"及"中国智造"的征程中发挥了服务国家战略,引领行业发展的作用。

2007 年,国际上出现了第二代 LNG 船型和新的设计理念,船体趋于大型化,而我国也需要这样的船型。第二代 LNG 船型相较于第一代性能的提升主要在于推进系统的设计上,第一代 LNG 船是采用单艉鳍单螺旋桨推进,第二代采用双艉鳍双螺旋桨推进。从单艉鳍到双艉鳍,在技术上并非简单的一加一。双艉双鳍螺旋桨推进是将原置于船舶尾部中心线上的单个推进装置移到两侧,形成两个推进装置,由于两侧的船体线型较瘦,需在两侧设计建造一个凸出于原船体之外支撑螺旋桨轴系推进装置的艉部结构,左右各一,形状像鱼的鳍,称为双艉鳍。这个艉部结构长度较长但结构强度较弱,因此其上安装的螺旋桨轴往往会产生向下弯曲,在艉部后轴承的后端造成严重的磨损,因此也容易发生回旋振动。为了解决这个问题,技术人员需要对轴系进行优化的校中和回旋振动计算,按照计算出的螺旋桨轴在艉部后轴承处的弯曲形状,对艉部后轴承进行斜镗孔,对于弯曲量大的要进行两个斜度的镗孔,以使螺旋桨轴能与艉部轴承很好地贴合。在设计建造双艉鳍后,船尾的流场与原单艉时的流场发生了很大的变化,为了获取较好的伴流场,提高螺旋桨的推进效率,对双艉鳍的形状、位置、偏转角都要利用螺旋桨的水动力学,利用计算流体力学方法进行分析,通过综合分析,找到在各种极端工况下能安全高效运行的双艉鳍推进方案。沪东中华第二代 LNG 船的舱容为 17.2 万立方米,舱容增加了 17%,采用常规低速柴油机推进系统能耗显著下降了 25%。第一代用主锅炉燃烧液货舱内货物蒸发气作为燃料,第二代低速柴油机推进相比锅炉燃烧热效率较高,并可利用再液化装置将蒸发气液化回收,理论上达到 100% 液货交付,整个货物运输过程中将货损减小到最少。从第一代研发开始,到建成第二代 LNG 船,这一段引进、消化、吸收、创新之路,沪东中华足足走了 13 年。

在大型 LNG 船液货舱技术领域,法国 GTT 公司的货物围护系统,因其空间利用率高、系统热惯性小、模块化设计、标准化制造和安装工艺实用等优势,在薄膜型液货舱 LNG 船市场上占据了 70% 以上的份额,成为当前大型/超大型 LNG 船绝对主流舱型。液货舱是 LNG 船的核心组成部分,GTT 公司的薄膜型液货舱主要包括 No.96 和 Mark Ⅲ 两个系列,两者都经过了多次迭代发展。沪东中华紧跟时代发展步伐,现行制造的第 4 代 G4 型和 G4＋型 LNG 船的液货舱已采用了 No.96 型液货舱最新流行的 No.96 L03＋型,液货舱的蒸发率已低达 0.10%。在 2020 年完工并交付的 1.86 万立方米 LNG 加注船的液货舱和 2.3 万箱集装箱 LNG 燃料动力船的燃料舱都采用了 Mark Ⅲ 型液货舱,成为唯一能同时建造两型液货舱的船企。

之后,沪东中华大力推动国家能源 LNG 海上储运装备重点实验室的建设和运行,成员单位扩至 11 家,还成立了专业的 LNG 技术研究所,广泛开展行业内的协同合作,不断提升软硬实力,走出了一条自主研发、自主创新,再完全自主设计建造大型 LNG 船的非凡之路。已建成交付和手持订单拥有自主知识产权的 LNG 船 30 余艘,截至 2020 年底,创新超越型第四代升级版 LNG 船 G4+"长辉系列"已顺利投入市场。

在大型 LNG 船的推进系统领域,近 10 年来也经过了多次改进发展,从传统的蒸汽透平推进系统发展到常规低速柴油机+再液化装置(SSD+DEL),到双燃料电力推进系统,再到当前的主流双燃料低速柴油机推进系统(ME‐GI/XDF),系统的热效率从 28% 左右提升到约 48%;油耗从蒸汽透平推进的 190 吨/天下降到 100 吨/天级别以下,能耗下降了 50% 以上。

LNG 船的能耗大幅下降,其中 40% 来自推进系统的迭代改进。另外 60% 则来自双艉鳍线型的优化。双艉鳍线型可以有效地适应 LNG 船大型化趋势下船体加宽加大的态势,改善了 LNG 船由于货物密度小、外形尺寸大形成的船宽吃水比大于 4 的尺度效应下的尾部流场。目前 17 万立方米级别以上的 LNG 船普遍采用双艉鳍线型。沪东中华建造的新的第 4 代 G4 型 LNG 船就采用了双燃料低速柴油机和双艉鳍推进系统,使 LNG 船的效率成倍增长,安全性大大提高,走在了世界的前列。

在绝缘箱领域,2018 年 9 月,沪东中华建成全球第一条可以制造 GTT No.96 系列新一代 L03+型绝缘箱产品的自动化生产线,兼容 GW 型绝缘箱产品,获得 GTT 认可,这不仅是中国第一条 L03+型自动化生产线,也是世界上第一条。在此过程中,还突破了从粉末状珍珠岩到条块状的玻璃棉自动填充、压实的工艺难关,实现了自动化生产,名副其实地成为全球建造 L03+型 LNG 船的领先企业。

截至 2018 年,沪东中华已经自主开发形成了从 2 万立方米到 27 万立方米的系列,可搭载 No.96、Mark Ⅲ 两型薄膜液舱,并覆盖常规型和极地破冰型 LNG 船,为 LNG 运输提供全面解决方案。创新型 9.3 万～16 万立方米大型乙烷运输船系列设计方案已获得了船级社的原则认可。17.5 万立方米和 27 万立方米驳船型 FSRU 系列无推进系统设计方案,简化了系泊系统的设计,大大降低了建造成本。自主研发设计的 17 万～26 万立方米 FLNG 的设计方案,初步具备设计和建造 FLNG 主船体的能力。

第二节　研发的典型 LPG 船

LPG 船是储运液态石油气和部分化学品的专用运输船,因为需要低温运输,货品易燃易爆,且有一定的毒性和污染性,所以建造难度较高。对于一个后进的造船厂要建造 LPG 船,可以是在自力更生的基础上,购买国外设备或技术来补缺,并在此基础上掌握关键技术,不断创新,走出自己的新路;也可以全部购买国外专利和设备,甚至国外的全套设计,自己就出点安装劳力来建造。这是两条造船之路:前者将不断创新,超越自我,最后跻身世界先进行列;后者只能买! 买! 买! 跟在别人后面,一直落后于人。江南造船无疑是前者,从建造我国第一艘 3 000 立方米 LPG 起,就立足于自身的能力,只要努力一下能实现的就自己做;能买材料自己生产的,就不进口整套设备,即使是暂无能力生产,购买了国外设备产品,也要研究掌握其设计原理和建造方法,为以后能自行设计打下基础。自 1991 年 3 000 立方米 LPG 交船,江南造船已建造了大小近百艘 LPG 船。从尺度上来分,包括:Pony(小型)、Lusitano(灵便型)、Camel(灵便最大型)和 Panda(超大型);从货物的品种来分,包括:LPG 和 LEG。从货物围护系统形式来分包括:C 型压力式舱、A 型全冷式舱、B 型全冷式舱。其建造的 LPG、LEG、VLGC 各类液化气船声名远扬。并根据市场需求开发出具有前瞻性的超大型乙烷运输船(“Magnolia”系列 ULEC)、超大型全冷式液化气船(“Panda P”系列 VLGC)。因此,江南造船建造的 LPG 船基本上代表了我国建造 LPG 船的最高水平,江南造船建造的 LPG 船的发展历史,一定程度上代表了我国 LPG 船的发展历史。

一、3 000 立方米全压式 LPG 船

3 000 立方米 LPG 船"华粤"号,是我国自行设计和建造的第一艘全压式 LPG 船,船舶所有人为广东省石油化工燃料供销公司,后转交给广东惠州市燃料化学工业公司。"华粤"号的建成并成功营运,开创了我国液化气船设计建造的先河,无论是对于国家还是整个造船行业液化气船的发展,都具有重要的经济价值和战略意义。

3 000 立方米全压式 LPG 船总长 96.95 米,垂线间长 89.6 米,型宽 14.6 米,型深 6.6 米,设计吃水 5.0 米,载重量 2 400 吨,总吨位 2 789,服务航速 13.7 节,续航力 5 000 海里。由中国船舶及海洋工程设计研究院设计,中国船舶检验局检验认可,1991 年交船。

由于该船在国内属首次建造,为确保质量,关键系统设备即液货系统设备,采用了向多家生产厂商询价,比较分析后择优选用的原则。在设计建造中解决了破舱稳性计算、液货舱设计、液货舱支撑结构设计等难题。如在液货舱设计建造中,江南造船按货品丙烯在 45 摄氏度时的饱和蒸气压力作为容器的设计压力,考虑到如用国内生产的钢板,容器的壁厚要在 40 毫米以上,作为压力容器按国际惯例,容器必须在制成后进行整体热处理,而国内尚无这么大的热处理炉,故决定从国外寻找能抗拉强度为 700 兆帕以上的舱壁钢材,使舱壁厚度小于 40 毫米,避免了容器的整体热处理。

在江南造船的高质量建造下,3 000 立方米 LPG 船取得了圆满成功。该船 1991 年 8 月正式投入营运,填补了我国船舶工业的一个空白点,先后获得船舶总公司科技进步奖一等奖和国家科技进步奖三等奖。

二、4 200 立方米 LPG 船

4 200 立方米半冷半压式 LPG 船是我国建造的第一艘半冷半压式独立液

货舱 LPG 船,其总长为 99.95 米,型宽 16.2 米,型深 9 米,设计吃水 5.5 米(装载乙烯工况),最大吃水 7.2 米,服务航速 14 节。

1990 年 6 月 20 日,江南造船与香港 JANGTSE 船务公司签订了两艘 4 200 立方米半冷半压式 LPG 船。第一艘于 18 个月后,即 1991 年底交船;第二艘相隔 6 个月后交船。香港 JANGTSE 船务公司属于原联邦德国希拉克集团。因此,4 200 立方米半冷半压式 LPG 船是我国第一艘 LPG 出口船。

半冷半压式 LPG 船在当时世界上是新型船舶,船上有 1 300 立方米和 2 900 立方米两个液货舱,载运乙烯、丙烯、丙烷、丁烷、无水氨、氯乙烯单体、丁烯等货品,舱内最高设计压力 0.47 兆帕,舱内最低设计温度 −104 摄氏度(乙烯在大气压下的沸点)。这些要求对设计、配套设备和加工建造带来了较大的困难,所以采用了与国外厂商联合协作的方式,这对我国掌握半冷半压式 LPG 船的设计起到了借鉴作用。由于半冷半压式液货舱需要控制压力和温度,所以配置了包含 3 台货物压缩机和 2 台制冷压缩机等设备组成的再液化装置系统,同时要在液货舱外包覆绝热材料。在液货舱和液货管路上配有测量压力和温度的仪表,对液货的物理参数进行全程监控。另外还配有 3 台货物深井泵、1 台增压泵和 1 套惰性气体发生装置。4 200 立方米半冷半压式 LPG 船的建造,为以后设计建造 1.65 万立方米 LPG 船起到了良好的借鉴作用。

三、1.65 万立方米半冷半压式 LPG 船

1.65 万立方米半冷半压式 LPG 船如图 5-1 所示,是我国第一艘自行设计建造的半冷半压式液化气船,总长约 155 米,型宽 23.1 米,型深 15.4 米,最大吃水 9.8 米,最大载重量 18 062 吨。

在该船的设计建造过程中,解决了一系列技术难题:该船在设计建造过程中,克服了船体货舱要按照船舶所有人提供的液货舱,船舶总长要满足指定装卸码头泊位长度,船舶的宽度要受到船厂船台宽度限制等矛盾因素的影响;在设计过程中,要进行多方案的水动力性能设计计算和试验,船体线型优化等工

图 5-1 1.65 万立方米半冷半压式 LPG 船

作,以满足装载量和航速的要求;要进行大量的各种装载工况下的破舱稳性计算,以防止和消除破舱危险工况的出现,要在系统设计中满足 IGC 规则和德国船级社规范对液化气船的各种安全要求,确保船舶安全可靠。

该船 1995 年 11 月与德国船舶所有人签约,满足《国际散装运输液化气体船舶构造与设备规则》(IGC 规则),德国劳氏船级社规范,德国工会 SBG 规则等规范、规则的要求,首制船于 1998 年 2 月交船,后续船 8 月交船。该型船 1999 年 6 月获船舶总公司科技进步奖一等奖,2000 年获上海市重大产品攻关成果一等奖,2001 年又获国家科学技术进步奖二等奖。

1.65 万立方米 LPG 船的设计建造,是我国第一次完整地全面进入液化气船的设计建造领域。为进一步掌握液货舱和液货系统的设计制造,摆脱单纯依赖国外设计,或购买外国设备产品和购买外国厂商专利,对液化气船上液货舱和液货系统的设计建造,以及对液化气船关键设备的研究,江南造船从建造

1.65 万立方米 LPG 船开始,就加强了对液货舱和液货系统的设计制造的研究,成立了江南重工有限公司,专门制造液货舱和一些液货设备,开始了液货领域自主创新之路。

四、2.2 万立方米液化乙烯船

2.2 万立方米 LEG 船是江南造船继 1.65 万立方米 LPG 船之后建造的又一艘当时吨位最大的液化气船,总长 170 米,型宽 24.2 米,型深 6.7 米,设计吃水 8.7 米,结构吃水 10.97 米,载重量 22 800 吨,服务航速 16.7 节。该船配有三个双体圆柱形液货舱,前面一个为双体圆锥形液货舱,最大工作压力 0.54 兆帕,可载运乙烯、氯乙烯单体、无水氨、丙烷、丁烷、丙烯、丁烯等 20 余种 LPG 和少量化学品,每航次能同时装运四种不同货品,是一艘可航行于远洋的半冷半压式 2G 型船舶。该船主机采用国内专利生产的 MAN B&W MCR 8 580 千瓦×127 转/分,满足《国际散装运输液化气体船舶构造与设备规则》,德国劳氏船级社规范。

由于该船需装 −104 摄氏度的液化乙烯,比 1.65 万立方米 LPG 船及只能载运 −48 摄氏度的 LPG 难度又有所增加,该船在设计过程中攻克了下列关键技术。

(1) 首次在国内成功开发了 C 型液货舱的设计研究及软件开发,并应用于实践。该软件可针对不同形状 C 型液货舱、材料选用、工作温度及液货舱与船体结构之间的参数匹配,最后可优化确定液货舱的选型和主要尺度,进行一系列强度计算和校核,以满足现行国际通用规则规范和 IGC 规则,填补了国内空白。

(2) 在液货舱制造技术上攻克了低温液货舱材料选用、液货舱(包括单圆筒、双体式、三体式液货舱的长度、直径、容积)的制造工艺和流程,为国内首家取得国外船级社认可,可从事低温钢焊接(该船液货舱为 −104 摄氏度的超低温)、高强度、高镍合金钢液货舱焊接的大型企业。

（3）液货系统设计和调试研究，并运用于实际，取得了很好的效果。包括再液化系统的设计研究和软件开发，大型液货舱除湿防锈技术，大型液货舱的惰化技术，液货设备管路组装技术，液货系统调试技术等。

通过上述关键技术的研究和攻克，使该船液货系统总体性能优异，技术经济指标先进，船体结构可靠，各项机电设备、液货设备质量优良，系泊、航行试验，液化气系统试验的各项技术指标均满足或优于建造合同要求，达到20世纪90年代国际先进水平，上述关键技术为缩短液化气船的建造周期、今后批量建造生产该系列船和拓展超大型全冷式液化气船的设计建造，创造了有利条件，打下了坚实的基础。

在建造2.2万立方米液化石油/乙烯气（LEG）运输船过程中，江南造船立足于长远，组织技术人员自主研究，攻克了一系列技术难关。在此基础上，江南造船先后建造了4 700立方米LEG船、6 500立方米LEG船、2.1万立方米LEG船和新型2.2万立方米（LEG）运输船。

2000年4月，首制船"航海人火星"号交船投入营运。2002年该船获中船总公司科技进步奖一等奖，2003年获上海市科技进步奖一等奖。

五、3.75万立方米乙烯运输船

3.75万立方米乙烯（LEG）运输船（见图5-2）是全球首制单舱容积最大的C型独立式半冷半压式液化气船，该船总长179.89米，型宽29.6米，型深19.4米，设计吃水9.8米，结构吃水11米，设有3个当时业界中最大的1.2万立方米的C型独立式双体圆筒形液货舱，以及2个1 150立方米的甲板LNG燃料罐（设计温度−163摄氏度），可兼作货舱，总容量达3.75万立方米。液货舱最低设计温度−104摄氏度，可运载乙烷、乙烯、丙烷、丙烯、丁烷、丁烯等10余种LPG和少量化学品。该船配置了2台高效的制冷压缩机组和3台节能型货物压缩机组，降低了货物再液化时的能耗。

该型船是江南造船提前应对美国页岩气运输需求，自主研发设计的新型液

图 5 - 2　3.75 万立方米乙烯(LEG)运输船

化气运输船,入级美国船级社。为满足快速载运乙烷和乙烯的要求,其液货舱为 C 型双体式液货舱,为满足经济、节能、环保的要求,主机采用 MAN - B&W 6S50ME - C8.2 - GI 双燃料低速柴油机,发电机组也采用双燃料柴油机,可燃用 HFO 燃料油和 LNG 天然气,因此可满足国际海事组织最高的环保要求(Tier Ⅲ),是一艘绿色节能环保船舶。该型船是当时全球最大的一艘半冷半压式乙烯(LEG)运输船,也是江南造船自主创新单个液货舱重量近 1 200 吨、单舱容积大于 1.2 万立方米的全球首制船。

为实现"Camel E"船型绿色环保节能的目标,3.75 万立方米乙烯运输船采用了如下新设备或新技术:

该船型采用了江南造船专利的艏部 VS - BOW 线型设计,并对艉部线型进行了优化设计,减小了阻力,降低了燃油消耗。通过国际领先的数字水池技术和具有液化气船特色的全参数化模型,综合考虑半冷半压式液化气船满载和压载状态的具体特点,并结合总布置及浮态的调整和优化,对船体线型进行多方案分析和选优,得到了满载和压载工况、静水和波浪中都更加优异的线型方案。

货物压缩机及制冷压缩机是一种高精密的运转设备,对支撑结构的刚度和安装精度有严格的要求,振动问题往往是影响压缩机能否正常运转的关键因素,江南造船立足于防患于未然,设计阶段就对设备进行了详细分析,通过对局部振动的分析并优化,使设备和机组的振动频率错开船体局部结构振动频率,保证了设备的安全运行。

"Camel E"型系列船是将江南造船和英国航海人气体运输公司"Navigator Gas"创造的伟大船舶家族,在英国航海人气体运输公司的船队里,已有 20 余艘江南造船建造的船舶。可以说江南造船通过 3.75 万立方米乙烯(LEG)运输船的建造,掌握了半冷半压式液化气船的核心技术之一——C 型独立式液货舱的设计和建造。

该型船于 2019 年荣获上海市科技进步奖一等奖。

六、"Panda" VLGC

近 10 年来,随着美国的页岩气革命,页岩气被大量开采出来,催生了大量乙烷供给,常规的天然气中乙烷的含量一般占 5％左右,但在页岩气中乙烷的含量达 10％以上,有的产区甚至高达 25％。丰富的乙烷供给导致了大型及超大型 VLEC 的需求。

2012 年,为摆脱国际金融危机的影响,江南造船把目光瞄准了大型及 VLGC 市场,实施产品升级战略,联手英国劳氏船级社,并与液货系统设备供应商紧密配合,全面掌握了全冷式液货舱液化气船,尤其是棱柱形液货舱及其支撑系统的设计和建造的关键技术,自主研发的 8.3 万立方米 VLGC。该船一经问世就受到市场的青睐,不仅打破了国外先进 VLGC 制造国对 VLGC 市场的垄断,也提升了我国船舶工业在液化气船制造领域的世界竞争地位。

VLGC 是专门装运液化石油气的液货船,其低温液货的海上存储技术长期受日本、韩国船厂的垄断和技术封锁，以前一直是中国造船界的空白。江南造船自 2012 年开始，成功研发并承制了超大型液化石油气船——8.3 万立方米 VLGC，在此基础上又成功设计建造了 8.4 万立方米 VLGC 和 8.6 万立方米 VLGC，总计 20 余艘。这类船又称为"江南熊猫"名牌。

（1）8.3 万立方米 VLGC 由江南造船为天津西南海运有限公司建造，共 3 艘，2012 年开始设计建造，该船主尺度总长 226 米，型宽 36.6 米，型深 22.6 米，全船设 8 个压载舱，4 个 A 型全冷式液货舱。该船为绿色环保型，在同等海况、航速的情况下，能耗指标比同时期国外的 VLGC 低 5％以上。在货物围护系统方面，采用了 A 型棱柱形液货舱，舱容利用率高，采用三级压缩的液货制冷系统，大幅度提高了单位时间内的制冷效果，并降低了船舶能源消耗。

2016 年 3 月，第 2 艘 8.3 万立方米 VLGC 在上海签字交船，命名为"Gas Aries"号。6 月，第 3 艘船也顺利交付，命名为"Gas Leo"号。

（2）8.4 万立方米 VLGC 船是在 8.3 万立方米 VLGC 船基础上发展升级的，船的长度增加了 4 米。2017 年 11 月，江南造船为 Petredec 公司建造，首制船正式开工，2019 年 3 月 5 日该型第一艘出坞。该船满足 IMO Tier Ⅲ 排放要求和 2020 年生效的 SO_x 排放要求。这是 Petredec 公司首次在中国签订 VLGC 订单。

2020 年 1 月，为 Petredec 公司建造的 4 艘 8.4 万立方米 VLGC 正式命名，分别为"Red Rum"号、"Reference Point"号、"Roberto"号和"Red Marauder"号。该船入级英国劳氏船级社，满足最新 IMO、IGC 和 USCG 规则规范的要求。

（3）2018 年 8 月，江南造船为香港富中海运有限公司建造的 8.4 万立方米 VLGC 首制船开工建造，第二艘 9 月开工建造，这是江南造船自主设计的第二代 VLGC（Panda 84P 2.0）。

（4）2020 年 5 月 28 日和 7 月 15 日，江南造船向中国香港船舶所有人富中海运交付"中燃传奇"号和"中燃荣耀"号两艘"Panda"型 8.4 万立方米 VLGC。

该型船是江南造船自主设计的第二代 VLGC(Panda 84P),总长 230.0 米,型宽 36.6 米,型深 22.2 米,设计吃水 11.4 米,结构吃水 12.0 米,舱容 8.4 万立方米,入级法国船级社,挂中国香港区旗,满足国际海事组织 Tier Ⅲ 排放要求和新 IGC 规划。"中燃传奇"号已成功横跨太平洋驶向美国。途中顺利通过巴拿马运河船闸,更是在检查标准以严苛著称全球的美国海岸警卫队(USCG)检查中,"零缺陷"通过美国水域。并于美国东部时间 2020 年 7 月 6 日 18:36(北京时间 7 月 7 日 7:36)正式靠泊 Freeport 港口 P66 码头开始货物装载作业。这是"中燃传奇"号 VLGC 在中国燃气温州小门岛石化储运基地完成气试后,首次进行的远洋商业航行,在美国 Freeport 港口停留 36 小时,装载 4.5 万吨丙烷后返回中国。

(5) 2018 年 12 月 30 日,江南造船与宏光海运签订了 1+1 艘 8.6 万立方米 VLGC 的建造合同。该型船是江南造船自主设计的国内首艘采用 LPG 双燃料主机的 VLGC,配备轴带发电机,A 型全冷独立式液货舱,具有先进的能耗指标,满足新 IGC 规则,Tier Ⅲ 排放标准和最新 SO_x 排放要求。它是 8.4 万立方米 VLGC 船型的升级换代,标志着江南造船在 VLGC 设计建造领域又往前迈出了新的一步,进一步巩固了江南液化气船的市场地位。

2019 年"江南熊猫"Panda 84P 型 VLGC 获得了"上海品牌"认证证书(见图 5-3),充分证明了"江南熊猫"在 VLGC 市场上的地位以及经济价值。

(6) 2020 年 8 月初,江南造船与 AW Shipping Limited[①]签订了 3 艘 8.6 万立方米 VLGC 建造合同,该型船完全由江南造船自主研发设计,采用的 LPG 双燃料主机,该机满足新 IGC 规则、Tier Ⅲ 排放标准和最新 SO_x 排放要求,具有节能环保等特点(见图 5-4)。该船总长 230 米,型宽 36.6 米,型深 22.2 米,设计吃水 11.5 米。按计划,这 3 艘 VLGC 将于 2022 年第 3、4 季度交付。

---

① AW Shipping Limited 是由万华化学与阿布扎比国家石油公司(ADNOC)联合成立的中外合资公司。

图 5-3　"江南熊猫"Panda 84P 型 VLGC"上海品牌"认证证书

图 5-4　江南新一代 VLGC

（7）2020 年 10 月 12 日，江南造船为东华能源公司建造的两艘 8.4 万立方米 VLGC 船，分别命名为"福基 1"号和"福基 2"号，该船的设计总长 230 米，型宽 36.6 米，型深 22.2 米，设计吃水 11.4 米，结构吃水 12 米，入级英国劳氏船级社（LR）。

新一代 VLGC 应用了江南发明专利"VS－BOW"船首技术，使该船型获得了综合航行性能和节能减排俱佳的效果，性能指标全面超越日、韩水平，达到了国际领先水平。该研发项目获得国防科学技术进步奖三等奖、中船集团科技与管理创新成果奖一等奖。目前，江南造船形成了具有自主知识产权的"中国江南型"VLGC 品牌，VLGC 手持订单量的市场份额接近 1/3。江南造船通过研发、建造 VLGC，极大地提升了我国船企在国际船舶市场的话语权和竞争力。

七、"Magnolia" ULEC

江南造船自主研发设计的 9.9 万立方米 B 型独立式液货舱 ULEC 被江南造船赋予昵称"Bluebonnet"（美国得克萨斯州花），该项目是全球第三个、国内航运市场第一个 ULEC 建造项目，也是中国船舶集团有限公司揭牌成立后的第一个高技术船舶工程。此项目采用了江南造船自主研发设计的超大型乙烷运输船，其 9.9 万立方米"Brilliance"B 型液货舱技术在全球首次使用，且体积位居全球第一，对国内航运市场、乙烷市场和 ULEC 制造都具有里程碑的意义。

江南造船在成熟应用的 A 型独立式液货舱基础上拓展开发了"BrilliancE"技术，并严格按照《国际散装运输液化气体船舶构造与设备规则》（IGC 规则）进行工程分析验证。"BrilliancE"中的大写字母"B"表示 B 型液货舱、大写字母"E"表示乙烷（Ethane）和乙烯（Ethylene）。"BrilliancE"B 型液货舱具有安全可靠性高、货舱维护成本低、无液位装载限制、货舱残留货物量少等优点。在船型设计方面，该型船采用了江南造船专利的第二代 VS－BOW 艏部线型，CFD 数值模拟与船模试验验证紧密结合，同时考虑独立棱柱形液货舱的布置要求，对船体的线型和内部空间进行了综合优化,从而获得了各方性能俱佳的船型,2021年5月该船顺利交船。

江南造船承接建造并顺利交付该型船,标志着"BrilliancE"B型液货舱技术得到了业界和专业船舶所有人的认可,也使"BrilliancE"B型液货舱技术取得了实质性工程化突破,进一步证明了江南造船在全系列液化气船领域的自主研发能力,同时为后续B型液货舱液化气船和燃料舱研发及市场推广打下了坚实基础,充分提升了江南液化气船品牌的知名度。

八、8 400/10 000立方米半冷半压式LPG船

21世纪初,沪东中华与丹麦海事咨询设计公司联合开发8 400立方米半冷半压式LPG/LEG船(见图5-5),该船按挪威船级社规范设计,为挪威I.MSKAUGEN公司建造,共4艘。

图5-5 8 400立方米半冷半压式LPG/LEG船

该船共有两个C型独立式球两端球形的圆柱型罐液货舱,最大载货量8 400立方米,可装载乙烯、氯乙烯单体、无水氨、氧化丙烯等石油气及化学品货

物 23 种,适应北欧市场和国内沿海及内河小容量、多品种的石油气的运输需求。

该船是中速柴油机驱动的单体船。液罐最低设计温度－104 摄氏度,最大设计压力 0.7 兆帕,1 号液货舱容积为 3 123.1 立方米;2 号液货舱容积为 5 291.4 立方米;甲板罐位于箱盖甲板上,其容积为 92 立方米。在箱盖甲板的中部,设有为液化气再液化服务的半开敞式货物压缩机室。

该船的液货系统按照德国 TGE 公司的技术要求进行设计、施工建造,主要包括液货舱、液化气驳运系统、再液化装置系统、惰气发生系统、海水冷却系统、自动测量和控制系统、安全保护系统等部分。该船能直接驳运港口液化气站的液体货物,亦可将岸站或船上液罐内的液化气气体经过船上的再液化装置设备压缩、冷却、液化后,再作相应的驳运。

8 400 立方米半冷半压式 LPG/LEG 船 2004 年获第六届上海国际工业博览会铜奖。

之后,沪东中华又以 8 400 立方米 LPG 船为母型船,为挪威这家公司又建造了两艘 10 000 立方米 LPG 船。该船设计时将平行舯体增加 16 档肋位,拉长 12.16 米,增加载货容积,除了因舾装数增大,引起的锚及系泊设备配置的变化外,其余均与 8 400 立方米 LPG 船相同。

九、3.6 万立方米乙烯 LEG 运输船

该船为全球首艘 Tri－lube 三体式型 C 型储舱液态乙烯/乙烷气体运输船(见图 5－6),由中国船舶及海洋工程设计研究院设计,建造厂为位于启东的中集太平洋海洋工程有限公司,首制船"Gaschem Beluga"号入选国际知名船舶杂志 *Maritime Report & Engineering News*"2017 全球 10 大名船"榜单。该船配备了 C 型三体独立式液货舱,相比同尺寸的传统船舶,增加了 30% 的装载能力;并配备了 MAN 公司三燃料 ME－GIE 低速机主机,可以使用乙烷、天然气和传统燃油三种燃料,并装配有低速抱轴式轴带发电机组,正常航行过程中用电供应无需开启柴油机驱动的发电机组,既满足了环保要求,又兼顾了船舶的

经济性。此外,该船高效的船体线型设计及新型舵桨系统,大大降低了燃油消耗,使该船具备了优异的节能环保性能。

图 5-6　3.6 万立方米乙烷运输船

十、8.5 万立方米乙烯运输船

8.5 万立方米乙烯运输船(见图 5-7)采用双燃料低速主机直接驱动可调螺距螺旋桨推进,由大连大船集团海工公司建造。第一艘命名为"JS-Jnesn Malin"号于 2019 年 1 月交付,该船由德国 JHW ENGINEERING & CONTRACTING LIMITED 公司订造,共造 5 艘,该船创造了多项全球第一:全球首艘装载容积达到 8.5 万立方米的 C 型液货舱液化气船;全球最大容积的单个 C 型独立式液货舱;配置了 MAN 专利设计的首台乙烷、燃油双燃料低速主机。用于运输美国页岩气中分离出的乙烷至中国。

该船总长 231.6 米,宽 36.6 米,配置了 4 个液货舱,可运输乙烯/乙烷。其中三个为 IMO C 型三体独立式液货舱,另一个为 C 型双体独立式液货舱,液货舱单个容积最大达 2.31 万立方米,重量约 2 000 吨,是目前全球最大的 C 型独立式液货舱。其设计最大程度利用了货物处所的空间利用率。

图5-7　8.5万立方米乙烯运输船

因该船的液货舱为当今世界最大容积三体 C 型液货舱,单罐容量23 100 立方米,容量比双体式 C 型液货舱增加 20%,钢结构重量约 2 000 吨,由江苏华兹海洋工程有限公司制造。对于这么大的液货舱吊运安装是该船建造的关键,造船厂克服并解决了吊运重量大、液货舱体积大、安装精度高、液货舱环氧树脂浇注定位难以控制等诸多难题,确保顺利交船。该船型属中国首例,世界很少见到。

该船甲板上设两个燃料舱和燃气系统;机舱中配置了双燃料低速柴油机作为推进主机,在航行时可以液货乙烷为燃料;主机驱动轴带发电机向全船供电,提高了经济性;还配置了废气再循环装置。柴油发电机配置了选择性催化还原装置和相应的水处理系统、氢氧化钠系统和尿素系统,减少了 NO_x 和 SO_x 的排放量,达到 IMO Tier Ⅲ 的排放要求,能航行于世界要求最严格的排放控制区。

十一、1.7 万立方米液化乙烯船

1.7 万立方米液化乙烯船"PCIFIC VENUS"号由南通中集太平洋海工建造,于 2018 年 3 月交船,液货舱设计温度−104 摄氏度,可装载 LEG 以及乙烷等 LPG 货品,船上设有 3 个 C 型双体式液货舱,可同时装载 3 种货品。液货系

统由瓦锡兰公司提供,配有两套再液化装置,在满载乙烯时,制冷量可使液货舱内货物每天温度降低 1.7 摄氏度,具有设备性能先进、自动化程度高、振动噪声小等特点,能效指标达世界领先水平。

另外,南通中集太平洋海工还与德国 HARMANN 集团签订了 3＋2 艘 5 000 立方米全压式 LPG 船订单,该系列船采用 MAN 的 LPG 双燃料主机,是世界上此类型号中第一款燃用 LPG 双燃料全压式 LPG 运输船,与传统的全压式 LPG 船型相比,该船型具有低油耗、绿色环保的优势,满足最新规范要求,各项性能均达到世界领先水平。

现在全国已有数十家造船厂建造过 LPG 船或 LPG/LEG 船,建造的 LPG 船已在百艘以上,形成了一家领先、全国开花的局面。

第三节　研发建造的典型 LNG 船

LNG 船相对于 LPG 船来说,技术含量更高,因而建造难度更大,在世界上被称为三颗造船工业皇冠上的明珠之一。

建造 LNG 船,不但建造难度大,且初投资也大,在世界上 LNG 的建造竞争非常剧烈,因此一家船厂要挤进建造 LNG 船行列的难度和风险非常大,只有具有为国争光挑重担,为企业发展敢于担当的企业领导,才敢于下决心主动承担为圆造船强国梦的责任。沪东中华的领导看准了时机,抓住了机遇,明知山有虎偏向虎山行,带领全厂员工,毅然投入了这一在中国造船史上具有历史意义的创举。在这一艰难过程中,第一型第一艘 LNG 船无疑是困难最多,付出最多的,从而也是最值得骄傲和怀念的。

一、我国第一艘薄膜式液货舱 LNG 船"大鹏昊"

1) 艰难一步

2008 年 4 月 3 日,这天,在汽笛长鸣声中,一艘 293 米长的黑色巨龙缓缓驶离沪东中华,我国第一艘自主建造的14.7万立方米大型LNG运输船"大鹏昊"号正式交船。中国造船人凭借10年磨一"舰"的精神,经过多年的潜心钻研和长期不懈的自主创新,终于攻克了超低温货物围护系统、耐超低温液货驳运系统和特殊动力控制系统三大技术难关,自主制造出货物围护系统的绝缘箱、殷瓦钢部件和泵塔三大关键部件,摘取了这颗船舶工业皇冠上的耀眼明珠。

"大鹏昊"号的诞生是我国船舶工业向尖端产品领域进军的一座重要里程碑,对于保障和推动我国能源战略的实施具有重要意义。至2020年底,沪东中华已建成交付了25艘(包括一艘加注船)高质量、有影响力的大型LNG船。

20世纪90年代中期,沪东中华开始了对大型LNG船的研究并到日本建造LNG船的工厂参观调查,还向中船总公司提出《13.5万立方米LNG船开发与研制项目的立项建议书》,表示沪东中华要争取建造第一艘LNG船的决心。

当时在国内,无论是船厂还是船舶所有人,对LNG船的认识还处于懵懂状态。广东LNG项目船舶所有人较倾向于建造球罐型液货舱LNG船,因为他们与日本川崎重工接触比较多,川崎重工则是建造球罐型液货舱LNG船的主要厂家,日本厂商也极力鼓动中国接受球罐型液货舱建造方案,以便将球罐型液货舱订单揽入手中。那时我国还没有建造球罐型液货舱的条件,因此即使LNG船在国内建造,价格不菲的球罐型液货舱也必须从国外进口成品或者部件拼装。而薄膜型液货舱LNG船,液货舱的主屏壁和次屏壁则需要依靠大量人工焊接薄膜拼合而成。当时船舶所有人对薄膜型液货舱的上百千米长的焊缝,能否做到100%合格并无信心,所以虽建造LNG船的目标确定,但建造什么形式的LNG船,怎么建造,还在考虑之中。

究竟是球罐型液货舱还是薄膜型液货舱LNG船,哪种更适合在我国建造? 沪东中华通过考察了解到:对于计划建造的目标船,若采用球罐型液货舱,一只球罐直径40多米,对球罐型液货舱的制造要求非常高。一是焊接难度高,材料采购有困难。因建造球罐型液货舱所需的铝合金厚板,不但焊接难度高,而且还是航天工业的材料,全球仅两个国家能够生产。如果沪东中华建造球罐型液货舱的 LNG 船,在材料采购上也可能会发生困难。二是建造球罐型液货舱的造价高昂,不但球罐型液货舱本身价格贵,而且建造场地也要求很高。挪威莫斯海事公司(MOSS Maritime)为此建造加工球罐的专门工场,投资2 亿欧元。三是加工难度大。铝合金板在切割、成型和焊接后,需要使用庞大的倾斜台和固定装置将两块多层板对接起来,此外,还需要建设 40 多米直径的焊接平台;同时球罐型液货舱安装车间需要装备滑动屋顶,以便将分段从屋顶吊出后直接被吊运到船上。这一系列硬件设施,要求的初投资数目巨大。因此,沪东中华综合考虑,一是薄膜型 LNG 船技术成熟,与球罐型液货舱 LNG 船相比具有不小的技术和成本优势,在世界 LNG 船市场中的份额逐年上升,符合船舶所有人的最佳利益;二是薄膜型 LNG 船材料成本相对低,因殷瓦钢板很薄,统计下来,14.7 万立方米薄膜型 LNG 船液货舱的殷瓦钢板用量仅需约 450 吨,总的用量就少,费用也就相应节省。虽然薄膜的焊接有难度,但可以自己培养一批高水平焊工来解决,且对造船厂来说焊接是自己的强项。两者结合,造船厂就可能有一定利润空间。若建造球罐型液货舱 LNG 船,仅球罐型液货舱成本就占到整船造价的 1/4 之多,而且国内一时还没有能力制造,只能靠进口,如果加上运输和关税等因素,可以肯定,建造球罐型液货舱 LNG 船,造船厂亏本付学费已成定局。

在这种情况下,沪东中华管理层毅然投资 500 万元,建造了一个薄膜型液货舱的模型舱,以全面熟悉 LNG 船液货舱建造方法和建造流程。

建造模型舱过程中,沪东中华与法国的大西洋船厂开展了后续 LNG 船的建造合作谈判。2002 年 11 月底,沪东中华与法国大西洋船厂和 GTT 公司共同签订技术援助协议,三方同意将协议作为将来承接广东项目 LNG 船的合同附件。2003 年 1 月,沪东中华经过与法国大西洋船厂、GTT 公司、船舶所有人之间数轮谈判,在法国大西洋船厂签订了所有的技术文件,包括详细技术规格书和有关图纸,以及材料与设备厂商表,LNG 船专用标准和通用标准,认可图纸清单等,沪东中华向建造 LNG 船迈出了实质性的一大步。

在建造球罐型液货舱还是薄膜型液货舱 LNG 船问题上,沪东中华与广东 LNG 项目船舶所有人进行深入沟通,通过向船舶所有人提供一系列数据和分析报告,从市场趋势、技术、成本和安全的角度,对球罐型液货舱还是薄膜型液货舱进行比较分析,使船舶所有人认同了建造 No.96 薄膜型液货舱 LNG 船的想法。

最终,沪东中华获得了我国第一艘薄膜型大型 LNG 船的建造合同。

2)集中力量、攻克难关

订单确定后,沪东中华开始了撸袖加油干,集中力量攻难关的艰难历程。

(1)为首艘 LNG 船开工排兵布阵。

2004 年 8 月 11 日,广东 LNG 项目造船合同签字仪式在北京人民大会堂进行,合同签订建造的 LNG 船,船长 292 米,船宽 43.35 米,型深 26.25 米,航速 19.5 节。装载量为 14.7 万立方米,推进装置为锅炉-蒸汽透平单轴系推进装置,推进功率 2.73 万千瓦,货舱类型为 No.96 薄膜型。

2005 年 11 月 18 日,沪东中华又与福建的闽榕、闽鹭 LNG 运输有限公司在福州签订了两艘 LNG 船建造合同。同年 11 月 22 日,广东项目第三艘 LNG 船又签字生效。

对沪东中华来说,签约只是一个起点,许多工作在中标后就已展开。此时合同未正式生效,但是考虑到整个船舶建造周期和交船期限,虽然没有合同保障,沪东中华还是果断决策,提前启动设计工作。一艘船的建造,它的前期准备工作浩大,核心技术要消化吸收,高难度的设备需要安排制造,核心的货物围护系统焊接安装需要培训高级焊工等。如果说中标完成了船舶的合同设计,描绘了船舶的一个基本轮廓的话,那么要保证船舶真正能够投入建造,工人能够按图施工,船舶的各项技术指标得以落实,详细设计和生产设计是关键。另外,浩大的工程需要按步骤有序地推进,设备材料要提前订货,钢板需要切割,关键设备要制造,都必须准时完成按时提交下道工序。为保证整个项目的如期完成,沪东中华首先理清 LNG 船的组成及其核心技术,并与外商联合设计,消化吸收核心技术；同时引进专业人才；培训专业焊工，确保绝缘箱安装质量和殷瓦钢部件焊接无漏泄；安排各工种的施工顺序，并组织力量对焊接安装质量进行检验，沪东中华作为周密的准备和安排，确保设备质量和焊接加工质量达标。

（2）协调外商、消化吸收专利技术。

2003 年初，沪东中华设计小组赴法国与大西洋船厂开展联合设计，标志着沪东中华与大西洋船厂联合设计中国第一艘 LNG 船的大幕正式拉开。但联合设计和引进专利技术，并不是说就可以照搬国外技术，依葫芦画瓢。

国外船厂的设计，依据的是他们的生产技术水平、生产设施要素配置、生产工艺流程、技术规格和标准、物资配套供应链等，这一切都与中国船厂的实际生产状况不同，再加上进度时间节点的要求，所以，几乎所有的图纸都要"中国化"，还要时刻与外方协调图纸的进度。在合作的过程中，文化的差异，设计理念和工作习惯不同等，都使联合设计进程非常艰难。在重重困难面前，设计部门承担了大量设计转化、技术攻关等工作。在引进、吸收国外技术的过程中，不断自主创新，一步一步掌握主动，一点一滴掌握专利技术。

比如 LNG 船的设计中涉及的材料种类繁多，零件的切口标准、补板形式等与其他船舶完全不同，安装方式也有所变化。设计人员逐个排查，提出新的安装工艺，使大西洋船厂的设计初衷能够得到体现，也符合沪东中华的传统建造工艺。在高效焊接方面，设计人员仅用 80 天就编制了一套系统化、标准化焊接工艺文件，这是一份与世界先进造船水平接轨的焊接工艺程序规格书。当船舶所有人、船检以及其他兄弟部门看到这套包含 120 多项焊接工艺沉甸甸的工艺文件时，都赞不绝口。一位在不少国家做过船检的外国专家，忍不住竖起大拇指，一个劲地对设计人员点赞。

电气系统设计科技含量较高，不仅技术先进，控制系统高度自动化、程序化，而且与特殊的动力系统、特殊的液货驳运系统、特殊的货物围护系统之间有极其复杂的关联，设计人员不但要掌握复杂的电气技术原理，还要掌握各大系统的工作原理,要求非常高。设计人员经过大量的国产化改造和实际应用转化,完成了高度复杂、自动化程度极高的 LNG 船电气系统基本设计。后续的实船建造验证,沪东中华对于大型薄膜型液货舱 LNG 船电气系统的理解与设计是成功的,完全掌握了 LNG 船的电气系统原理,运行性能达到设计要求,电气控制系统实现了比一般单个设备自动控制更高一层的自控功能性能,即流程控制。

LNG 船在航行过程中,通过采集液货舱内自然挥发的天然气提供锅炉燃烧,以提高航行的经济性。但对于蒸汽透平主机,当时大多数设计人员来讲,因为中国船厂建造的船舶推进系统大部分采用柴油机推进系统,所以是一个全新的领域。技术人员只用了很短的时间就掌握了 LNG 船蒸汽透平技术原理。法国专家不敢相信中国技术人员能把工作做得如此成功。液货驳运系统的管系部分,技术人员在繁冗的转化绘制之余,还编制了低温管冷却试验操作手册及试验表册、低温管冷却试验支架检验表册、绝缘层氮气注入操作手册及表册、气体试验大纲及试验表册,共计 500 多页,累计字数近 50 万,是国内第一本关于 LNG 船专业试验的指导性文件。

2005 年 11 月,中法联合设计部门完成了 LNG 船的常规设计认可图、GTT 设计货物围护系统认可图、送审 ABS 船级社认可图和船舶所有人认可图。大西洋船厂提供的 2 000 多份设计图纸和工艺文件,实现了图纸电子化和图纸工厂化,确保了 LNG 首制船施工图纸的按时提交。

(3) 攻克 LNG 船核心设备建造关。

货物围护系统是建造难度最大的核心设备。

LNG 船的货物围护系统主要是液货舱,需承受 −163 摄氏度超低温,还要确保液密不泄漏,所以必须解决厚度仅 0.7 毫米薄的殷瓦钢板的焊接和在常温状态和装货时巨大温差造成的热胀冷缩问题,以及防止液货舱在运输过程中过多地吸热升温气化的问题。因而需考虑液货舱的绝热材料或绝热层的选择和设置,也需考虑因液货舱的超低温导致液货舱外船体舱壁温度下降过多的问题,因此液货舱建造技术要求极高。

① 液化气船结构的复杂性。

GTT 公司采用厚度仅 0.7 毫米的殷瓦钢板,其外部包覆或衬垫一定厚度的绝缘箱,并设置主屏壁和次屏壁,组成两道液密屏壁,两道绝热层。冷缩问题靠殷瓦钢来解决,殷瓦钢薄板的焊接、绝缘箱的制造及大量的绝缘箱安装是必须攻克的技术难关。

14.7 万立方米 LNG 船的货物围护系统,零部件超过 50 万件,绝缘箱有1 100多种,共计 5.5 万多个,且不同位置的绝缘箱形状大小各异,一个个绝缘箱组装起来成为液货舱的绝热层;0.7 毫米厚的殷瓦钢板就一张一张敷在绝缘箱表面并焊接起来,主次屏壁总面积有 8～10 个标准足球场那么大,焊缝长度130 多千米,所有的焊缝必须保持绝对的密性。

为了保证焊接质量,必须进行探伤,检查焊缝是否有泄漏点,在这又薄又长的焊缝中,查找漏焊漏点就像是大海捞针一样。这一检验结束,还要进行一系列试验。要让货物围护系统在以后的装卸液货时和航行中也不会有泄漏隐患,殷瓦钢薄膜必须经受强度试验、承载试验、力学试验、氦气试验、真空箱试验和全船试验等重重"考验"后,才能说"大功告成"。

此外,绝缘(层)箱要承受液货舱的重力和其他作用力,这样薄的钢板敷在其表面,如果绝缘箱凹凸不平,殷瓦钢薄板就会产生变形和裂缝,所以绝缘箱的平整度要求极其苛严。平面区域绝缘箱层差不大于 0.7 毫米,角落区域绝缘箱层差不大于 0.5 毫米,5.5 万多个绝缘箱的精度均在 0.7 毫米以内,难度非常高。而整个 LNG 船货物围护系统材料数量巨大,种类繁多,从采购到配送,再一个一个地安装到船上,其工作量之大,精度要求之高难以想象。

② 攻克殷瓦钢薄板焊接绝缘箱制造难关。

为解决殷瓦钢薄板的焊接难题,沪东中华采用了引进人才,国外培训专业焊工和厂内师傅带教徒弟三结合的办法,培养了一批殷瓦钢焊接专业人才。厂领导得知一位在日本船厂做过领队的山东籍工人,想方设法与其联系,动员他回国为祖国造船事业作贡献,事实证明他的管理方式和技术能力为日后优化绝缘箱安装工艺起到了关键的作用。

除殷瓦钢薄板,殷瓦钢部件的制作焊接也难度颇多,殷瓦钢三面体又是殷瓦钢部件中最复杂的一种,用于液货舱内三个平面相交的拐角处,结构极为复杂。为此,沪东中华下属的管子分厂特地引进了一些专用生产设备,国外公司曾预言中国不可能制作成功殷瓦钢三面体,管子分厂成立了攻关小组,研究出一系列适合现有设备和工艺,能解决焊接难题的"独门绝技"。当中国薄膜型液货舱 LNG 船建造史上第一个三面体制造成功时,法国 GTT 专家激动地说:"没想到,你们做的三面体重量比日本的还好!"此外,管子分厂还成立了其他攻关小组,解决了蒸汽透平系统的高温管、液货系统低温管及模块等高难度零部件的加工制造的难题。

为解决绝缘箱这一关键部件制作难题,沪东中华下属中国船舶电站设备公司起初想走捷径,先从意大利引进一条绝缘箱流水线,请国外专家指导以确保绝缘箱制造能够保质保量完工,但两位专家先后对正在安装的绝缘箱生产线考察后认为,从目前流水线的安装状态看,在锁定的时间里根本不可能批量生产出合格的绝缘箱,只能增加生产线数量。但向国外购买不但要花费外汇,而且时间也等不及,为此自己动手,电站公司尝试研究制造了一条半国产化的流水线。这些流水线不仅能造出获得专利厂认可合格的绝缘箱,而且为企业减少了2 000 多万元的费用。2005 年 5 月,流水线进入专利厂 GTT 公司认证阶段,两周后就完成了认证,颁发了生产许可证书,确认在认证过程中试制的标准绝缘箱可以直接上船安装。从 2005 年 9 月 10 日绝缘箱流水线正式开工运行,至2005 年 12 月 31 日,共生产了 1.2 万只绝缘箱,不到 3 个月就达到了预定的生产目标。

解决绝缘箱的生产制造难题,关键还要将其安装到船上。为此,沪东中华在车间建造了多个与实船相同尺寸的模拟液货舱,用来进行前期操练,以解决船上安装时可能遇到的技术难题及绝缘箱安装和薄膜钢板现场焊接等一系列难题。货物围护系统的关键核心设备的建造安装迎刃而解。

绝缘箱安装首先在液货舱顶部开始。虽然经过了模拟舱的演练，但真正在实船环境施工，还是遇到了许多意想不到的问题，特别是边角区域、气穹、液穹周围、舷侧工艺孔处的绝缘箱安装难度更大、技术要求更高，工序不能有丝毫偏差。液货舱角落区域的编号 3B 的绝缘箱，生产工人按专利厂的工艺安装，几个小时都装不好 1 个，生产效率远远达不到计划进度要求。于是施工组大胆创新，根据现有设备和条件对其进行了工艺改革，全船 412 个 3B 箱的安装时间缩短了一半以上。

③ 攻克液货舱安装平台难关。

安装建造货物围护系统，必须要有一个安装平台，否则长、宽、高各有几十米的棱柱形 10 面体液货舱的绝缘箱和殷瓦钢薄板，是无法安装和焊接的。平台本身的质量也很重要，如果平台的质量不好，一个支撑发生问题，整个平台就会坍塌，不但继续安装建造不可能，已安装建造完成的绝缘箱和殷瓦钢薄板也要遭到损坏而返工，所以建造一个质量过硬支撑稳定的安装平台又是一个关键。

安装平台是为了满足货物围护系统安装，在船体货舱内搭建的结构复杂而规模庞大的轻型脚手架，脚手架上有：面对液货舱的船体货舱内壁棱柱形 10 面体的工作通道；堆放绝缘箱、摆放黏结剂浇注的树脂机等大型设备的储物区；储物区和工作面之间的走道，以及上下电梯。因为绝缘箱和殷瓦钢板都是精度很高的零部件，它对安装组合精度、受力计算、总重量控制要求都非常高。所以安装平台既满足安装作业便利，也起到了保证安装质量的作用。安装平台约有 10 层，是一个结构庞大复杂的工程建筑物，整个平台形成后，应平稳、坚固，不能晃动。在拆卸时，同样需要细致谨慎，一个螺栓也不能落下，否则造成的损伤要花几倍的代价才能修复。此外还要求零部件在安装和拆卸时，能便于进出液货舱，又不能碰伤已安装焊接好的绝缘箱和殷瓦钢薄板，这些零部件要做成模块并要考虑进出的洞孔大小，人力能搬运。

沪东中华成立安装平台攻关组，消化吸收购买来的国外专利技术，并将其转化为适合本厂的施工工艺。发现专利厂不了解本厂在建的液货舱形式,有些图纸出现偏差,不修改就会影响安装精度。为此技术人员修改图纸数百张,大胆对一些结构进行了改进,然后联合国内设备公司进行工艺优化,最后共设计制造了 715 个模块构架,确保了安装平台全部构件的制造精度要求。

④ 攻克液货舱特种设备——泵塔。

泵塔是薄膜型液货舱 LNG 船关键设备之一,底部装有液货泵,它既要承受−163 摄氏度的超低温,又要有足够的能力将液货从液货舱的底部抽出,通过与码头的接口进入装卸管道,泵送到岸上的液货储存舱。

泵塔安装在液货舱的顶部舱口围井上,直伸到舱底,高约 30 多米,重约 36 吨,上面安装有两台液货泵、扫舱/燃料泵、应急泵接口、一系列低温管路、阀件,还与在货物机械室内的一系列设备连接,通过一系列自动化控制,完成所有装卸的驳运操作。泵塔是薄膜型液货舱 LNG 船上的一个关键装置,既高又重,安装时其顶部需要吊至舱口围井以上 30 多米,吊装过程中还不能晃动,以免碰伤液货舱内已经完工的殷瓦钢薄板,所以泵塔的建造精度要求高,安装精度要求更高。

纵观韩国、日本等世界造船强国,泵塔均委托专业配套厂制造。尽管我国是第一次建造 LNG 船,但沪东中华仍下定决心自己来制作泵塔,具体由下属投资企业东鼎公司来承造。东鼎公司对所有参加泵塔建造的员工进行技术培训,选派了 10 名最优秀的电焊工参加低温管焊接培训,取得低温管焊接 6G 资格证书。装配工、起重工等其他工种人员,也接受了专项技术培训,取得相应的资格证书。

2006 年 9 月 28 日,中国制造的 LNG 船首制泵塔建造完成。法国 GTT、船舶所有人和船级社组成的三方一致认定首座 LNG 船泵塔制造合格。此泵塔不仅属国内首创,而且其制造技术也完全达到了国外同类产品的先进水平。

泵塔基座与船体焊接,也是一场"大戏",因为高度 30 多米,上面基座上偏一点点,泵的下面就会碰到液货舱壁。这时,到日本培训获得中国第一张 GTT 公司殷瓦钢焊接证书的焊工主动承担了该项工作,检验结果证明,焊接质量完全达标。

2007 年 7 月 5 日，货物围护系统整舱密性试验合格，可以封舱。整整
20 个月艰苦卓绝的努力，终于取得了胜利。

⑤ 安装货物围护系统建成第一艘 LNG 船。

关键设备造好了，高水平焊工培养了，安装平台也有了，建造薄膜型液货舱
LNG 船最重要的就是货物围护系统安装。为此，沪东中华又建造了 HZ01、
HZ02 和 HZ03 三个模拟舱。

通过制作模拟舱，对在船体货舱内安装货物围护系统进行了一次预操作，
一是检验薄膜型液货舱 LNG 船的绝缘箱、殷瓦钢等零件安装施工工艺，质量
检验工艺的可行性，改进相应的工艺和工具；二是提高殷瓦钢焊接和绝缘箱安
装工人的实战能力，检验他们的技术水平；三是检验相关设备、工具的实用性。

沪东中华首制薄膜型液货舱 LNG 船"大鹏昊"号，从 2005 年 12 月 28 日出
坞，到 2008 年 3 月 17 日载运气体试航成功，耗时将近 2 年 4 个月，一般国外成
熟产品码头生产周期不少于 18 个月，更有国外首制 LNG 船建造前后耗时 7 年
之久，其难度可见一斑。但我国只历经 3 年多就交付使用。这标志着我国在薄
膜型液货舱 LNG 船的设计技术、建造技术、关键设备国产化等方面均取得了
重大突破。

"大鹏昊"号建造过程中，沪东中华先后完成了 LNG 首制船技术工艺攻关
项目 80 项；成功申请了包括"专用绝缘箱制造专利""泵塔制造专利"和"殷瓦钢
部件制造专利"在内的 31 项与大型薄膜型液货舱 LNG 船关键技术相关的专
利，其中发明专利 22 项，实用新型专利 9 项；通过引进消化吸收再创新的方式，
沪东中华在 LNG 船建造的关键技术中取得了突破，具有自主知识产权。

2010 年 8 月，沪东中华建造的大型 LNG 船国产化项目获得了国家能源科
技进步一等奖，这不仅是中国船舶工业集团公司以及沪东中华的光荣，也是全
体中国造船界的光荣，说明我国船舶工业为国家能源战略的实施作出了新的突
出贡献，也进一步向世人展示了中国造船人的技术创新能力。

二、第一代薄膜式液货舱 LNG 船"长青系列"

1) 总结提高以利再战

从 2008 年到 2009 年,沪东中华相继交付 5 艘薄膜型液货舱 LNG 系列船,货物围护系统建造周期一艘比一艘短。特别是 4 号船和 5 号船,货物围护系统的建造周期已经达到与日、韩船厂相当的水平。5 号船用时与 1 号船用时相比缩减了 45%。在建造周期显著缩短的情况下,货物围护系统建造质量仍然保持在一个较好的水平上。以密性试验泄漏点为例,1 号船单舱单层殷瓦钢薄膜氦气泄漏点超过 40 个,而最后两艘船单舱单层氦气泄漏点均保持在个位数,完全达到甚至超过韩国船厂的水平。这是中国造船人攀登世界造船最高峰的又一胜利,也是为国家能源战略调整作出的重要贡献。

5 艘薄膜型液货舱 LNG 船的成功交付,意味着中国经过艰苦攻关,已经完全掌握薄膜型液货舱 LNG 船建造的关键技术,三大部件配套产业也完全成熟;说明沪东中华已具备至少年产 3 艘 LNG 船的能力;形成了从设计到生产再到配套这样一条完整的 LNG 船制造链,从而在世界高端船舶市场,有了一定的话语权和接单能力,成为目前唯一一家在薄膜型液货舱 LNG 船建造的高端市场上能与日、韩先进企业一争高下的中国造船企业。

5 艘一代 LNG 船完成后,沪东中华总结建造过程的核心是 3 个"三",即三大核心建造技术完全掌握,三大部件配套产业完全成熟,三大管理体系初步成型。

LNG 船的三大核心建造技术是:特殊的蒸汽透平推进系统建造;特殊的超低温液货舱驳运系统建造;特殊的超低温液货舱围护系统建造。

LNG 船推进系统之特殊性在于,依靠收集液货舱内 LNG 挥发的液货蒸发气供锅炉燃烧,产生高温高压蒸汽,推动透平主机、透平发电机、透平给水泵等动力设备工作。由高度自动化程序控制的锅炉是全船的动力核心,它所产生的蒸汽温度超过 500 摄氏度,压力达 6 兆帕。简言之,它所产生的威力如同"高速飞转的刀片一样无坚不摧"。全船主要设备都通过非常先进的 IAS 系统控制,仅报警点就超过 4 300 个,是常规散货船的 10 倍之多,系统安装调试极其复杂。

超低温液货舱驳运系统的安装调试技术要求与高温蒸汽系统类似,但是由于驳运系统内流动的是温度为－163摄氏度的超低温液态天然气,一旦泄漏,船体钢板立即脆化,后果将是灾难性的。因此对整个系统的可靠性要求非常高,绝对不能有一点闪失。

液货舱围护系统系指装载－163摄氏度液态天然气的4个大液货舱,每个大舱都要铺设一套拥有两层绝缘隔热保温层的系统。现船该系统由两层绝缘箱和两层大部分厚度为0.7毫米的殷瓦钢薄膜组成。全船安装绝缘箱5.5万多个,殷瓦钢焊接总长度超过130千米,箱与箱之间的平整度控制在每平方米不超过±0.15毫米,所有焊接不允许有一个泄漏点存在。

经过反复攻关试验和不断优化施工工艺,沪东中华LNG船三大系统的安装和调试技术日臻成熟,370多个在船上进行的高温管、低温管合拢接头安装对中,全部在自然状态下进行,对中准确、精密;管子对接焊全部在加热保温250摄氏度状态下采用氩弧焊接,100%探伤,焊接X光拍片一次合格率已达到99.42%,局部缺陷修补绝不超过2次。

据统计,无损探伤检验室在5艘LNG系列船的建造中,共拍摄X光片约76 420张;超声波探伤长度约16 000米;磁粉探伤长度约17 500米;殷瓦钢焊缝着色探伤约80 000米;凸缘螺柱着色探伤约265 000只。在这些数字背后,包含着沪东中华造船人无数的汗水。

全船动力推进系统和超低温液货舱驳运系统,必须运用先进技术调试,才能正常工作。

几多艰辛,几多拼搏,技术人员终于掌握了这种高难度的调试技术;一批完全掌握LNG船各大设备技术原理,精通电气、轮机、计算机程序技术的技术人才已走向成熟,而且,其中十几名顶尖技术人员,任何一人都可以通过操控IAS[①]驾驭整艘LNG船。

---

　①　一种自动化系统。

我国 LNG 船液货舱围护系统的建造质量,受到了船舶所有人、船级社、专利方赞扬和肯定。整个围护系统的建造周期逐步缩短。单层薄膜的一次漏点控制,1 号船 70 多点,5 号船已经控制在 5 点左右,对外提交一次合格率稳定保持在 98% 以上,在工艺技术十分成熟的国外造船企业都难以做到的。

要自主建造 LNG 船,必须建立完善的配套体系。LNG 船的三大核心部件——绝缘箱、泵塔、殷瓦钢部件,国内以往没有一家企业能制造,国外一般也都采用密配型供应,市场上无法采购。早在设计研发阶段,沪东中华就未雨绸缪,自力更生建立起了自己的配套生产基地,在下属电器公司组建绝缘箱生产车间,引进了世界一流的绝缘箱制造流水线;在下属东鼎钢结构公司组建泵塔制造大组;在下属管子分厂组建高低温管和殷瓦钢管制造车间,形成了自身强大的配套能力。

至 2020 年底,沪东中华已成功建成交付 25 艘大型 LNG 船,并成功掌握 Mark Ⅲ 型薄膜舱建造核心技术,成为我国造船业唯一能同时建造 Mark Ⅲ 型、No.96 型两型薄膜舱的船企。这些成绩的取得,得益于他们始终以"服务国家战略、支撑国防建设、引领行业发展"为己任,坚持以 LNG 储运装备制造为核心的战略导向,更重要的是通过 LNG 船的设计研发建造平台,培养铸就了一支特别能吃苦、特别能战斗、特别能奉献的"特种兵"队伍。

进入 21 世纪,中国造船业风起云涌。在世界船舶市场最兴旺的时间以沪东中华为代表的船厂和科研单位选择了研发建造 LNG 船。当时有人不解,更有人担忧万一研制不成怎么办,但他们义无反顾在建造 LNG 船的漫漫征途中艰难前行。在艰苦的砥砺中,更多人选择坚守这片阵地。为了这份事业,他们不畏艰难,敢于担当,在挑战中成长为中国造船的"脊梁"。

2) 完成 6 艘第一代 LNG 船"长青系列"

14.7 万立方米 LNG 船是沪东中华建造的第一代薄膜型液货舱 LNG 船,其中广东 LNG 项目 3 艘,命名为:"大鹏昊(DAPENG SUN)"号、"大鹏月(DAPENG MOON)"号、"大鹏星(DAPENG STAR)"号。福建 LNG 项目 2 艘,命名为:"闽鹭(MIN LU)"号和"闽榕(MIN RONG)"号。上海 LNG 项目 1 艘,命名为:"申海(SHEN HAI)"号。上述 6 艘称为第一代 LNG 船,G1"长青系列"。

该系列船总长约 292 米,船宽 30 米,型深 26.25 米,设计吃水 12.33 米,航速 19.5 节,设 4 个液货舱,货舱总舱容为 14.7 万立方米,货舱采用 GTT 专利舱型 GTT No.96,入级美国船级社。该系列船型采用单轴系通过带有两级减速齿轮箱的蒸汽透平推进,推进功率为 2.73 万千瓦。整个推进系统由 2 台双燃料(燃油和天然气)锅炉、1 台蒸汽透平主机、2 台透平发电机和 2 台柴油发电机等组成,系统及结构十分复杂。LNG 船在航行过程中,通过采集液货舱内自然蒸发的天然气提供锅炉燃烧,以提高航行的经济性。

该船系我国第一次设计建造,所以采用与国外联合设计、液货舱(货物围护系统)购买国外专利和国内自行制造的方式,克服了殷瓦钢部件和殷瓦钢薄板焊接技术难关、绝缘箱生产加工难关、泵塔生产制造难关、超低温(LNG)管路和超高温(锅炉高压蒸汽)管路设计制造难关、液货舱密封泄漏试验检测难关等,首制船"大鹏昊"号从 2004 年 8 月建造合同签订到 2008 年 4 月 3 日交船,历时 3 年 8 个月,可见建造之艰难。但也显示了我国造船技术水平和综合实力达到了一个新的高度,为我国的能源供应做出了重大贡献。在"大鹏昊"号的基础上,后续的几艘船货物围护系统的建造周期明显缩短,至第五艘"闽鹭"号仅用了 15 个月,达到了日、韩船企同等水平,后两艘的液货舱单舱单层泄漏点检测保持在个位数,超过了国外船厂的水平。

三、第二代薄膜式液货舱 LNG 船"长健系列"

2011 年 1 月 15 日,由沪东中华与埃克森美孚和商船三井共同签订了《友好合作协议》,并宣布沪东中华为后两家企业的 4 艘 17.2 万立方米 LNG 船的中标船厂。这批船将从巴布亚新几内亚和澳大利亚运输 LNG 至中国,这批船已于 2015—2016 年间交付。

该系列为沪东中华第二代大型薄膜型液货舱 LNG 船"长健系列",液货舱总舱容增加到 17.2 万立方米,入级 ABS＋CCS 双船级社。该系列船型使用 2 台低速机分别通过一套轴系驱动一个定距桨,为双尾鳍结构;船舶燃料为常规的 HFO＋MGO 燃料,货物处理系统配备了容量达到货舱日气体蒸发率 110％的再液化装置。

该船的特点是推进装置与常规船舶相同,液货舱内的自然蒸发气没有输送至机舱设备进行燃烧做功,全部由再液化装置液化后回输至液货舱,因此再液化装置消耗的电功率较大。船舶所有人为商船三井,租船方为埃克森美孚公司。

"巴布亚(PAPUA)"号为第一艘出口型大型薄膜型液货舱 LNG 船,该船总长约 290 米,船宽 46.95 米,型深 26.25 米,设计吃水 11.5 米,航速 19.5 节,设有 4 个液货舱,液货舱总舱容为 17.2 万立方米,液货舱采用 GTT 专利舱型 GTT No.96。该船适航性好,能停靠世界各地的主要港口。目前,在世界上现有的近 400 艘 LNG 船中,仅有约 50 艘配备这种再液化设备。另外 3 艘分别为"南十字星(SOUTHERN CROSS)"号、"北斗星(BEIDOU STAR)"号和"天堂鸟(KUMUL)"号。

"巴布亚"号 LNG 船的顺利建成,标志着我国自行设计、建造的 LNG 船已经从入门走向成熟。

该系列船由日本商船三井租给美国埃克森美孚使用,开辟了我国自行设计建造的 LNG 船,进入了国际市场之路。与第一代 LNG 船比较,将能源利用效率较低的锅炉-蒸汽透平推进系统改为效率较高的低速柴油机推进系统,装货量增加了 11.7％,燃油消耗量却下降了 25％;110％的再液化装置使船上的货损减小至最低,在舱容和性能等各项指标上实现了全面飞跃,获取了国际海事组织的能效指数证书,2014 年该船获第 16 届工业博览会金奖。

四、第三代薄膜式液货舱 LNG 船"长安系列"

17.4 万立方米大型薄膜型液货舱 LNG 运输船,是沪东中华建造的第三代薄膜型液货舱 LNG 船,液货舱采用 GTT 专利舱型 GTT No.96,采用双燃料柴油发电机电力推进系统,共有 10 艘。因柴油发电机组的型号和数量不同,该船有两种形式:前一种 6 艘,后一种 4 艘。

前 6 艘(APLNG 项目)船长约 290 米,船宽 45.6 米,型深 26.5 米,设计吃水 11.7 米,结构吃水 12.7 米,航速 19.5 节,入级 LR+CCS 双船级社。配置 5 台双燃料发电机组,电力推进。这 6 艘 LNG 船是世界上首次采用可以根据液货舱蒸发量自动匹配油气混烧技术的双燃料电力推进大型 LNG 船,具备强劲推进能力和全航速段的良好操控性,安全可靠度极高。该船由中海运集团旗下的中海集团液化天然气投资有限公司(CSLNG)和中石化旗下的中石化冠德以及日本商船三井(MOL)三家公司控股的中国能源运输投资有限公司营运,船名分别是"中能福石(CESI Gladstone)"号(见图 5-8)、"中能青岛(CESI QINGDAO)"号、"中能北海(CESI BEIHAI)"号、"中能天津(CESI TIANJIN)"号、"中能温州(CESI WENZHOU)"号和"中能连云港(CESI LIANYUNGANG)"号。投产后,用于澳大利亚到中国的 LNG 航线运输,单航次可运载 7.5 万吨重天然气。

图 5-8 "中能福石"号 LNG 船

后 4 艘（PULNG 项目）船长约 284.52 米，船宽 46.95 米，型深 26.25 米，设计吃水 11.5 米，设计吨位 8.25 万吨，总舱容 17.4 万立方米，单航程运输的液化天然气，气化后容量达 1.07 亿立方米，航速 19.5 节，入级 ABS＋CCS 双船级社。配置 4 台双燃料发电机组，该系列船型使用了双燃料电力推进（DFDE）系统，通过 2 台低速电动机分别通过一套轴系驱动一个固定螺距螺旋桨；货物系统带再液化装置，船舶可以全气模式运行，可以满足 IMO Tier Ⅲ 排放标准，满足 EEDI Phase 3 要求，具备纵倾优化功能。船舶所有人是中海油能源发展股份有限公司、中国液化天然气运输（控股）有限公司和加拿大 TEEKAY 集团。船名分别为"泛亚（PAN ASIA）"号、"泛美（PAN AMERICAS）"号、"泛欧（PAN EUROPE）"号和"泛非（PAN AFRICA）"号。首制船"泛亚"号 2015 年 4 月 8 日开建，是澳大利亚科蒂斯 LNG 项目该系列 4 艘船的首制船，集中了当今中国造船最新科技成果。采用了双轴系水平向外侧偏斜布置、短球艏、低转速、双艉鳍线型优化、全气模式运行等一系列新设计理念；货舱蒸发气最优化处理，降低货损率等，为船舶所有人提供了灵活的低消耗运输模式，增强了航运公司市场竞争力。

该系列 10 艘船与以往 LNG 船的区别在于采用了双燃料柴油机电力推进（DFDE），首次应用了油气混烧技术，在各种工况下，可灵活搭配，营运适配性好。艉部线型为双尾鳍线型，推进装置为两台变频低速推进电机分别通过一根轴系各驱动一个固定螺距螺旋桨，因固定螺距螺旋桨转速低，直径大，效率高，实现了能源的高效利用。同时因采用了电力推进并且为双轴系配置，该系列船操纵灵活。蒸发气的处理采用双燃料电力推进柴油机与再液化装置组合，在 17 万立方米级 LNG 船上，全球尚属首次，使货舱蒸发气得到最优化处理，降低了货损率，为船舶所有人提供了非常灵活的低消耗运输模式，增强了航运公司市场竞争力。该型船还具备高可靠性的安全防火能力，即使在机舱失去电力供应的极端情况下仍能释放水雾喷淋系统进行消防灭火，极大地提升了船舶的安全性。

该系列船是沪东中华首次承建的电力推进系统 LNG 船，其中整个推进系统的安装与调试都是全新的课题。在建造中,沪东中华的科技精英和能工巧匠夙兴夜寐奋力攻坚,以"零失误"高效完成了整个系统调试,获得船舶所有人的称赞。该船的设计建造表示我国 LNG 的设计建造技术已能灵活处理船舶所有人的各种不同要求,技术水平和建造水平已达国际同等水平。

五、可航行北冰洋的第四代薄膜式液货舱 LNG 船"长兴系列"

"长兴系列"LNG 运输船,货舱舱容为 17.4 万立方米,货舱采用 GTT 专利舱型 GTT No.96 L03+,用于俄罗斯北极地区的亚马尔 LNG 项目。该系列船长约 295 米,船宽 45 米,型深 26.25 米,设计吃水 11.5 米,结构吃水 12.5 米,航速 19.5 节,配置的两台低速双燃料柴油机作为推进主机,分别通过一套轴系驱动一个定距桨,船体尾部为双艉鳍结构;发电机也为双燃料机型,船舶可以全气模式运行,具备纵倾优化功能,采用了多目标优化线型,覆盖各种吃水工况。G4"长兴系列"LNG 船开建,证明了"中国制造"正向"中国智造"迈进。

2017 年 6 月 29 日,沪东中华与日本商船三井(MOL)正式签约建造 4 艘 17.4 万立方米 LNG 船,分别是"天枢星(LNG DUBHE)"号、"天璇星(LNG MERAK)"号、"天玑星(LNG PHECDA)"号和"天权星(LNG MEGREZ)"号。前两艘船已于 2019 年和 2020 年交船,3 号船"天玑星"号和 4 号船"天权星"号克服了弥漫全球的新冠肺炎疫情的影响,已分别在 2020 年 8 月 31 日和 10 月 20 日交船。

该系列船设 4 个液货舱,液货舱总容积为 17.4 万立方米。首制船自合同签约到交船,用时 21 个月,该型船的 2 号船造船周期又提前了 3 个月。该船入级英国劳氏船级社和中国船级社,用于俄罗斯北极地区的亚马尔 LNG 项目,可在北冰洋冰区中航行。

该船与沪东中华以往建造的几代大型薄膜型液货舱 LNG 船不同,推进装置采用了新研制的两台 WinGD 大型低速双燃料柴油机作为主机,分别通过一套轴系驱动定螺距螺旋桨,船尾为双艉鳍结构。这样既发挥了大型低速柴油机高效率的优势，又发挥了低速定距桨高推进效率和双尾鳍结构船身效率高的优势，且安全可靠。推进柴油机和发电柴油机都采用双燃料机型，既可减少对大气的污染，又可充分利用船上液货舱的蒸发气，减少将其再液化而消耗的功率。该船具备纵倾优化的功能，并采用了多目标（多种装载工况）的线型优化，覆盖多种载运工况，有效地降低了船体阻力，提高了船舶在不同工况下的综合推进效率。

该船的推进柴油机和发电机组都设置有 SCR 装置，可在燃油模式下减少氮氧化物（NO_x）的排放，所以全船可在燃油和燃气两种模式下都满足 IMO Tier Ⅲ 排放标准和满足能效指标 EEDI Phase 3 的要求，是全新升级换代的低能耗低蒸发率绿色生态船。该船液货物围护系统采用法国 GTT No.96 L03＋型舱型，日蒸发率仅为 0.1％，比上一代 LNG 船低温绝热性能提升 30％ 以上。全球最新一代双燃料动力系统能使 WinGD XDF 低速柴油主机日油耗降至 100 吨内，能耗下降 16％。该船配备了先进环保装置，不论燃气还是燃油模式运行，船舶所有人表示该型船交船后营运良好，对其灵活性与全球适应性相当满意。

该型船能在寒冷的北冰洋冰区航行，它集成了世界首创技术，减少了向大气的污染，又有效降低了能耗，第四艘"天权星"号建造周期仅 18 个月，向世界展示了中国制造的高超水平，提升了我国 LNG 船市场的竞争能力，作为我国与"一带一路"沿线国家在油气领域的合作范例，第四代 LNG 船亚马尔项目是中国海运能源 LNG 运输事业发展的重要里程碑。

六、第四代升级版薄膜式液货舱 LNG 船 G4＋"长辉系列"

G4＋"长辉系列"大型薄膜型液货舱 LNG 船是沪东中华 G4"长兴系列"的升级版，是在吸收了前四代 LNG 船的优点和经验基础上，融合最新的技术和设计理念，计划推出最新的系列船型。有的已落实客户，有的正在洽谈或招商中，是即将可生产建造的船型。采用"长辉系列"设计的 17.4 万立方米 No.96 L03＋ LNG 船以及 17.5 万立方米 Mark Ⅲ Flex LNG 船的主要特点有如下四大方面：

（1）新一代风格双艉鳍线型设计搭配节能装置能优化提升船舶快速性。

（2）采用一体化轻量设计，可实现最优化的空船重量。

（3）采用了全方位的节能设计理念，如节电型燃气供给系统设计。

（4）具备多种可灵活选配项目，如深冷喷淋式再液化装置、空气润滑减阻系统等。

此外，沪东中华还完成了"长辉系列"的 20 万立方米巴拿马灵便型 LNG 船设计方案。该型船采用 4 个液货舱设计，能够通过新巴拿马运河，可通达美国所有 LNG 岸站。该船长度控制在 300 米以内，与常规 17 万立方米级 LNG 船长度相近，能够兼容常规主流岸站，舱容比常规 17 万立方米级提高了 15%，已获得美国船级社原则性认可，具备接单条件。

至 2020 年底，沪东中华开发的"长辉系列"的 23 万立方米巴拿马最大型 LNG 船方案，可以兼容美国大部分 LNG 码头（除 4 个岸站外），采用 4 个液货舱设计，相比已建造的采用 5 舱方案的 21.6 万立方米 Q‑FLEX 船型，用更少的货舱数量实现了舱容的增加，具有明显的成本优势，是未来经济高效的解决方案，目前正在进行船级社原则认可。

七、1.86 万立方米 LNG 加注船

目前，LNG 加注船是一种新兴船型，为减少燃油的船舶柴油机对大气的污染，国际上对船舶减排达成了共识，也签订了一系列协议和制订了相关的规范，要求在船舶上限时强制执行，船舶柴油机除燃用燃油外，还能以天然气为燃料是实现减排的重要措施。

沪东中华对《LNG 燃料加注船工程化开发》项目开展的 LNG 加注船关键技术攻关，首创研发了目前世界上舱容和加注能力最大、性能最先进的 1.86 万立方米 LNG 燃料加注船，为推动 LNG 作为船用燃料的发展提供了有力的技术支持。开展《双燃料推进技术研究》项目的研究，协助承接了 2.3 万 TEU 双燃料动力集装箱船、1.5 万 TEU 集装箱船的 LNG 燃料舱改装项目。

沪东中华紧盯 LNG 市场发展,积极开展 LNG 产业链装备前瞻性布局谋篇,启动了《LNG 燃料发电船工程开发》和《破冰型 LNG 运输船工程开发》项目的研究,积极拓展 LNG 产业链重点装备储备,抢占国际市场先机。

2018 年 2 月,通过竞争,沪东中华获得商船三井的全球最大最先进 1.86 万立方米 LNG 加注船订单。该船已于 2020 年 4 月 30 日交付。2019 年 12 月,又凭借升级版的设计,再次完胜韩国与商船三井签订了第二艘 1.86 万立方米 LNG 加注船订单;2019 年 4 月,承担了一艘 LNG 船改装为 LNG - FSRU 的任务;手持的有关 LNG 的订单有:两艘 17.4 万立方米 LNG 船、两艘 17.4 万立方米 (LNG - FSRU)、一艘 1.86 万立方米 LNG 加注船、两艘 7.996 万立方米 LNG 船。

沪东中华已基本形成了 LNG 产业链重点产品的设计开发能力。2019 年突破核心技术,成为行业内唯一能同时建造 No.96 型和 Mark Ⅲ型两种薄膜型液货舱的 LNG 船企业。精研的第四代 LNG 船性能优越,斩获 200 亿元国际出口大单。目前,沪东中华的产品已拓展至 LNG 加注船、LNG - FSRU、LNG 动力船等领域,具备 LNG 运输、储存、加注等全产业链的设计、制造、维修和改装的能力,形成了年交付 8～10 艘大型薄膜型 LNG 船的产能,成为世界先进大型 LNG 船专业化开发、设计、建造的典范。

1.86 万立方米 LNG 加注船就是在这一趋势下为法国达飞轮船公司的 2.3 万 TEU LNG 燃料动力集装箱船加注 LNG 燃料而建造的。该型加注船总长 135.9 米,型宽 24.5 米,设计航速 12 节,采用 GTT Mark Ⅲ Flex 型货物围护系统,货舱容积达到 1.86 万立方米,日蒸发率低至 0.10％。该船型是全球首个应用 GTT Mark Ⅲ Flex 薄膜型货物围护系统的 LNG 加注船,突破了薄膜型液货舱承受晃荡冲击载荷的挑战,液货舱可实现任意液位的装载;创新采用了将 LNG 深度冷却后返回舱内喷淋的舱压控制技术。在受注船与加注船微差压情况下可实现从 400～1 600 立方米/小时的快速加注,加注容量可覆盖 600～18 000 立方米液货舱;设计了可实现冷舱、惰化、加注、升温、驱气置换等全流程一体化功能的加注系统。具备为 LNG 动力船初始化、加注补给、残液回收、进坞检查等全流程的服务能力;该船操纵性能优异,采用全回转推进器搭配艉侧推的高机动性推进系统,能在 6 级海况下横向移动,实现自主靠离泊位。与国外产品相比,该船型的加注容量最大、加注速率最快、服务流程最全,整体技术达到国际领先水平,是全球最大最先进的专业 LNG 加注船。同时,该船型的液货舱也是国内首次实现 Mark Ⅲ 型薄膜液货舱的实船设计和建造,填补了国内空白。

首型 1.86 万立方米 LNG 加注船已交付使用,建造中形成了 16 项发明专利、12 项实用新型专利,在填补我国 LNG 加注船设计、建造和检验标准及规范空白的同时,极大地开拓了 LNG 加注船市场。该船还作为全球第一的技术产品首次在第 22 届中国国际工业博览会上亮相,并作为船舶行业唯一产品获工博会空间信息产业产品类金奖。

第一艘 1.86 万立方米 LNG 加注船由日本商船三井于 2018 年 2 月向沪东中华订购,2020 年 4 月交船,取名为"加芝·阿及立坦(Gas Agility)"号,6 月离开中国,8 月 24 日到达鹿特丹。该船可为全球最大的 2.3 万 TEU 集装箱 LNG 动力船加注 LNG。一次加注可使 2.3 万标准集装箱 LNG 动力船航行 1.95 万海里,覆盖从远东到欧洲的往返航程。该船还可为地中海地区的集装箱船、油船、渡船和豪华邮轮进行 LNG 燃料加注,交付后将停靠法国马赛港。

第二艘 1.86 万立方米 LNG 加注船,2020 年 4 月开工建造。其性能更为优异,实现三大升级:一是加注速率更高;二是对 LNG 燃料舱的兼容性更强,受注船无论是 A 型独立式液货舱、B 型独立式液货舱还是薄膜型液货舱,均能实现快速安全加注;三是加注船型覆盖更广,从 LNG 动力集装箱船、超大型油船,到 LNG 动力豪华邮轮,是全球最通用的 LNG 加注船。

截至 2020 年底,全球已有 300 艘以上的 LNG 双燃料船在建,大量的船舶需安装或加装 LNG 动力设备及燃气处理和供应系统,但全球液货舱总舱容大于 1 000 立方米的专业 LNG 加注船仅 9 艘,已下单建造的加注船 8 艘,最大容量也仅 7 500 立方米,不能满足市场需求,所以在一段时期市场对 LNG 加注船将有较大的需求,建造 1.86 万立方米 LNG 加注船是沪东中华实施 LNG 全领域发展战略取得的重大战略成果，丰富了沪东中华 LNG 产品的系列。

八、液化天然气存储及再气化装置

LNG - FSRU 是集 LNG 接收、存储、转运、再气化外输等多种功能于一体的特种装备，配备推进系统时，兼具 LNG 运输船功能。

1）拓展 LNG 业务新领域，改建大型 LNG - FSRU

2019 年 4 月 17 日，沪东中华与全球著名的 LNG 运输商——挪威 Golar LNG 公司签订了一艘大型 LNG - FSRU。这是中国船企首次进入全球高难度的大型海洋工程装备改装领域。

该项目是将 2005 年建造的一艘蒸汽透平推进的 Mark Ⅲ 薄膜型液货舱的 14 万立方米 LNG 船"戈拉维京（Golar Viking）"号，改装成一艘新型的 LNG - FSRU。新船 LNG 的存储量为 14 万立方米，LNG 再气化能力为 30 万立方米/小时，年产气量 26 亿立方米，建成后，前往克罗地亚，由 Golar LNG 公司负责调试。

2020 年 9 月 15 日，项目完工交付。历经 6 个月，经过一系列繁杂的技术改造和设备机构改装，在原船上增加下述装备：

（1）艏部区域加装大型海水加热系统。

（2）艏部甲板加装再气化模块。

（3）艉部加装双燃料电站和过量蒸发气处理系统。

（4）舯部加装燃气供给系统。

（5）货物区域加装液货总管。

新建船的艉部一套由 3 台发电机组和 1 台 GCU 组成的重达 1 400 吨的模块，完成新老机舱综合自动化系统整合，安装两套艏、艉 6.6 千瓦的高压配电板等，使其彻底地实现了脱胎换骨，成为一艘崭新的高质量的集 LNG 接收、存储、转运、再气化外输等多种功能于一体的 LNG - FSRU 特种运输船，这项"改装领域的超级工程"赢得了船舶所有人的高度赞誉。

2）为希腊船舶所有人建造的 LNG - FSRU

2020 年 3 月 30 日,沪东中华为希腊船舶所有人 DYNAGAS 公司建造的全球最先进、国内首艘 17.4 万立方米大型 LNG - FSRU 船如期出坞。该船装备配置高端、功能强大,既可以作为长期岸站靠泊使用,也可以作为季节调峰岸站使用,是全球通用型 LNG 进口一站式解决方案。

该船型总长 294 米,型宽 46.95 米,型深 26.25 米设计吃水 11.6 米,入级美国船级社。船上开创性地配置了双燃料电力推进系统,双燃料发电机及双燃料再气化锅炉,在燃气模式下运行,能满足当前最严苛的 IMO Tier Ⅲ 排放要求,超前达到船舶能效设计指数第三阶段标准,是一艘典型的环境友好型船舶,具有非常强的市场适应能力和良好的市场前景。

该船配备有三条气化链,预留升级加装第四条链的空间,采用最新的海水/乙二醇、蒸汽/乙二醇复合加热系统,可实现开式海水加热、闭式蒸汽加热、串联式混合加热等多种再气化模式,可通用于全球广大海域,额定气化能力约为 380 万吨/年;采用高效的双艉鳍线型,搭载强劲的双燃料电力推进系统,具备兼作 LNG 船营运的优异快速性,航速可达 19.5 节;蒸发气处理系统采用三台气体压缩机组成的可并联分区作业的独特设计,可灵活处理船对船驳运加载 LNG 与再气化外输同步进行时产生大量蒸汽的复杂工况。

该船型共有二艘,第一艘"运输者力量(Transgas Power)"号于 2021 年 6 月交付,第二艘于 2021 年 18 日"运输者精神(Transgas Force)"号命名。该型船的成功开发建造,丰富了中国 LNG 全产业链族谱,实现了与国际市场最新装备同步。

九、7.996 万立方米 LNG 船

2020 年年初,沪东中华在马来西亚国油公司招标的 7.996 万立方米 LNG 船项目上击败韩国船企,获得该类船型的全球首单。2020 年 8 月 7 日, 7.996 万立方米 LNG 船首制船正式开建,该型船是全球最大的浅水航道第四

代 LNG 船,标志着沪东中华 G4"长兴"系列薄膜型液货舱 LNG 船家族中又添新成员,在 LNG 全产业链智能制造方面又取得新突破。

该型船是一款江海联运型 LNG 运输船,总长 239 米,型宽 36.6 米,液货舱形式为 GTT No.96 L03+,采用高效的低速双燃料柴油机直推系统,航速 17.5 节。该型船具有三大特色:① 浅水航道适航性强。独特的设计吃水低于 9 米,可以通达东南亚广大沿海区域,进入我国珠江、黄浦江和长江中下游等内河航道。② 装卸货吞吐能力强。液货系统采用高装卸流量设计,吞吐作业时间比常规 17.4 万立方米 LNG 船可缩短 20%,可实现在 LNG 岸站一个工作日内的靠离泊。③ 高度灵活的转运兼容性。可实现从 3 万立方米小型 LNG 船到 17.4 万立方米大型 LNG 船广泛船型范围之间的液货转运,为客户提供多元化的液货物流输配方案。

这是我国首制江海联运型 LNG 船,其开工建造标志着沪东中华以拓展 LNG 产业链为核心,在应用产业领域拓展取得了重要突破,展现了推进高质量发展的深厚底蕴。

十、8+8 艘 17.4 万立方米 LNG 船

卡塔尔是世界最大的 LNG 生产国和出口国。自 2019 年初卡塔尔石油公司正式启动 LNG 项目,并将订造价值上百亿美元近 60 艘 LNG 运输船"超级大单"以来,引发全球造船市场巨大震动,韩国造船企业扬言"打包通吃",包揽全部订单。

面对舆论,沪东中华一是在船舶建造速度上,加快提速,紧跟韩国船企的建造速度;二是吸收当今全世界最新设计理念,采用先进技术,在快速性、减轻空船重量,降低综合能耗,再液化装置性能,适配各种不同航线,增加装载能力等方面下功夫;三是在货物围护系统形式上又引进了 GTT 公司的 Mark Ⅲ 型液货舱专利技术。利用 GTT 公司的 Mark Ⅲ 型液货舱专利技术,为 2.3 万 TEU 集装箱船设计建造了 LNG 燃料舱和为其加注 LNG 燃料的 1.86 万立方米 LNG 加注船货物围护系统。沪东中华通过提升内功,使我国的大型薄膜型液

货舱 LNG 船在能耗指标、环保性能和可靠性等方面，都达到了世界先进水平。

2020 年 4 月 22 日，沪东中华战胜国外三家竞争对手，与卡塔尔石油公司通过北京、上海、卡塔尔多哈三地视频连线。以云签约方式正式签订了 8＋8 艘 17.4 万立方米 LNG 船，计划在 2024—2025 年交船。该批船吸收了当今世界最新设计理念和技术，具有快速性好、空船重量轻、综合能耗低、液货处理系统与不同航线适配性强、升级兼容性优等优点，装载能力比以往同型船增加 800 立方米，全船电力系统能耗下降 8％，在能耗指标、环保性能和可靠性几个方面，都达到了世界先进水平。2021 年 10 月，卡塔尔石油公司旗下卡塔尔天然气公司宣布，其百艘 LNG 船的建造计划中，首批 4 艘 17.4 万立方米 LNG 船由沪东中华建造。这是该项目迈出的具有里程碑意义的重要一步。至此，合同终于花落沪东中华，开创了中国 LNG 船总金额超 200 亿元建造项目的新纪录。

这一建造项目，书写了"一带一路"国际合作新篇章，彰显了引领全球经济走出疫情阴霾的强大中国力量，对促进世界经济复苏与全球产业合作将产生积极影响。在这场全球造船业的巅峰角力中力拔头筹，则体现了中国船舶集团强大的国际高端海洋装备市场竞争力。沪东中华以签约为新起点，精心准备，全力以赴，倾听需求，为卡方打造引领 LNG 装备技术潮流，符合低碳、环保、节能、可靠性要求，面向未来的世界一流 LNG 运输船。

截至 2020 年 1 月底，全球在役运行的大型 LNG 船约 434 艘，其中中国船舶所有人拥有 36 艘，船舶容积总计 365 万立方米，约占全球总量的 8％。未来，世界的 LNG 运输业还将增加，我国自有 LNG 船队必将加快建造步伐，我国的 LNG 船建造将迎来新的高潮。

十一、"海洋石油 301"号

"海洋石油 301"号是江南造船建造的 3 万立方米支线 LNG 船。"海洋石油 301"号总长 184.7 米，型宽 28.1 米，总吨位 25 014 吨，设计航速 16.5 节，可装载 3 万立方米 LNG。配置 4 个双体式 C 型独立式 LNG 液货舱、双燃料电力推进(DFDE)系统、全回转推进器,艏部采用大功率可变螺距侧推装置,使得船舶的操纵性和机动性得到提升,完全具备自行靠离码头的能力,可大大减少靠离作业对于港作拖船的依赖,有效降低营运成本。

双燃料发电机组主要使用LNG运输途中产生的蒸发气(BOG)作燃料,降低了货品损失,提高船舶能效水平,从而降低船舶营运成本。该船满足中国船级社Ⅰ级绿色船舶要求,能大幅减少二氧化碳、氮氧化物及硫化物的排放,减少对海洋、陆地、大气环境的污染。"海洋石油301"号是国内第一艘拥有全部自主知识产权的LNG支线船。"海洋石油301"号(见图5-9)在建造过程中首次将双燃料主机、中压发电系统、全回转舵桨三大独立设备进行整合,取得双燃料电力推进技术及超大独立C型液货舱建造技术的重大突破,开发出的全球首艘节能减排环境友好型3万立方米LNG运输船(见图5-10)。

图 5-9 "海洋石油 301"号 LNG 船

十二、2.75 万立方米多用途"龙"型系列 LNG 船

"龙"型系列 LNG 船是为丹麦船舶所有人建造的 2.75 万立方米多用途液化气船,2013 年,前 6 条船由太平洋造船集团旗下的南通太平洋海洋工程有限

图 5-10　"海洋石油 301"号 LNG 船吊装 C 型液货舱

公司(后更名为南通中集太平洋海洋工程有限公司)完成建造,后 2 条船由扬子江船业建造,8 条船全部由上海臻元船舶科技有限公司设计(现更名为上海绎凯船舶设计有限公司)。这 8 条船主要用于美国 Mariner 东部项目,向欧洲运输乙烷、天然气和石油气,是服务国外市场的支线多用途 LNG 船。

"龙"型系列 LNG 船,船长 180 米,型宽 26.6 米,货舱容积 2.75 万立方米,使用 LNG 作燃料。该船集多项创新设计于一体,以实现安全、环境保护和高效操作。该船采用 LNG 燃料系统和货物处理系统,配备压载水处理系统,有效保护海洋环境;装备独立 C 型双体舱,能够装载 LNG、LEG、LPG 等多种货品,为当时先进灵活的多用途、双燃料液化气船,如图 5-11 所示。

2015 年 7 月,首制的"英力士洞悉"号和后续的"英力士独创"号同时交船。

南通中集太平洋海洋工程有限公司,产品覆盖 LPG/LEG/LNG 等各类液化气船型。截至 2020 年 4 月,在建的有 2 万立方米和 7 500 立方米 LNG 加注船,其中 2 万立方米 LNG 加注船是当前容量最大的加注船。

图 5-11 "龙"系列 2.75 万立方米 LNG 船

十三、2.8 万立方米 LNG 船

2013 年 3 月大连中远海运重工(前身为大连中远船务)与船舶所有人签约建造 2.8 万立方米 LNG 船,2014 年 3 月正式开工,2015 年成功下水,2015 年11 月顺利完成船舶常规试航,此时因船舶所有人出现融资问题,设计公司也陷入债务纠纷,项目进入停滞状态,2019 年 3 月正式与船舶所有人解除建造合同。2019 年 11 月 11 日大连中远海运与中技伟能 LNG 物流公司签订了销售合同,中技伟能 LNG 物流公司成了 2.8 万立方米 LNG 船的新船舶所有人。该船总长 176.80 米,型宽 27.60 米,型深 18.50 米,设计吃水 7.80 米,服务航速为16 节,总吨位 13 500 吨。船上设有 3 个 C 型独立式液货舱和 1 个甲板罐,总载货容量 2.88 万立方米,单个液货舱的容积达到 1 万立方米,是当时我国船厂建造的单舱容积最大的 LNG 船。该船集中了当今世界先进技术,是以天然气作为发动机燃料,并采用 C 型液货舱,C 型甲板罐和双燃料主机推进系统的中小型 LNG 运输船。最低设计温度 -164 摄氏度,是世界上较大的C 型货舱 LNG 船,满足各种 LNG 品种的货物载运要求。液货处理系统采用国际先进技术,实现货物运输的安全性、可靠性、高效性。该 LNG 运输船采用双燃料主机驱动可调桨推进系统,使用柴油和 LNG 运输途中产生的蒸发气作为双燃料,有效利用液货运输过程中的蒸发气,降低能源损失,减

少环境污染,提高船舶能效水平,实现绿色环保目标功能,使船舶在同等业务效益下能耗大大降低。该船型完全满足中国船级社绿色船舶2级船级标准,为我国大力推广LNG清洁能源在交通运输领域的广泛应用起到了很好的示范作用。

2020年4月17日,2.8万立方米LNG船"中技伟能环球"号(见图5-12)正式起锚开航。6月6日成功靠泊缅甸仰光港口,成为缅甸历史上首次靠泊的LNG船,也是缅甸首次完成LNG的进口,6月14日由该船提供LNG燃料的缅甸900兆瓦电站——达基电站顺利完成并网发电。

图5-12　2.8万立方米LNG船

十四、4.5万立方米 LNG 运输船

4.5万立方米LNG运输船是史上第一艘采用LNT A-BOX液货舱的LNG船,由招商局重工(江苏)有限公司为澜玛资本旗下 SAGA LNG SHIPPING 公司建造的LNG运输船,入级美国船级社。该船的货物围护系统

由挪威液化气新技术公司设计,是一种全新的液货舱船型的中型 LNG 运输船。

LNT A-BOX 液货舱为 IMO A 型独立自持式低温常压棱柱形 LNG 液货舱,具有舱容利用率高、LNG 蒸发率低、造价相对较低等优点。绝缘系统采用的是 MGIT 公司设计的新型绝缘系统,与常规绝缘的敷设方式不同,该型船绝缘敷设在船体结构上,而非液货舱表面,同时作为次屏壁使用,液货舱壁与主屏壁之间的空隙,人员可进入,便于检查维修。

该船通过使用瓦锡兰(WARTSILA)双燃料柴油机主机来消耗液货舱内的自然蒸发气,进一步提高了船舶的经济性。

该船于 2020 年 4 月 22 日成功首航,4 月 28 日满载到达中国广东的九丰 LNG 接收站,在 22 小时的码头靠泊时间里,于 15 小时内完成了其首次卸货。

作为一种新型 LNG 围护系统,该船的成功商业营运意味着 LNT A-BOX 将被业界采纳和接受,尤其在中型 LNG 船的货物围护系统的选取上具有极大的优势。

十五、7.98 万立方米 LNG 运输船

该船是江南造船与广东九丰能源集团有限公司于 2018 年 8 月签约并自主设计的一型船,共两艘,首制船被命名为"Sino-Flex"号,是一型为国内 LNG 终端量身定造的灵便型 LNG 运输船。舱容 7.98 万立方米,液货舱采用法国 GTT 公司 Mark Ⅲ Flex 薄膜型围护系统,配有双燃料主机和发电机,满足新 IGC 规范和 Tier Ⅲ要求,如图 5-13 所示。

该船是继江南造船 2014 年成功交付 3 万立方米 LNG 船"海洋石油 301"号后,取得的又一个 LNG 船项目,7.98 万立方米 LNG 船的承建,证明了江南造船在各型液化气船领域的自主研发能力,扩大了江南型液化气船在国际市场上的影响力。

图 5-13　江南 7.98 万立方米 LNG 船效果图

十六、8 500 立方米 LNG 加注船

新奥 8 500 立方米 LNG 燃料加注船是我国第一个获批并取得国家及地区加注许可，且可为国际航运船舶加注 LNG 清洁燃料的项目，也是中国首个民营企业投资建设的加注和 LNG 接收站项目的一部分。这艘全球最大的 C 型独立式液货舱专用 LNG 燃料加注船，由舟山新奥能源公司于 2018 年 10 月委托大连造船集团建造。总长约 119.3 米，型宽 19.8 米，型深 11 米，设计吃水 5.9 米，结构吃水 6.2 米，是一艘单桨、双燃料主机驱动的适合无限航区航行的半压/全冷式 LNG 加注船。

该船配备了大制冷量的深冷装置，不但能够为不同舱型的 LNG 动力船进行加注作业，还能为 LNG 运输船及浮式存储设施提供预冷和气试服务，本次交付的两个液货舱是该船的核心装备，单舱长 36.45 米，直径 12.8 米，容积 4 100 立方米，材料为 9％镍钢。

液货舱设计过程中也遇到了一些棘手的问题，由于该船配备了法国品牌的深冷装置，使液货舱最低工作温度由 -163 摄氏度进一步降低至 -175 摄氏度，超出了常规最低设计温度，设计团队应用 CFD 分析方法，成功模拟了深冷装置运行时液货舱内温度场状态,用数据消除船舶所有人及船检的顾虑,证明了该液货舱的超低温适应性和可靠性。

新奥舟山 LNG 加注及接收站项目的码头泊位、加注设施配套齐全,在国际航运市场具有较大影响力,是国际 LNG 船舶进入中国乃至亚洲的 LNG 加注首选。该项目将成为舟山母港实现加注作业的补充,在提升加注和分拨能力的同时,也增加了市场的辐射范围,更好地服务于国际、国内 LNG 燃料加注市场。

十七、2.8 万立方米海上 LNG‑FRU

2018 年 7 月底,江南造船与德国 GASFIN DEVELOPMENT S.A.公司签订了一艘 2.8 万立方米海上 LNG‑FRU(LNG 浮式再气化驳船)建造合同,因船上带有 LNG 储存功能,该项目实际上就是一艘 FSRU。该船总长 94.9 米,宽 38.4 米,配备 4 台 6L34DF 双燃料发电机,2 个 1.4 万立方米的 C 型独立式单圆筒液货舱,5 套再气化模块,再气化能力高达 335 吨/小时,是目前再气化能力最大的 C 型独立式液货舱中、小型 FSRU,入级法国船级社(BV)。船型主要特点:采用桩柱系泊固定、LNG 临时储存在 2 个既长又重的 C 型液货舱中、配备 5 套再气化模块、非自航等。该 FRU 交付后将在非洲进行终端的再气化试验并为当地的基础建设服务。FRU 工作状态示意图如图 5‑14 所示。

小型无自航能力的 FRU 是近几年的市场热点,很多新兴市场迫切需要这种定制尺寸的中、小型 FRU,以大幅度降低当地 LNG 基建设施的成本。相比于传统的大型自航 FRU(17 万立方米左右标准 LNG 船储存再气化装置),小型无自航能力的 FRU 和大型 LNG 船相配合,具有综合成本低、使用灵活、建造周期短等特点,相比于陆上建设 LNG 储存和再气化设施,具有灵活性高和便于转移等优点,是适用于广大发展中国家的新兴产品,见图 5‑15。

图 5-14　FRU 工作状态示意图

图 5-15　FRU

　　承接该订单,不仅是江南造船在 LNG-FRU 船型上的首单突破,也是江南造船在大型的 9% 镍钢 C 型独立式液货舱(单舱舱容 1.4 万立方米)建造的业绩突破,更意味着具有近 30 年液化气船建造经验的江南造船正式进军 LNG-FSRU 建造领域和海工领域。

第六章
新型 LNG 船的研发

2010 年后，以沪东中华和中国船舶及海洋工程设计研究院为主体的 LNG 船项目开发组历时两年精心研发的新船型。中国船舶集团相继向市场推出了自主研发的 16 万立方米电力推进 LNG 船、17.5 万立方米电力推进/高效蒸汽透平推进/低速机推进加再液化装置 LNG 船和 22 万立方米电力推进/低速机推进加再液化装置 LNG 船等新船型问世。

国家发改委和国家能源局指出：中国船舶工业不负众望，已经完全具备批量建造高技术船舶产品的能力，将为我国海上能源运输大通道的建设以及我国能源战略的顺利实施提供重要的装备保障，这是业界的荣光。

2010 年 8 月，在首次颁发的国家能源科技进步奖中，大型 LNG 船国产化项目被列在 4 个一等奖的第一名，这不仅是中国船舶工业的光荣，也是全体从事研发 LNG 的全体科技人员、建造者的光荣，也反映了我国船舶工业为国家能源战略的实施作出了新的突出贡献，向世人展示了中国造船的技术创新能力。

一、LNG 生产、液化和存储一体化船 FLNG

海洋蕴藏着丰富的石油天然气资源，人类在开发石油时，其伴生的天然气资源长期未得到有效的开发利用，所以这些油田伴生气常放空烧掉，有人估算每年烧掉的海上石油伴生气约 20 亿立方米以上,这不仅极大地浪费了资源,还严重污染了油田地区的大气环境。

20 世纪 70 年代初,海洋石油工程中出现了浮式石油生产储卸装置(floating production storage and off loading,FPSO)。其功能是:将海上油田开采的未处理的原油,送到 FPSO 船上后去除固体杂质、水分和气体等,初步提炼成"合格石油"。"合格石油"储存在船上的储存舱内,再通过柔性接管传输到穿梭油船运走。早期的 FPSO 船上,分离出来的可燃气体往往用管子接到火炬塔燃烧,也就是未被收集利用。

我国已在 1986 年和 1990 年设计建造了 FPSO。第一艘 5.2 万吨 FPSO "渤海友谊"号,由中国船舶及海洋工程设计研究院设计,沪东中华建造,1988 年 12 月交船,1989 年 4 月在渤海油田投入使用;第二艘 5.8 万吨 FPSO"渤海明珠"号,也由中国船舶及海洋工程设计研究院设计,江南造船建造,1993 年 6 月交船。以后又由中国船舶及海洋工程设计研究院设计,大连造船新厂建造了 15 万吨级 FPSO"渤海世纪"号;中国船舶及海洋工程设计研究院设计,大连造船新厂建造,用于南海文昌海区油田的 15 万吨级 FPSO"南海奋进"号;中国船舶及海洋工程设计研究院设计,大连造船新厂建造,用于渤海曹妃甸海上油田的 15 万吨级 FPSO;中国船舶及海洋工程设计研究院设计,外高桥造船公司建造,用于渤海海上油(气)田的 15 万吨级 FPSO;中国船舶及海洋工程设计研究院设计,外高桥造船公司建造,用于渤海湾渤中油田的 30 万吨级 FPSO,这些浮式生产储油船的建造为我国的海上油气田进一步开发利用打下了坚实的基础。

20 世纪 90 年代以来,海上边际油气田的开发及伴生气回收利用日益受到重视。海洋工程技术的不断进步,特别是天然气液化技术的进步,使边际油气田的开发成为可能。人们希望像 FPSO 生产储存石油那样来生产天然气,这就催生了 LNG-FPSO 装置,即在 FPSO 船上增加天然气液化装置或主要处理天然气,将船上分离出的天然气液化处理后,储存在船上专用的液货舱中,这样的 FPSO 既可处理石油,也可生产 LNG。

LNG-FPSO装置因现实需要应运而生,它可以看作浮式生产接收终端,直接系泊于油气田上方进行作业,无需将天然气远距离送到岸上炼油厂提炼,可以省去海底输气管道、LNG工厂和码头的建设成本。它集原油和LNG的生产、储存与卸载于一身,把船上初步提炼的合格石油输送给油船;将LNG输送给LNG运输船。所以LNG-FPSO后来简称为"FLNG"船,即LNG浮式储卸船。现在FLNG从狭义上讲主要是指LNG-FPSO,也包括了LNG-FSRU和其他LNG浮式处理设施,即浮式液化天然气设施。FLNG船的建造提高了海上天然气田的利用率,减少了LNG船在海上停泊等候的时间、提高了LNG船运输的效率。该装置便于迁移,可重复使用,当开采的油气田枯竭后,可由拖船拖曳至新的油气田投入生产。图6-1为15万立方米LNG-FPSO装置。

图6-1　15万立方米LNG-FPSO装置

沪东中华自主研发了17万立方米和26万立方米的FLNG设计建造方案,具备了设计和建造FLNG主船体的能力。目前正在加快FLNG船型研发速度,实施FLNG工程化研制,加强FLNG总包工程能力方面砥砺奋进努力奔跑。

二、LNG 浮式储存再气化装置

通常的 LNG 船将 LNG 通过从海上运至购买方,靠泊到近岸的码头(终端),通过船岸输送管的连接,将船上的液化气输送到岸上的大容量存储舱中,再通过管路送至居民用户和发电厂用户等。建设一个大容量的液化气船码头和储存舱投资较大,建设时间较长。因此有人建议将液化气接收终端建在靠近大用户区的近海,通过浅海的海底管道把液化气船与岸上的用户区液化气配送管系相连,液化气船上把液化气再气化后,压送进液化气配送管系。这种类型的液化气船称为 LNG - FSRU,它既能运输又能储存,还可以将液化气再气化后向外输送,被称为"移动的供应站"。图 6 - 2 为沪东中华建造的 LNG - FSRU 船,船首两侧的模块为再气化模块,该型 LNG - FSRU 船是在大型薄膜型液货舱 LNG 船的基础上增加了再气化功能模块。

图 6 - 2 沪东中华 17.4 万立方米 LNG - FSRU

LNG - FSRU 船具有安全、经济、灵活等多项优势,我国在几年前也开展了 LNG - FSRU 船的研究,沪东中华建造的两艘 LNG - FSRU 船打破了韩国在

LNG-FSRU 船领域的垄断,江南造船于 2018 年承接了一艘小型 2.8 万立方米 FSRU,对我国造船工业的转型升级、对保障和推动国家能源安全战略的实施具有重大意义。沪东中华自主研发的 17.4 万立方米 LNG-FSRU 是国内首制双燃料电力推进 LNG FSRU 船,采用双轴系电力推进系统,船型总长 294 米,型深 26.25 米,该船配备有三条气化链,现已成功交船。

三、天然气燃料动力船

随着国际上对环境保护的要求越来越严,采用双燃料柴油机作为船舶主机和发电机,以满足排放要求的船舶越来越多,正在建造的新船要配置,现有船舶要加装,这类船就是 LNG 燃料动力船。

不同的 LNG 燃料动力船,船上配置有不同的 LNG 燃料舱,有 C 型独立式,也有 B 型和 A 型独立式,这些 LNG 燃料舱都能承受一定的压力;也有薄膜型 LNG 燃料舱,舱内的 LNG 的蒸气压力接近于大气压。在 LNG 动力船上,按船舶大小、种类和液货舱的形式,有的布置在甲板上,有的布置在主甲板下船舱内。

LNG 燃料通过安装在 LNG 燃料舱舱底吸井内的电动浸没式燃料泵抽出,经 LNG 强制蒸发器气化并按需加热后,输送进入机舱内一封闭的燃气阀单元,经调压后进入各燃气用户。因机舱区域一般为气体安全区,机舱内所有电气设备均无防爆要求,所以进入机舱后的燃气管路一般为受负压通风保护的双壁管。LNG 燃料舱内燃料泵一般设计为变频电机驱动,燃料泵的流量和压力根据终端用户的负荷变化来调节,这种将 LNG 燃料用泵抽出,并加热气化的天然气称为强制蒸发天然气。LNG 燃料舱也会一直有热量漏入,会不断有 LNG 受热气化为自然蒸发气,积聚在封闭的燃料舱顶部区域,使 LNG 燃料舱顶部的蒸气压力不断升高,为确保 LNG 燃料舱的安全,需要对 LNG 蒸发气用气体压缩机进行抽出并加压后,送至机舱双燃料用户(如低压双燃料主机,双燃料发电机组以及双燃料锅炉)进行有效利用,这一过程为使用 LNG 燃料舱内的自然蒸发气对机舱燃气用户供气。或被再液化装置冷凝后返回 LNG 燃料舱,或被送至 GCU 进行燃烧处理。天然气燃料动力船的 LNG 燃料处理及供应系统与 LNG 船上使用 LNG 液货舱内 FBOG 和 NBOG 的方法基本相同。但天然气燃料动力船的 LNG 燃料舱要比 LNG 运输船的液货舱小得多,相对而言自然蒸发气道也较小,所以是否采用再液化装置或 GCU 燃烧装置,要具体进行经济分析。

LNG 燃料舱的燃料耗尽时,就需要进行 LNG 燃料的加注,如图 6-3 所示,加注方法大致有 5 种,即船—船加注、海上浮式设施—船加注、槽罐车—船加注、岸站—船加注和趸船—船加注,后 4 种方法都需要 LNG 燃料动力船靠泊到海上浮式设施或码头边,由浮式设施、槽罐车、码头或趸船上的 LNG 加注站来对 LNG 燃料舱进行加注。只有船—船加注可以由加注船靠泊到 LNG 燃料动力船旁,对其 LNG 燃料舱直接进行加注。对于采用布置在露天甲板上的独立式 LNG 罐箱作为 LNG 燃料舱的情况,也可以对 LNG 燃料舱进行整体更换,但这种使用 LNG 罐式集装箱作为燃料舱时,船舶的燃料舱小,舱容利用率低,一般不适用于远洋船舶,同时 LNG 燃料罐式集装箱更换时要求对靠泊的码头有一定的起吊能力要求,并需要在 LNG 燃料动力船靠泊以前联系好 LNG

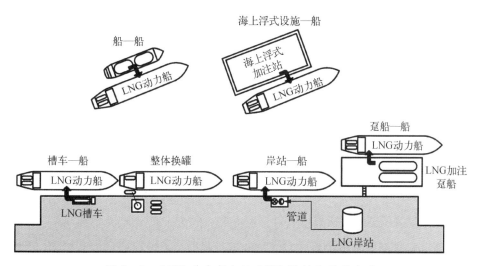

图 6-3 LNG 动力船加注 LNG 燃料的 5 种方法

罐箱送至码头。这种使用 LNG 罐式集装箱供应 LNG 的方法较为复杂,对 LNG 罐式集装箱起吊时的安全要求也非常高。

　　2.3 万 TEU LNG 燃料动力集装箱船是一艘我国新建的 LNG 燃料动力船(见图 6-4)。它是目前全球最大双燃料动力集装箱船,一次载运 2.3 万只标准集装箱,其中可载运 2 200 个 40 英尺冷藏集装箱,是名副其实的海上巨无霸。LNG 燃料舱舱容也大,足有 1.86 万立方米。因为采用了 LNG 动力设计,其被业界形容为"绿巨人",它能满足全球最严格排放要求,船舶能效设计指数达到第三阶段标准。与同型燃油集装箱船相比,该型船单个航次二氧化碳排放量减少约 20%,氮氧化物排放量减少高达 85%,颗粒物、硫氧化物排放量减少 99%。

图 6-4　2.3 万 TEU LNG 燃料动力集装箱船 LNG 燃料模拟加注

　　该船有一颗独一无二的"绿色心脏",安装了全球装机功率最大的大型低速双燃料柴油机 W12X92DF,该双燃料柴油机最大输出功率可达 6 万千瓦以上,与双燃料柴油机相匹配,船上设置了一个 Mark Ⅲ 薄膜型燃料舱。Mark Ⅲ 薄膜型燃料舱属国内首次制造,在这一堪称高端甚至是极端制造的领域,沪东中华先后克服了三维坐标激光定位、次屏壁粘连、波纹板装焊等 10 余项技术难题,首次制造就创造了次屏壁密性试验零漏点的奇迹。

　　Mark Ⅲ 型货物围护系统与 No.96 型货物围护系统在船体安装阶段,最大的不同之处在于次屏壁的形式,要用特殊粘贴剂粘连于刚性屏壁上,以有效确保船舶营运的安全。但是粘连需要采用特定的工艺,加热加压使其固化,胶厚要求在 0.2～1.2 毫米,还要在－170 摄氏度进行拉力试验,如果达不到 37.5 千牛,一切工作必须推倒重来。此外,次层绝缘模块安装要求也特别高,树脂条安装在船体甲板上时,对施工时间有严格限定,以保证安装的质量和牢固。

2021 年 3 月外高桥船厂也与新加坡船舶所有人(ANGLO AMERICAN 航运公司)签订了 2 艘 LNG 动力好望角型散货船,载重量约 19 万吨,是外高桥成熟的 18.7 万吨散货船型的升级产品。该船总长 299.88 米,型宽 47.5 米(比标准好望角型散货船宽 2.5 米),型深 24.7 米,采用世界著名柴油机公司生产的 ME-GI 型双燃料低速柴油机作为推进主机。

随着国际海事组织对船舶排放要求的提高,现在部分船舶开始加装柴油机尾气后处理装置或可燃用天然气的双燃料柴油机,这已成为一种趋势。目前世界上已有 300 艘以上的在建船舶采用双燃料柴油机,也有大量的船舶进行改造,加装双燃料柴油机作为推进设备或发电设备的 LNG 燃料动力船舶市场正在不断涌现。

四、LNG 加注船

由于国际上对环境保护要求的提高,出现了 LNG 燃料动力船,这些船以 LNG 为燃料,其 LNG 燃料舱需要补充,这就催生了一种新颖船舶——LNG 加注船。LNG 加注船的功能如同油船给燃用油料的船舶加油一样。给 LNG 燃料动力船燃料舱加注 LNG 燃料,供船上的双燃料柴油主机和双燃料柴油发电机组使用。另外一些海岛建有发电厂,其发电柴油机也采用 LNG 作燃料;一些短期的邻近江河湖海的大型工程,也有配置燃烧 LNG 的专用发电柴油机,这些都需要用 LNG 加注船来为其加注补充 LNG 燃料。相对于加油船,LNG 加注船比加油船要复杂得多,不仅只是将加注船上的 LNG 送至 LNG 燃料动力船的燃料舱,还要对燃料舱进行驱气,冷舱,升温等服务。

LNG 动力船有大有小,LNG 燃料舱的容量大小、结构形式和布置位置不同,燃料舱内的压力也不尽相同,所以对于 LNG 动力船液货系统的要求也不同。

此外 LNG 加注船由于服务对象不用,所以液货舱的容量有大、小之分,液货舱型也有所不同,舱内的温度压力也不同,所以 LNG 加注船比一般的加油船的技术含量更高,与常规的液化气船相比配置的设施更多,以适应不同的 LNG 动力船的要求,此外,还需考虑两船海上靠近时的晃动相对移动问题,因此也更复杂。

由于 LNG 动力船的出现和大力发展,LNG 加注船的需求量也将会不断增长。现在全球液货舱容积大于 1 000 立方米的专用加注船仅 9 艘,已下单建造的 LNG 加注船 8 艘,且需加注 LNG 燃料的船舶不断增加,这些 LNG 加注船不能满足市场发展的需求。我国建造的 LNG 加注船较早,但大都是小型的,为一些改装的小型 LNG 动力船服务。

尽管我国已建有多艘 LNG 加注船,2018 年大船集团签约建造了 8 500 立方米 LNG 加注船,沪东中华也成功交付了一般 1.86 万立方米 LNG 加注船(见图 6 - 5)。但数量还远远不够,所以目前用加注船加注补充的情况还

图 6 - 5　1.86 万立方米 LNG 加注船

较少,主要采用趸船和岸基加注站方式。由于天然气燃料动力船的相关法规生效,使用天然气燃料作动力的船舶或双燃料动力船将成为一种趋势对加注船的需求将更多。目前世界上已有 300 多艘在建船采用了双燃料推进系统,大量的在营运船将进行改造,加装双燃料推进设备和发电设备,LNG 加注船市场正在兴旺起来。

五、LNG 罐式集装箱船

LNG 罐式集装箱船是将装有 LNG 的舱罐包容在一个标准集装箱内,形成一个整体,像载运常规的集装箱一样装船运输,这种船称为 LNG 罐式集装箱船(以下简称"罐箱船")。因 LNG 是一种易燃易爆,并且储运温度极低的危险货品,装在船上碰撞后容易引发事故,且 LNG 比重不到海水的一半,即使装在舱罐内,LNG 罐式集装箱的平均比重还是比海水小,因此,当罐箱船在海上发生掉箱事故后,罐式集装箱会半沉半浮在海上,并且随着时间的推移,罐式集装箱内的蒸气压力越来越高,当其遭到其他船只撞击时,极易引发严重事故。所以用船来运输 LNG 罐式集装箱是比较危险的,至今实例还较少,但集装箱运输有着门对门服务的优点,又吸引人们去不断探索,将风险牢牢把控,实现利益最大化。我国"南气北送"首次在船上运输 130 个 LNG 罐式集装箱,由中国国际海运集装箱(集团)股份有限公司(以下简称"中集集团")提供多式联运。LNG 多式联运指同一运输设备上存在多种形式存储的 LNG,并随运输设备一同运输。LNG 多式联运船如图 6-6 所示。

此外,随着国家正加大天然气布局,铁路 LNG 物流业务正成为 LNG 多式联运运输方式的重要环节。作为国内大宗货运的优秀代表,中铁特货运输有限责任公司等公司在该领域将担任重要角色,中集集团不仅可以与这些企业在 LNG 装备上进行合作开发,为其提供适合铁路用的罐式集装箱等物流装备,还与其合作提供 LNG 罐式集装箱的海铁联运、公铁联运等综合物流服务。

由于 LNG 产业高昂的固定投资成本所造成的行业壁垒,容易催生国有资

图 6-6　LNG 多式联运船

本在行业内的垄断地位,限制了市场的自由竞争和竞价机制的形成,同时也制约了市场规模的快速增长。而 LNG 罐式集装箱(以下简称"罐箱")整船运输所具备的灵活、低成本及标准化等特点,使其在降低行业门槛消除垄断、拓展 LNG 中、小型用户、促进资源的充分利用等方面具有其他运输方式不可比拟的优势。部分国内外科研机构及企业在 LNG 罐箱运输方面已经有一定的试验及实例应用。LNG 罐箱整船运输主要受到国际公约、标准及行业认识等几方面的限制,使其未能得到有效应用和大规模发展。

　　为推进国家天然气产供储销体系建设,保障供气安全,国家发改委、能源局、交通运输部联合批准中国海油开展国内首次大规模 LNG 罐箱运输试点项目,利用 LNG 罐箱将"中国海油"海南 LNG 接收站的富余产能释放到冬季天然气需求旺盛的北方地区。2018 年 11 月 4 日,满载 130 个 LNG 罐箱的"乐从"号从海南洋浦港启航,发往山东龙口和辽宁锦州,拉开了国内乃至国际上首次大规模利用罐箱运输 LNG 的序幕。经过 7 天 2 000 多海里的航行,11 月 10 日"乐从"号首站抵达山东龙口港,卸下了 65 个罐箱,11 月 13 日在辽宁锦州港完成全部卸载,这是全球最大的一次 LNG 罐箱联运测试。图 6-7 所示为罐箱码头吊装。

图 6-7　罐箱码头吊装

　　当日参加测试验收会的有国家能源局、交通运输部、辽宁省发改委、锦州市政府、中国船级社等。在会上,试验的资源方中国海油气电集团领导表示,本次试点运输的 130 个 LNG 罐箱整体气化能力达 325 万立方米,可满足冬季我国北方百 100 万居民一天的生活取暖用气。LNG 罐箱"宜储宜运,灵活性强"。"试点工作已顺利完成,开创了天然气运输新模式,为打通南气北运海上通道,构造海上移动的天然气运输大动脉奠定了基础"。

　　中国海油集团领导表示,本次首船 LNG 罐箱运输成功实践迈出了 LNG 罐箱多式联运大型系统性工程万里长征的第一步。本次试点成功后,"中国海油"将继续推进 LNG 罐箱运输方式进入内河流域,为下一步气化长江、气化京杭运河奠定基础。2019 年 1 月 3 日,南京近海航运公司"建功 9"号又搭载 24 个 LNG 罐箱,经过 4 天江海联运,顺利由山东日照港抵达南京龙潭港。这是我国第一次进行 LNG 罐箱江海联合运输,图 6-8 显示罐式集装箱的卡车运输,可有效连接 LNG 海上和内陆河流网络,对实施气化长江战略,推动长江经济带绿色发展具有重要意义。

图 6-8 罐式集装箱的卡车运输

2020 年 12 月 9 日,日本—龙口(中国山东)LNG 罐箱船首航仪式在山东烟台龙口港举行。此次在集装箱船上装有 40 个 LNG 罐箱,由日本海运至龙口港卸船,然后经陆路直通终端客户,成功开启了自日本进口 LNG 到中国的海上运输通道,为我国天然气供应提供了一条全新的进口物流方案,同时进口的罐箱还将大大缓解山东某些地区冬季用气紧张的局面,这也是国内"准时达能源科技有限公司"(中外合资企业)首次成规模地通过海运进口 LNG 罐箱,是继 2018 年操作在国内首船内贸"南气北运"LNG 罐箱后,再次操作首船外贸 LNG 罐箱规模进口业务。日本—龙口 LNG 罐箱运输,采用固定航线、固定班期、固定挂港的班轮操作模式,将投入 3 艘集装箱船进行运输。

2018 年 12 月 25 日,扬子江船业集团与香港老虎燃气(上海)有限公司的首批两艘 690 箱 40 英尺标准集装箱 LNG 罐箱甲板船订单确认生效,还有 6 艘同型船等待生效。该船由扬子江船业集团和老虎燃气(上海)有限公司联合从事 LNG 罐式集装箱供应链的开发营运商,成立于 2018 年 10 月,其中老虎燃气(上海)有限公司为中外合资企业,注册于保税区。老虎燃气(上海)有限公司的 LNG 罐箱是多家厂商联合设计的特种集装箱,比普通箱装货能力提高 18%,安全性能指标达到和超过现行世界最高标准,在无须接电启动冷却装置的情况下,可以保温 90～120 天,适用多式联运。罐箱海陆运输的安全顺利开通和发展,必将使集装箱门对门业务扩展到 LNG 领域,也将使 LNG 罐箱运输更方便、更拓展。

六、压缩天然气运输船

在全球已探明的约 6 000 万亿立方英尺[①]天然气储量中,几乎一半为储量较小的边际油田天然气。于是,一种新的天然气运输方式应运而生,而且日益受到青睐,这种新的方式就是压缩天然气运输。

考虑到环保性,天然气越来越受到世界各国的重视,成为代替石油等碳排放较高能源的一种清洁能源。目前,有如下三种主要运送方式:

(1) 管道运输方式。天然气为常温常压,一般适用于运输距离小于 500 千米的情况。

(2) 液化后运输方式。由于生产、运输和使用过程中所必需的液化装置、LNG 储存舱及再气化终端等花费昂贵,因此项目需要较大投资,只有当天然气储藏量大且运送距离超过 4 000 千米时才经济可行。

(3) 天然气压缩运输。CNG 运输的原理是将天然气压缩后,灌装到专门的 CNG 运输船上的压力容器中,到达接收终端后,将天然气输送至天然气管网中,CNG 运输船的关键是船上高压容器的设计制造以及在船上的支撑固定及日常维护。

---

① 立方英尺为体积单位,1 立方英尺＝$2.832×10^{-2}$立方米。

CNG 运输船,系指运送压缩天然气的货船。CNG 在压力 8～31.3 兆帕时呈气态,体积可减至天然气标准体积的 1/200。由于无须液化装置和再气化终端等昂贵的设施,CNG 投资费用明显低于 LNG,因此日益受到青睐。如运输距离为 1 710 千米,LNG 运送费用约为 2.5 美元/百万 BTU[①],而 CNG 运送费用约为 1.5 美元/百万 BTU。另外,工程实施时间也远少于 LNG 项目,LNG 项目从计划阶段至第一船发运,典型的至少需要 4～5 年,而 CNG 项目实施时间则为 30～36 个月。因此 CNG 运输很适合储量较小的边际气田中等距离的运输,较适合的运输距离为 1 000～2 500 千米。

2016 年 1 月 25 日,全球首创 CNG 运输船"JAYANTI BARUNA"号在江苏南通成功下水。该船打破天然气海上运输只采用 LNG 运输的单一方式,开创天然气海上运输的新模式。该运输船由中集安瑞科控股有限公司旗下石家庄安瑞科气体机械有限公司建造,该船船长 110 米,入级美国船级社和印度尼西亚船级社。其推进主机采用天然气为动力,双燃料主机驱动,投运后每航次可以运输 70 万立方米 CNG,主要用作东南亚某国相距 150 海里的两个岛之间发电厂调峰天然气运输。

2019 年 7 月,中集来福士海洋工程有限公司与澳大利亚压缩天然气公司 GEV 签订建造 4＋4 艘 CNG 运输船的意向书,该船设计已获得美国船级社的原则认可。与 LNG 运输船相比,可节省制冷设备成本,因其装载的 CNG 无须降压及降温,营运成本大幅降低。该船船长约 180 米,排水量约 4.56 万吨,装载 CNG 的重量约 4 700 吨。压缩天然气运输船如图 6－9 所示。

七、"气化长江"催生江海直达 LNG 运输船

"气化长江"是指通过对长江等内河船舶推进和动力系统进行技术改造,将原来以柴油、重油为主要燃料,改造为以 LNG 为主要燃料,柴油为辅助燃料,

---

① BTU 为英制热量单位,1 BTU＝1.06 千焦。

图 6-9 压缩天然气运输船

并逐步替代为纯 LNG 为燃料的"油改气"工程。"气化长江"是长江沿线蓝天保卫战中最直接最有影响的一次战役,实际上这一工程,不仅对长江、对珠江,对其他所有内河船舶都运用。所以也是全国性蓝天保卫战的一个重大战役。

为此国家颁布了《中共中央国务院关于全面加强生态环境保护坚决打好污染防治攻坚战的意见》(中发〔2018〕17 号)和《国务院关于印发打赢蓝天保卫战三年行动计划的通知》(国发〔2018〕22 号),要求加快推进船舶用能结构升级和港口污染防治,促进水运绿色发展和能源结构调整。交通运输部也发布《关于深入推进水运行业应用液化天然气的意见(征求意见稿)》,力求加快推进船舶用能结构升级和港口污染防治,促进水运绿色发展和能源结构调整,深入推进水运行业应用 LNG 清洁能源。

通过"油改气"工程,必将在长江和其他内河中产生一大批 LNG 动力船,也必然催生长江和其他内河沿线 LNG 燃料加注站的兴建及为这些加注站加注 LNG 燃料的江海联运 LNG 运输船。

我国在 10 多年前就开始发展 LNG 动力船,其间出台了一系列支持鼓励文件以及对新建和改建 LNG 动力船进行补贴的政策,但 LNG 动力船的建造营运远未达到预期。根据 2020 年 12 月发布的《中国交通的可持续发展》白皮书,我国迄今为止仅建成 LNG 动力船 290 余艘,这与我国内河船近 12 万艘的规模形成鲜明反差。该状况的形成与 LNG 加注设施少密不可分。2020 年出台的《长江经济带船舶和港口污染突出问题整治方案》,针对性提出加快推动船舶 LNG 加注站立项、建设和营运,要求 2020 年 9 月底前长江干线重庆及以下各省市至少开工建设 1 座加注站,在一年内投入营运,并责成长江干线五省二市人民政府负责。2020 年底前,长江干线五省二市 7 座船用 LNG 加注站建设项目全部开工,打破 LNG 动力船发展的瓶颈。

江苏省是发展 LNG 燃料动力船较早的省份,2013 年就被国家列为首批 LNG 船动力船示范区之一。2020 年前江苏约由 92 艘运营的 LNG 燃料动力船,约占全国营运 LNG 燃料动力船总数的 1/3。2020 年的新政策必将加快了内河船舶油改气的步伐。

2020 年 5 月,广东省人民政府与中国船舶集团有限公司、中国海洋石油集团有限公司签署了《广东省内河船舶 LNG 动力改造项目合作框架协议》,开展 1 500 艘 LNG 动力船改造和 19 座 LNG 加注站的建设工程。

2021 年 3 月中船广西船舶及海洋工程有限公司与河南柴油机重工签订了 100 台纯燃气气体机 CHG620L6MPI,计划于 2021 年 11 月交货上船,用作航行于珠江的 50 艘散货船的主机,其中 2 000 载重吨 25 艘,3 000 载重吨 25 艘。计划于 2022 年 3 月底之前使用,为"绿色珠江"作出贡献。

江海直达 LNG 运输船是将沿海大型 LNG 站点的 LNG 运输并加注至长江沿线各小型 LNG 站点,其既能沿海航行,也能进长江航行。在设计时,一是需要考虑船舶吃水深度以及水线上高度,能适应相应航区的水深,以及能顺利通过江面上的各座桥梁。二是要有良好的操纵性能,长江上船舶较多,稍有不慎发生相碰就会酿成船毁人亡的大事故。三是要有较大的加注速率,以便对岸上的接收站快速加注。四是要与加注码头的规模匹配,码头和加注船按其大小和加注速度,加注接口高度位置和接口大小是不同的,所以在江海直达 LNG 运输船的加注接口的位置和口径要与接收端相适应。

长江航道上船舶众多,规格各异,需加注的 LNG 量数量可观,所以岸上的加注站也应有一定的数量和规模,因此江海直达 LNG 运输船要为众多的站点服务,适应各种不同的加注站,也可能需配置几种规格的江海直达的 LNG 运输船,每种规格有一定的数量,我国已有建造 1.86 万立方米 LNG 加注船的经验,又有为马来西亚建造浅吃水江海直达 7.996 万立方米江海联运的 LNG 船的经验,"气化长江"必将会催生江海直达 LNG 船的出现和发展壮大。

为落实国家长江经济带发展战略,推动长江绿色航运,加快推进中国海油 LNG 沿长江西进战略,中海石油气电集团有限责任公司(以下简称"气电集团")规划在长江 3 万~5 万吨级航道布局镇江港,在 1 万吨级航道布局芜湖港,在 5 000 吨级航道布局武汉港,建成三个 LNG 接收中转及加注站,形成阶梯性的中转运输体系,为长江 LNG 车船加注终端项目的统筹开发提供资源保障,在长江经济带打造具有较强竞争力的天然气产供储销体系,完成中国海油长江经济带 LNG 一体化利用的产业布局。

据分析论证,江海直达型 LNG 船的理想舱容为 4 万立方米左右,可对沿海的大型 LNG 接收站进行 LNG 资源转运,或直接在长江入海口与大型 LNG 船靠泊进行水上过驳作业,将 LNG 运输至镇江、芜湖等的长江上的 LNG 接收站。

第七章
液化气船的未来发展

液化气运输船 20 世纪 60 年代初问世以来,到如今已不可同日而语,从简单的压力式 LPG 船到全冷薄膜型 LNG 船,单船装载量,由几百、几千立方米的 LPG 船到二十几万立方米的 LNG 船。未来,随着人类社会社会经济的发展和科学技术的进步,液化气运输船定会更加经济、安全、节能、环保和智能化。

一、大型化

大型化是液化气船通常的发展趋势(见图 7 - 1),因为船舶的尺度越大,装载量就越多,货运的单位成本就越低。

在目前营运的 LNG 船中,船龄在 5 年以内的新船,8 万总吨以上的占总数的 81.5% 以上。在 2004 年全球新船订单中,只有 3 艘船的舱容小于 14.5 万立方米,最大的 4 艘 LNG 船的舱容达到 21.6 万立方米;截至 2020 年底,开发的最新船型舱容达到了 25 万立方米级。因此,从经济性考虑,大型化已是 LNG 船的发展趋势,随着世界 LNG 贸易量的增长,一艘艘"巨无霸"型的液化气船将会越来越多。

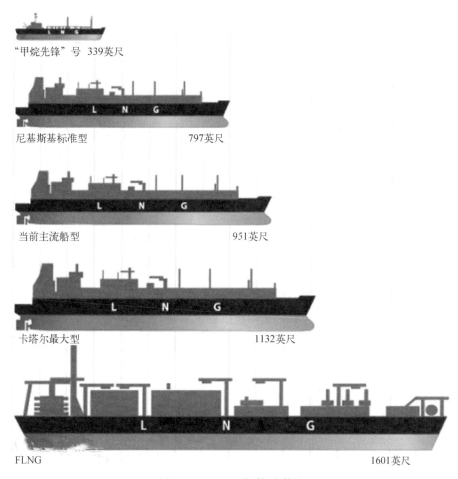

"甲烷先锋"号　339英尺

尼基斯基标准型　　　　　　797英尺

当前主流船型　　　　　　　951英尺

卡塔尔最大型　　　　　　　1132英尺

FLNG　　　　　　　　　　　1601英尺

图7-1　LNG船越造越大

二、灵便多样化

大型液化气船可以提高运输量和运输效率,但有些地区大型液化气船是不可能停靠的,例如一些邻近江河湖泊的地区和城市,这些河流和湖泊的水深和航道宽度,码头岸线等因素往往限定了能通过的船舶的尺度,因此要到达这些地区,就需要较小尺度和装载量的液化气船。为解决这些地区和城市的液化气供应,提供作为化工原料的 LPG 或及作为燃料使用的 LNG,就需要发展小型的、灵便的、多货品的不同装载量的液化气船。

三、节能绿色环保

1）推进系统节能

长期以来，LNG船的推进主机是用 LNG 蒸发气在锅炉燃烧产生蒸汽驱动蒸汽轮机。进入 21 世纪后，随着船用再液化系统、双燃料柴油发动机的相继推出及电力推进技术的逐渐成熟并应用，作为 LNG 船单一蒸汽轮机推进系统的局面已经改观，出现了多种推进系统并存的格局，相继推出了双燃料的柴油机蒸汽轮机联合推进系统、双燃料柴油机电力推进系统等，LNG 船的推进主机逐渐进入柴油机时代。

LNG 和石油一样都是化石燃料，虽然燃烧 LNG 造成的污染比燃烧石油少，但也会污染海洋和大气环境。太阳能取之不尽，用之不竭。陆上利用太阳能的场所已不少。液化气船的液货装卸是通过管道来完成的，且无论是采用球罐型独立式液货舱，还是薄膜型液货舱，安装完成后就已固定，甲板上有大量的面积可用来安装电池板，给利用太阳能提供了方便。

随着科学的进步和发展，一定会发明更高效的太阳能电池板或其他利用太阳能的装置，使太阳能作为大型液化气船的动力成为现实。

2）LNG 冷能在船上的应用

通过液化或再液化获得的超低温 LNG 具有大量的冷能（气化潜能和温度升高时的热能）。在双燃料锅炉或柴油机燃烧 LNG 时，需将 LNG 气化，在气化时，通常要通过加热使 LNG 温度升高，这就浪费了约 830 千焦/千克的冷量，而这些能量如可以利用就可以增加总的热能利用率。

随着船舶尾气排放要求逐步提高，使用 LNG 作为燃料的船舶增多，LNG 配套行业的不断发展，LNG 冷能在船舶系统中的综合应用将越来越广，尤其是在空调冷藏装置及高、低温淡水系统的冷却系统中的应用将越来越普遍。

同时可对主机废气热量进行回收利用，产生饱和蒸气或热水，与缸套水气化 LNG 系统组成双热源加热系统，实现 LNG 气化热源的冗余，提升了船舶自身的经济性与环保性。

传统的冷库电耗很大，如果采用 LNG 的冷量作为冷库的冷源，直接将制冷剂冷却到−65 摄氏度,再通过制冷剂制冷循环冷却冷库,可极大地降低电耗。根据用户的不同温度梯度需求,可将各用户串联以吸收 LNG 冷量,末端增加蒸汽或缸套水换热器,使高温的蒸汽或缸套水变成较低温的蒸汽或缸套水,以保证燃气温度稳定(直接利用)。

四、智能化

智能化和数字化是未来船舶的发展方向,现行规范中智能化包括智能航行、智能机舱、智能能效管理、智能物流管理、智能导航和智能船体等,其中满足两项就可获得智能化船相应的船级社标志。

满足全部智能化要求的未来的船舶可能不需要船员,也就是无人操纵,船舶可以自由地穿越海洋。工程师们可以在半个地球之外像玩电子游戏那样,手握操纵杆,通过卫星直接与船舶相连,使船舶能够精确地航行。

智能船舶驾驶有以人工智能技术为基础的自动航行系统,可利用卫星定位系统物联网等技术,正确地确定船舶位置和首向;基于先进的传感技术及时收集和分析与航行海域的天气、危险障碍物及货物有关的数据。通过数据分析、控制和通信技术,能够实现辅助决策、远程控制和无人自动操纵,使船舶营运更安全、更经济、更高效,充分利用海上的洋流和风力等,航行时保持船舶从始发港到目的港的最佳航线。对于大型的 LNG 船,船上大都采用了基于计算机网络和通信协议汇集全船各系统分布式控制功能的 IAS 系统,为各项智能功能提供了良好的硬件基础。IAS 系统由操作站、自动化处理分站、安全处理分站、远程输入输出模块等组成,采用高冗余网络设计,具有对复杂信息进行实时、快速、准确的处理能力。

为了提高 LNG 运输及船舶航行的安全性,LNG 船的智能化也是未来的发展方向。

五、陆用设备船用化

船用液化气的设备,大都是从陆用设备移植至船上的,不过在移植的过程中,需要考虑到船上与陆用不同的工作条件,需要陆用设备船用化。我国许多船上用设备也大都以陆用发展而来,在液化气船设备方面,陆用的一些设备在行业内已具有一定的先进性,只是因液化气船对安全的要求特高,且价格昂贵,国外的船舶所有人不太愿意做第一个吃螃蟹的人,所以在液化气船上用得很少,但随着产品质量进一步提升,产品的名牌效应将日益明显,未来可能有更多陆用设备为船用。

六、新船型开发

1)液化气运输集装箱化

集装箱运输是一种可实现门到门运输的便捷方式。在陆地上,集装箱运输车拖带一个标准集装箱在高速公路上运输是司空见惯的事;拖带一个 LNG 集装箱,只要有专门的运输车和专业的驾驶员就可以实现。这一经济便捷的运输方式也引导 LNG 罐式集装箱(以下简称"LNG 罐箱船")新船型的研发、研制。现在 LNG 罐箱船已成功进行了试运行,图 7－2 所示为(试运行的)航运 LNG

图 7－2　船运 LNG 罐式集装箱船

罐式集装箱船,有关的规范也已制定,未来将推动 LNG 罐式集装箱运输规模化,提高运输的安全性,减少天然气运输中间环节,降低运输成本。

2)适应冰区航行的液化气船

近年来,寒冷地带天然气田的开发,带动了适宜在冰区海域航行的 LNG 船的需求,北极航道一旦开通,将改变长期以来巴拿马运河和苏伊士运河作为连接太平洋和大西洋要道的局面,大大缩短欧亚大陆间的航程,不仅能减少运输成本,而且可以避开索马里海盗和印度洋海盗的威胁。但北极航道一年中大多数时候都结着厚厚冰层,自由通航的日期很短,未来要求 LNG 运输船有一定的破冰能力或适应冰区航行能力 LNG 船。

3)天然气水合物运输船

天然气水合物运输船是未来型特种 LNG 船。

考虑到天然气水合物的主要成分与 LNG 一样,主要是甲烷,在海洋中开采天然气水合物,较方便的方法是先将其变为气态收集储存于开采船上,然后在开采船上制作成 LNG,再通过装卸装置加注进 LNG 船的液货舱。这一运输方法,天然气水合物运输船就是 LNG 运输船,只是这类 LNG 船比常规的 LNG 运输船有更高的技术难度。如果是以固态方式运输,则将是一种新型的特种运输船,也许将来可以将天然气水合物储罐置于冷藏集装箱内,通过特种的集装箱运输船来运输;或像冷藏船一样,将天然气水合物储存在冷藏舱内,像冷藏船一样运输。天然气水合物的储量丰富,经济价值极高,其开采和运输方法还在研究和发展之中,所以天然气水合物运输船应是一种未来型的特种的 LNG 船舶。

索　引

Z　制冷能力　79

自然蒸发气　15

自燃温度　60

参考文献

［1］纪红兵.石化科普知识［M］.北京：中国石化出版社,2013.

［2］王才良,周珊.石油科技史话［M］.北京：石油工业出版社,2006.

［3］范思奇.液化气体船［M］.大连：大连海运学院出版社,1993.

［4］张振新,叶初华,何长中.液化气船船型结构、设备与安全运输［M］.北京：
人民交通出版社,1994.

［5］中国船舶工业集团公司,中国船舶重工集团公司,中国造船工程学会.船
舶设计实用手册(总体分册)［M］.第3版.北京：国防工业出版社,2013.

［6］中国船舶工业集团公司,中国船舶重工集团公司,中国造船工程学会.船
舶设计实用手册(轮机分册)［M］.第3版.北京：国防工业出版社,2013.

［7］王捷,陈永芳,胡贤民.LNG运输船推进装置的发展趋势［J］.造船技术,
2007(4)：30－31,34.

［8］郭明鹏.LPG船安全技术与管理［M］.北京：中国劳动出版社,1991.

［9］依海.LPG储运基础知识问答［M］.北京：中国石化出版社,2009.

［10］孙伟.追逐海洋强国梦 阔步奋进新时代——中船集团的新作为新篇章
［M］.北京：中共中央党校出版社,2019.

［11］张毅.海上中国梦：舰船设计师的风采［M］.上海：上海文艺出版社,2014.

［12］中国船舶及海洋工程设计研究院,上海市船舶与海洋工程学会,上海交通
大学.液化气船［M］.上海：上海科技出版社,2019.

［13］郭彦良.从"计划"到"市场"——我所经历的三次难忘民船竞标［N］.中国船舶报,2019－02－20.

［14］梁启康,林宪东.中国船型汇编(2012—2016)［M］.上海：上海交通大学出版社,2017.

［15］赵竺安.领跑世界LNG船建造史上的"4个第一"［N］.中国船舶报,2020－12－02.

［16］何宝新,张文豪.超级工程!国内首创LNG—FSRU改装项目交付［N］.中国船舶报,2020－09－18.

［17］徐昌.中国船舶及海洋工程设计研究院——第二型乙烯运输船交付［N］.中国船舶报,2020－09－18.

［18］何宝新.全球最大浅水航道第四代LNG船开建［N］.中国船舶报,2020－08－12.

［19］樊栓狮.天然气水合物储存与运输技术［M］.北京：化学工业出版社,2006.

后　记

　　建国初期,1950 年,我国年造船量才 1 万多吨。当时江海航行的万吨船,没有一艘是中国自己设计和建造的。70 年来,广大科技人员和造船工人在党的领导下,至 2018 年,中国年造船量已达 6 000 多万吨,我们不仅能设计和建造一般船舶,而且能设计和建造被誉为造船"工业皇冠上明珠"的高科技、高附加值船舶,成为世界第一造船大国。

　　2021 年是中国共产党成立 100 周年,为展现新中国船舶的发展历程和取得的辉煌成就,中国船舶及海洋工程设计研究院、上海市船舶与海洋工程学会、江南造船(集团)有限公司、沪东中华造船(集团)有限公司、上海外高桥造船有限公司、上海船舶研究设计院、上海交通大学出版社,携手编撰出版"中国船舶研发史"丛书,向建党 100 周年献礼。本套丛书共 10 本:《中国油船研发史》《中国集装箱船研发史》《中国科考船研发史》《中国挖泥船研发史》《中国液化气船研发史》《中国工程船研发史》《中国散货船研发史》《中国客船研发史》《中国气垫船研发史》《中国海洋油气开发装备研发史》。

　　本套丛书的编写得到中国工程院院士曾恒一及新、老船舶研发设计专家、科技人员的热情支持和积极参与,为本套丛书顺利编写出版奠定了基础。

　　本套丛书取材翔实、资料数据真实可信、极具原创性,这是本套丛书一大特点。70 多位从事船舶及海洋工程研究、设计、建造的专家和科技工作者参与本套丛书的编写,他们是新中国船舶事业发展和取得辉煌成绩的见证奉献者,他们将自己研发的产品写出来，从领受编撰任务起，就酝酿推敲，不辞辛劳，不舍昼夜，把对船舶科学的追求，对祖国的爱练成书香墨宝。每一分册从提纲到初稿、定稿，均经众人讨论、反复修改。本套丛书的另一大特点是集体创作。

此外，本套丛书所写典型产品，既是时代成果，也是我国船舶研发珍贵的历史资料和经验总结，对从事船舶研发设计的青年人具有启发和借鉴作用。

本套丛书编写过程中得到许多单位及领导的关心和支持，在此表示感谢。特别要感谢各位编者辛勤的付出和认真卓越的工作。本套丛书编写中参考了一些书籍和报刊，引用了一些观点和图片，在此表示谢意。由于编者水平有限，特别是历史跨度大和资料收集的难度，有的典型产品可能未能收录。书中涉及船名、人名、地名等，尽量用中文名，有的因为行业内默认英文名则选用英文名。本套丛书存在不当之处，恳请专家、读者予以批评指正。